David Ash & Peter Hewitt
Wissenschaft der Götter

David Ash & Peter Hewitt

Wissenschaft der Götter

Zur Physik des Übernatürlichen

Deutsch von
Annemarie Telieps

Zweitausendeins

1. Auflage, Oktober 1991.
2. Auflage, Dezember 1991.
3. Auflage, März 1992.
4. Auflage, Juni 1992.
5. Auflage, Dezember 1992.
6. Auflage, August 1994.

Titel der englischen Originalausgabe: »Science of the gods«.
Erschienen 1990 bei Gateway Books, Bath, England.

Bitte, beachten Sie wegen der Zitate die Hinweise
auf der Seite 211.

Lektorat Dagmar Kreye.
Umschlaggestaltung Fuhr & Wolf, Frankfurt am Main.
Satz und Herstellung Dieter Kohler & Bernd Leberfinger, Nördlingen.
Druck Gutmann + Co. GmbH, Talheim, Neckar.
Einband G. Lachenmaier, Reutlingen.
Printed in Germany.

Dieses Buch gibt es nur bei Zweitausendeins
im Versand (Postfach, D-60381 Frankfurt am Main)
oder in den Zweitausendeins-Läden in Berlin, Essen, Frankfurt, Freiburg, Hamburg, Köln, München, Nürnberg, Saarbrücken, Stuttgart.

In der Schweiz über buch 2000,
Postfach 89, CH-8910 Affoltern a. A.

ISBN 3-86150-054-X

Inhalt

Danksagung

An der Herstellung dieses Buches haben viele Menschen einen Anteil. Wir möchten im einzelnen unseren Dank ausdrücken: Sally Cartwright und Charles Dawes, die uns ermutigten, mit dem Buch ans Licht der Öffentlichkeit zu treten; Jack Smith, der die Herstellung des ersten Entwurfs ermöglichte; Sir George Trevelyan, dessen Unterstützung und Begeisterung für das Projekt nie erlahmte; und Nigel Blair, der uns großzügigerweise Bücher aus seiner Bibliothek zur Verfügung stellte. Nigels großes Wissen leitete uns bei vielen Gelegenheiten in unseren Nachforschungen, und unser Kontakt mit seiner Wessex Research Group war sehr anregend.

Verschiedene Menschen haben das Buch in seinen ersten Entwürfen gelesen und für ihre Anregungen sind wir sehr dankbar. Unter ihnen wollen wir im einzelnen danken: Edward und Sally Baldwin, Lynora Brooke, Bob Gilson, Mike and Didi Hall, Dr. D. M. A. Leggett, Eric Moody, Tim Wallace Murphy, Clive Neel, Trevor Ravenscroft und Bob Rogers. Sie waren sicherlich nicht mit allem einverstanden, was sie lasen, aber ihre Kommentare waren sehr hilfreich.

Auszüge einer früheren Fassung von *Wissenschaft der Götter* wurden im Mai 1986 in *Beyond Science* und im *Wessex Research Group Broadsheet Nr. 10* veröffentlicht, und wir danken den jeweiligen Herausgebern, James Cox und Nigel Blair, für diese Unterstützung. Bei der Entwicklung unserer Vorstellungen profitierten wir von der Gelegenheit, sie auf Konferenzen vorzustellen: dafür, daß sie uns diese Art des Forums ermöglicht haben, danken wir im einzelnen der Radionic Association, dem Scientific and Medical Network, der Stjärnsund Foundation, der Schweizer Gesellschaft für Parapsychologie und dem Wrekin Trust.

Für ihre vielfältigen Ermutigungen und praktische Hilfe möchten wir danken: Sheila Best, Graham Browne, Hilary Cassidy, Felicity Evans, Dr. Paul Filmore, Anne und Brian Heyman, Beth Holman, Adrian Jackson, Peggy Mason, Anthea Morton-Saner, dem Marqis von Northampton, Jack Smith, Dorothy Stewart, Gloria Stewart, Josephine Veltri, Eric Vesey, Anne Wilkinson - und Sue Robertson, die uns die Benutzung ihrer Wohnung in Dittisham ermöglichte, wodurch uns ein idealer Ort zur Verfügung stand, um die Endfassung herzustellen.

Unser besonderer Dank gilt Davids Frau Anna für die Liebe und Unterstützung, die wir von ihr erhielten und dafür, daß sie zwei Jahre lang die Hauptlast bei der Versorgung der sechs Ash-Kinder übernahm, so daß wir ohne zeitliche Einschränkungen an dem Buch arbeiten konnten.

Abbildungen und Illustrationen

Vorwort

Lehren, die ich in einem alten, abgegriffenen Buch entdeckte, das ich auf dem Speicher wiedergefunden hatte, enthüllten mir einen Schlüssel, der die heutigen wissenschaftlichen Ansichten verwandeln kann; sie führten mich zu einer neuen faszinierenden Sicht der Wirklichkeit. Als Sechzehnjähriger habe ich Yoga praktiziert, und der modrige Schinken, den ich damals ausgrub, handelte von der Yogi-Philosophie. Auf der Grundlage von Lektionen, die 1904 in Amerika erteilt wurden, stellte das Buch Ideen vor, die aus uralten Zeiten überliefert waren. Diese Seiten enthielten den entscheidenden Gedanken, der mein Leben für immer verändern sollte: daß *Materie aus Energiewirbeln geformt* ist. Mit dieser Lehre hatten Yogi-Philosophen offenbar Einsteins Erkenntnis vorweggenommen, daß Materie und Energie äquivalent sind. Diese Einsicht führte mich letztlich dazu, in die tiefsten Geheimnisse der Wissenschaft und der Religion einzudringen.

Als ich mit neunzehn an der Universität studierte, beklagte sich der Professor meiner Fakultät, daß die Studenten, anstatt sich neue Theorien auszudenken und sie zu verteidigen, lediglich die Vorlesungen besuchten, um Informationen für ihr Examen zu sammeln. Ich sah mich gezwungen, ihm das Gegenteil zu beweisen und begann, ernsthaft über den Wirbel zu arbeiten. Ich bemerkte schnell, daß mit ihm eine erstaunlich einfache Antwort auf die Geheimnisse möglich war, die Wissenschaftler und Philosophen über lange Zeit genarrt hatten. Ich erkannte, daß ich auf einen Schlüsselbegriff von enormer Bedeutung gestoßen war. Zu meinem größten Erstaunen schien kein Ende dessen absehbar, was mit dieser einen Idee erklärt werden konnte. Zuerst war ich in der Lage, viele der Rätsel und Paradoxe der Physik aufzulösen, um dann sogar eine Brücke zwischen der Wissenschaft und dem Übernatürlichen zu schlagen. Das Modell einer großen Einheit tat sich vor mir auf.

Es war, als ob ich Stück für Stück in ein wunderbares Puzzle einfügte. Ich habe viele Jahre gebraucht, um es zu vervollständigen, dann aber, als ich zurücktrat, um die Arbeit zu bewundern, stellte ich fest, daß ich ein völlig neues Panaroma des Universums betrachtete.

Als ich ein Kind war, brachte mir mein Vater bei, Fragen zu stellen wie ein Schürfer, der bei der Suche nach Gold die Steine umdreht. Später als Schuljunge fand ich heraus, daß Lehrbücher mir meine brennenden Fragen nicht beantworten konnten, obwohl sie voller Informationen steckten. Aber dann öffnete mir ein Buch von einem staubigen Speicher die Pforte, durch die ich als nichtsahnender Teenager zu einer Goldgrube des Wissens kam.

Auf meinem Weg wurde ich von Peter Hewitt begleitet, ohne dessen Einsichten, Klarheit und Beharrlichkeit dieses Buch nie fertiggestellt worden wäre. Peter, der ein Studium der Geschichte und Wissenschaftsphilosophie abgeschlossen hatte, machte mich mit der Tatsache vertraut, daß der Wirbel früher an vorderster Stelle der wissenschaftlichen Theorien über das Dasein gestanden hat. Der Wirbelbegriff war an Peters Universität, Cambridge, genauso wie in London von einer ganzen Generation britischer Physiker hochgehalten worden und hatte ihnen einen tieferen Einblick in das Wesen der Wirklichkeit ermöglicht als jemals zuvor. Der Wirbelbegriff war in den 60er Jahren des 19. Jahrhunderts von einem außergewöhnlichen schottischen Wissenschaftler vorgeschlagen worden und wurde von den meisten anerkannten Physikern des späten 19. Jahrhunderts unterstützt. Diese erhellende Erkenntnis ging allerdings zu Beginn des 20. Jahrhunderts durch eine tragische Kette von Ereignissen verloren.

Peter und ich würden diese Fackel gern neu entfachen. Keiner von uns ist ein professioneller Naturwissenschaftler, und wir erfreuen uns nicht der Unterstützung und der Möglichkeiten der konventionellen Wissenschaft. Aber wir glauben, daß eine erneute Einführung des Wirbelbegriffs eine tiefgreifende Weiterentwicklung der Grundlagenforschung einleiten könnte. Unsere Untersuchungen haben uns davon überzeugt, daß in der Physik etwas Entscheidendes fehlt und daß der Wirbel der Schlüsssel ist, der übersehen wurde. Wir glauben, daß der Wirbelbegriff das Potential hat, die Physik zu verändern und viele der Paradoxe aufzulösen, die ihr im 20. Jahrhundert erwachsen sind.

Der Wirbel scheint uns das fehlende Element in den heutigen Mutmaßungen über das physikalische Weltall zu sein. Gleichzeitig liefert er den Schlüssel zum Verständnis des Nichtphysikalischen. Die Wissenschaft hat traditionell die Existenz alles Nichtmateriellen geleugnet; der Wirbel öffnet die Grenzen der Wissenschaft zum Nichtphysikalischen in ungeahnter Weise. Er überbrückt die Kluft zwischen der Wissenschaft und dem Übersinnlichen und wirft damit ein neues Licht auf die Geheimnisse, an denen die Menschheit seit Urzeiten herumgerätselt hat.

In diesem Buch werden diese neuen Ideen zum ersten Mal präsentiert. Gedacht für Leute ohne spezielles Wissen, Ausbildung oder Interesse an der Wissenschaft, läßt es ein umfassendes Bild entstehen, das nur ein unvermeidbares Minimum an Physik enthält. Es bietet eine völlig neue wissenschaftliche Sichtweise der übersinnlichen Phänomene.

David Ash, Dittisham, Devon 1990

Einleitung

Ist das Übersinnliche Realität? Oder ist es, wie viele annehmen, nur ein Überbleibsel primitiver Glaubensvorstellungen? In früheren Zeiten wurde die Realität übernatürlicher Vorkommnisse und Erfahrungen als eine Selbstverständlichkeit akzeptiert. Heute bezeichnen wir diese Phänomene als paranormal und stehen ihnen mit Mißtrauen und Unglauben gegenüber. Weil es unser Verständnis der Welt in Frage stellt, wird das Übernatürliche mit Skepsis bedacht.

Das Übernatürliche und Paranormale ist nicht selten und abgelegen: Derartige Ereignisse und Erfahrungen sind jedem geläufig. WünschelrutengängerInnen finden Wasser, Mineralien oder vermißte Personen, HeilerInnen führen scheinbar geheimnisvolle Behandlungen durch, Astronauten und Piloten sehen UFOs. HellseherInnen sehen zukünftige Ereignisse voraus. Krankenhauspatienten verlassen ihre Körper, während sie unter Narkose sind. Mütter wissen, wenn ihr Sohn oder ihre Tochter in Gefahr ist oder stirbt, selbst wenn sie weit entfernt sind. Fast jeder hat schon einen Telefonanruf von einem Freund erhalten, an den er gerade dachte.

Viele Leute würden das Paranormale und Übernatürliche gern als real akzeptieren. Aber die vorherrschende Sichtweise der Welt hilft ihnen dabei in keiner Weise. Berichte von übernatürlichen und paranormalen Erfahrungen werden aufgegriffen und kritisch auseinandergenommen. Jedes Ereignis von einiger Bedeutung wird angefochten und wegargumentiert. Wir sind geprägt von Materialismus und der traditionellen wissenschaftlichen Sichtweise der Welt, und sogar religiösen, gläubigen Menschen fällt es schwer, an Engel und ein Leben nach dem Tod zu glauben.

Die Wissenschaft hat keinen Platz für das Übernatürliche. Sie kann das Paranormale nicht mit einbeziehen. In früheren Jahrhunderten spielte der wissenschaftliche Skeptizismus eine wichtige Rolle bei der Überwindung religiöser Ängste und des Aberglaubens. Jetzt aber ist das Pendel zu weit ausgeschlagen; die Wissenschaft hat es fast unmöglich gemacht, an irgend etwas zu glauben. Wir versinken in einem Meer des Zweifels.

In diesem Jahrhundert hat es viele Anläufe gegeben, die Wissenschaft mit dem Übersinnlichen zu versöhnen. Manche Menschen haben versucht, in der zeitgenössischen Physik eine Grundlage für traditionelle Vorstellungen der Menschheit zu finden. Aber im wesentlichen haben sie die Theorien ihrer Zeit als gegeben hingenommen.

Unser Ansatz ist grundsätzlich anders. Unser Ausgangspunkt ist ein ganz neues Bild von der sinnlich wahrnehmbaren Welt. Dieses Buch ist keine weitere Interpretation der »neuen Physik«. Wir beschreiben eine neue Sicht der physikalischen Welt, die auf einer Einsicht in die Physik fußt, die auf unglückliche Weise verlorengegangen ist. Dieser einfache Schlüssel – der in den wissenschaftlichen Turbulenzen zu Anfang des Jahrhunderts verlegt wurde – führt, wie wir glauben, zu einem grundlegend neuen Verständnis der Welt.

Bei weiterer Vertiefung bietet er die Möglichkeit zu einer neuen Grundlage der Physik. Gleichzeitig stößt er das Tor zum Übernatürlichen auf. Dieses neue Weltbild überschreitet die bisherige Grenzlinie der Wissenschaft und umfaßt das Natürliche und Übernatürliche, das Normale und das Paranormale. Physik und Metaphysik verschmelzen zu einer einzigen Wissenschaft.

Es gibt viele Bücher über das Übernatürliche und Paranormale, deren AutorInnen die Beweise überprüfen und sich bemühen, die Realität dieser Phänomene nachzuweisen. Wir haben nicht vor, für alle Vorkommnisse und Erlebnisse, die wir besprechen, den Beweis anzutreten. Wir erwarten nicht, daß jeder alles glaubt, was wir anführen. Wir haben sorgfältig Beispiele für das Übernatürliche und Paranormale ausgesucht, die in gegensätzlichen Traditionen und Glaubensvorstellungen wurzeln. Wir trachten nicht danach, irgendein spezielles religiöses Glaubensbekenntnis zu unterstützen; es ist auch nicht unser Anspruch, jemandem vorzuschreiben, was er glauben soll.

Es ist unser Ziel, ein Gerüst zu erstellen, mit dessen Hilfe Seltsames und Geheimnisvolles glaubwürdig wird. Das neue Bild zielt auf eine Brücke zwischen dem Physikalischen und den unsichtbaren, nichtphysikalischen Welten. Viele ansonsten mysteriöse und unerklärliche Erscheinungen werden nachvollziehbar. Darüber hinaus eröffnet dies neue Verständnis des Übersinnlichen unerwartete Dimensionen der sinnlich wahrnehmbaren Welt, die zu einem reicheren und ganzheitlicheren Verständnis von uns und unserer Welt führen.

Wenn wir die Entdeckungen von MystikerInnen und WissenschaftlerInnen zusammenbringen, können wir die Gesamtheit der menschlichen Erfahrung auf eine neue Weise in Beziehung setzen. Dadurch sehen wir, daß der Mensch weit mehr ist als nur sein physischer Körper und werden auf die einzigartige Möglichkeit hingewiesen, die sich durch das menschliche Leben eröffnet. Diese Vorstellung bestätigt viele traditionelle Glaubensvorstellungen der Menschheit und legt die Erkenntnis nahe, daß der Mensch kein Ausrutscher der Evolution ist und ein Leben nach dem Tod und Wiedergeburt reale Möglichkeiten sind. Alle, Götter, Göttinnen und Naturgeister, Engel und Dämonen haben in dieser Vorstellung ihren Platz. Insofern ist sie eine Wissenschaft der Götter.

KAPITEL 1

Lord Kelvins Wirbel

Es war an einem Wintertag in Edinburgh, am 18. Februar 1867. Ein sehr distinguierter viktorianischer Gentleman machte sich auf zu einem ganz besonderen Abend. Obwohl ein scharfer Wind blies, war das Wetter an diesem späten Nachmittag schön, Regen oder Schnee waren nicht zu erwarten. Er zog sich den Mantelkragen über die Ohren und entschloß sich, lieber zu Fuß zu gehen, als ein Taxi zu nehmen.

Er fieberte dem Vortrag entgegen, den er heute abend halten würde, aber seine Aufregung war mit Besorgnis gemischt. Was er sagen wollte, war vollkommen neu. Es kam fast einer Revolution gleich. Wie würden seine Ideen aufgenommen werden? Sie waren ziemlich umwälzend. Er befand sich auf dem Weg zu einem Vortrag vor der Royal Society of Edingburgh, einem der angesehensten wissenschaftlichen Auditorien seiner Zeit, und er war dabei, seinen Zuhörern den Boden unter den Füßen wegzuziehen.

Wie er so dahinschritt, fiel sein Blick auf die prächtigen Gebäude, die ihn umgaben. Mit ihrem Eisen und Granit, Blech und Stein verkörperten sie alles, was sicher und solide war. Seine Zuhörerschaft vertraute auf solche Dinge. Sie waren fest davon überzeugt, zu wissen, woran sie mit der Materie waren. Er war unterwegs, um ihnen zu erzählen, daß sie sich irrten.

Materie schien etwas Grundlegendes zu sein, wie das vereiste Pflaster unter seinen Füßen. Sein Ziel war es, zu zeigen, daß sie nichts dergleichen ist. In seinen Augen hatte Materie überhaupt nichts Konkretes. Sie war nicht realer als der umherdriftende schottische Nebel, der ihn jetzt völlig eingehüllt hatte.

Die Vision dieses Mannes ist seither als eine der bemerkenswertesten Theorien ihrer Art bezeichnet worden, die jemals vorgebracht wurden. Es kann kaum überraschen, daß die in zweieinhalbtausend Jahren originellste Theorie über das Wesen der Materie eine Revolution auslöste. Die Ideen, die ihm in dieser kalten

Februarnacht durch den Kopf gingen, waren der Katalysator für eine Aktivität, die bis zum Ende des Jahrhunderts andauern sollte.

Tragischerweise gingen seine Ideen in den Umwälzungen des frühen 20. Jahrhunderts verloren. Seine profunde Einsicht in die grundlegende Natur der Materie könnte, heute wiederbelebt, eine neue Revolution bewirken, die geeignet ist, unser Verständnis der materiellen Welt und des physikalischen Universums zu erschüttern.

Materie ist unsere Probe auf die Realität. Wenn aber die materielle Welt nicht das ist, was wir glauben, ändert sich alles. Nichts bleibt, was es war. Wenn unsere Vorstellungen von Realität sich auflösen, ist alles, woran wir glauben, in Frage gestellt.

Der stattliche Schotte, der durch die Straßen von Edinburgh schritt, war Sir William Thomson. Er wurde 1824 in Belfast geboren und war einer der bedeutendsten Physiker seiner Zeit. Mit 11 Jahren trat er als Wunderkind in die Glasgow University ein. In Cambridge, wo er weiterstudierte, wurde er bald berühmt für seine originellen Gedanken. Als er nach Glasgow zurückkehrte, wurde er im Alter von nur 22 Jahren zum Professor ernannt.

Im Verlauf seines Lebens wurde Thomson mit Ehrungen überhäuft. Er bahnte den Weg für die erste erfolgreiche transatlantische Kabelverbindung. Diese Leistung brachte ihm öffentliche Anerkennung, und für sie wurde er 1866 geadelt. 1890 wurde er zum Präsidenten der Royal Society gewählt, der prestigeträchtigsten wissenschaftlichen Einrichtung des Landes. 1892 wurde er in die Peerswürde erhoben und zum Lord Kelvin ernannt. In Anerkennung seiner herausragenden Leistungen wurde er 1902 Stiftungsmitglied des Order of Merit. Diese Ehre, eine der exklusivsten, die von der Krone verliehen wird, ist dem König sowie 24 Männern und Frauen von besonders großer Bedeutung vorbehalten. Nach seinem Tod im Jahr 1907 wurde Lord Kelvin in Westminster Abbey neben Sir Isaac Newton bestattet.

Kelvin trug zum Fortschritt in vielen wichtigen Bereichen von Wissenschaft und Technik maßgeblich bei. Heute ist er vielleicht am meisten als Gründungsvater der Thermodynamik bekannt. Er ist verantwortlich für die Definition des absoluten Nullpunktes, und nach ihm ist die Kelvin-Temperaturskala benannt. Zusammen mit anderen Wissenschaftlern formulierte er das Gesetz der Energieerhaltung und bahnte den Weg für die Arbeit an der kinetischen Gastheorie. Er arbeitete auch ausgiebig auf dem Gebiet von Elektrizität und Magnetismus und entwickelte diverse geistreich ersonnene Instrumente, die noch immer in Gebrauch sind – darunter den Spiegel-Galvanometer, den Dynamometer und die »Thomson-Rose«, einen magnetgeschützten Schiffskompaß.

Abb. 1: William Thomson als junger Professor
im Alter von 22 Jahren

Es war eine Zeit des Umbruchs. Zu Kelvins Zeit veränderte sich der Aufbau der Gesellschaft schneller als je zuvor. Eisenbahntrassen wurden ins Landesinnere geschlagen. Die industrielle Revolution war in vollem Gange, und Heerscharen von Menschen siedelten vom Landesinneren in die wie Pilze aus dem Boden schießenden Städte mit ihren Spinnereien, Fabriken und endlosen Häuserreihen über. Jeder war in Bewegung, alles änderte sich. Vertraute Ideen von der Welt und sogar über das Leben selbst wurden auf den Kopf gestellt.

Es war Kelvins Bestimmung, die überkommene Sichtweise von der Materie zu erschüttern. Seine radikale Vision entsprach dem umwälzenden Charakter seiner Zeit.

Im 19. Jahrhundert war es allgemein akzeptiert, daß Materie letztlich aus Atomen bestand – festen, realen Teilchen. Diese Vorstellung genau definierter Teilchen von Materie hatte ihren Ursprung in der Welt des Altertums, in den Lehren der griechischen Philosophen Demokrit und Epikur um 400 v. Chr.

Um die klassische Vorstellung des Atoms zu verstehen, stellen Sie sich am besten einen Holzklotz vor. Ein kleines Stück wird aus ihm herausgeschnitten. Dann wird dies Stück in kleine und kleinere Stückchen zerteilt. Die Vorstellung war, daß am Ende ein winziges Stück Material übrig wäre, das nicht weiter aufgeteilt werden könnte. Dieses ultimative und grundlegende *Atom* (griechisch = unteilbar) der Materie wurde als völlig unzerstörbar angesehen.

Keine der Schriften Demokrits und Epikurs sind im Original überliefert. Ihre Ideen wurden von dem römischen Dichter Lukretius (99–55 v. Chr.) weitergeführt. Seine Arbeit, die im Mittelalter verlorenging und in der Renaissance wiederentdeckt wurde, inspirierte die Naturphilosophen des 17. und 18. Jahrhunderts, die den Grundstein für die moderne Wissenschaft legten. Der berühmteste von ihnen, Sir Isaac Newton, verlieh dem sogenannten Korpuskelkonzept seine Autorität, als er schrieb: »Es erscheint mir einleuchtend, daß Gott zu Anfang die Materie formte aus festen, massiven, ganz undurchdringlichen, beweglichen Teilchen.«

Dieses Bild vom innersten Wesen der Materie hatte einen tiefgreifenden Einfluß. Es begründete die Vorstellung von einem mechanischen Universum, das aus lauter kleinen Teilchen in fortwährender Bewegung besteht. Die Atome selbst sollten kleine feste Kugeln sein, wie winzige Billardkugeln.

Im 19. Jahrhundert hing die überwältigende Mehrheit der Wissenschaftler dieser Idee an; sie bildete die Grundlage für den wissenschaftlichen Materialismus.

Kelvin war ein Abweichler. Er war darauf eingestellt, es mit dem ganzen wissenschaftlichen Establishment seiner Tage aufzunehmen. Seine neue Vision der Materie forderte das Konzept des »Billardkugel-Atoms« heraus. Vom Grundsatz her glaubte Kelvin an die Atomtheorie. Er akzeptierte, daß alles aus Atomen bestand. Trotzdem fand er es seltsam, anzunehmen, daß Atome feste Materieteilchen waren.

Seine Überlegung war einfach. Damals wurden Atome im wesentlichen als Teilchen mit bestimmten festgelegten Eigenschaften gesehen. Diese Eigenschaften wurden dann benutzt, um die Eigenschaften der Materie insgesamt zu erklären.

Es wurde zum Beispiel davon ausgegangen, daß Atome elastisch wären, so daß sie voneinander abprallen konnten. Elastische Zusammenstöße zwischen Atomen waren nötig, um das Verhalten der Gase zu erklären. Aber niemand hatte bisher erklärt, *warum* Atome elastisch waren. Die Wissenschaftler nahmen lediglich an, daß Elastizität eine den Atomen *innewohnende* Eigenschaft sei. Sie nahmen dies als gegeben hin und gingen davon aus, daß es dazu nichts weiter zu bemerken gäbe.

Kelvin fand diese Haltung oberflächlich und naiv. Er wollte tiefer dringen. Anders als seine Vorgänger und Zeitgenossen war er nicht willens, die Eigenschaften der Atome als gegeben anzunehmen. Kelvin wollte die Eigenschaften der Atome in weitergehenden Begriffen erklären.

Tatsache war, daß die Wissenschaftler überhaupt nichts über Atome aussagen konnten. Sie konnten nicht sagen, warum Atome beständig und stabil waren. Genausowenig verstanden sie, wie ihre anderen Eigenschaften – z. B. Elektrizität – zustandekamen. Sie nahmen einfach an, daß alle diese Eigenschaften grundlegende Merkmale des Atoms wären.

Für Kelvin war dies eine »ungeheuerliche Anmaßung«. Er glaubte, daß die Eigenschaften der Atome auf etwas noch Grundlegenderes *reduziert* werden könnten.

1867 fand Kelvin den Schlüssel. Nachdem er viele Jahre herumgerätselt hatte, wurde er – wenn wir seinem Biographen glauben – mit einem »Geistesblitz« belohnt. Er erkannte, daß ein einziges zugrundeliegendes Prinzip eine einfache Erklärung lieferte.

Kelvin war sicher, daß er die Antwort gefunden hatte. Darüber hinaus verfügte er über einen Weg, sie zu demonstrieren. Heutzutage fordern Physiker Milliardenbeträge für technische Mittel an, um ihre Ideen über das grundlegende Wesen der Materie zu beweisen. Kelvins Apparatur bestand aus einem Paar Kästen, zwei Handtüchern und ein paar Flaschen mit Chemikalien.

Die eine Seite jedes Kastens war mit einem dicken Handtuch verschlossen, das fest darübergespannt war. Auf der gegenüberliegenden Seite befand sich ein kreisförmiges Loch. Im Inneren jedes Kastens wurden dicke Rauchwolken produziert, indem Dämpfe einer Säure mit Ammonium vermischt wurden. Wurde ein

Abb. 2: Wirbelringe aus einem Rauchkasten

fester Schlag auf das Handtuch gegeben, kam aus dem Loch auf der gegenüberliegenden Seite ein einzelner Rauchring heraus. Aus beiden Kästen konnten gleichzeitig Rauchringe ausgeblasen werden.

Diese Ringe verhielten sich höchst bemerkenswert. Wenn sie aneinanderstießen, verschmolzen sie nicht und lösten sich auch nicht auf, wie man hätte erwarten können. Wenn sie durch den Raum drifteten und zusammenstießen, prallten sie voneinander ab und schüttelten sich heftig unter der Wucht des Zusammenpralls. Sie verhielten sich wie zwei Gummibänder, die sich gegenseitig in die Luft katapultierten. Nicht-feste Rauchwirbel verhielten sich wie feste Körper. Sie konnten noch nicht einmal mit einem Messer zerschnitten werden; sie entfernten sich einfach von den Klingen und schlängelten sich um sie herum.

Diese Demonstration war zentral für Kelvins neue Sicht der Materie. Sie zeigte, daß sich zwei Rauchringe zueinander weitgehend wie elastische Gegenstände verhielten. Diese Rauchringe zeigten viele der Eigenschaften, die Atomen zugeschrieben wurden. Sie wiesen Spannkraft und Trägheit auf, sie waren überraschend stabil und beständig. Gleichzeitig waren sie elastisch.

Kelvin wies darauf hin, daß diese *Wirbelringe* aus Rauch sich genauso verhielten wie Atome. Sie erweckten den Eindruck relativer Festigkeit, aber diese scheinbare Festigkeit war eine Illusion, die auf der Wirbelrotation beruhte.

Kelvin schloß, daß Atome nichts als Wirbelringe waren. Also führte er das *Wirbelatom* ein.

In Kelvins Augen ergaben sich alle Eigenschaften des Atoms aus der Wirbelrotation. Seine Substantialität war eine Maskerade. Die Bewegung in einem Wirbel ließ die Illusion eines festen Körpers entstehen.

Kelvins Vorstellung des Atoms als einem Wirbel war brillant. Mit einem einzigen Streich degradierte sie die ganze Tradition vom Atom als dem ultimativ letzten Teilchen zu einer veralteten Theorie. Die ultimativen Materieteilchen waren weit davon entfernt, fest und gediegen zu sein, sie waren einfach nur Wirbel.

Kelvins Wirbeltheorie hatte außergewöhnlich großen Erfolg. Aber es waren noch einige Probleme zu überwinden.

Das erste betraf die Beständigkeit der Materie. Wirbel kommen überall in der Natur vor. Beispiele sind Tornados, Hurrikane und Wasserstrudel. Schnell drehende Wirbel sind bemerkenswert beständige Formen; selbst sich langsam bewegende Rauchringe sind überraschend dauerhaft. Aber in der Natur halten Wirbel nicht ewig. Sie zerstreuen sich und lösen sich schließlich auf.

Materie dagegen ist stabil; sie fällt nicht auseinander und löst sich nicht auf. Atome existieren ewig. Wenn Wirbel die Grundlage der Materie sein sollten, müßten sie beständig sein. Die Bewegung, die sie formt, müßte unverändert andauern, unbegrenzt. Wie konnte diese fortwährende Bewegung möglich sein?

Eine andere Frage hing damit zusammen, daß Wirbel üblicherweise in Flüssigkeiten auftreten. Hurrikane sind in der Luft und Flutwellen in Wasser. *Worin* ist das Atom ein Wirbel?

Es gab eine einzige, auf der Hand liegende Antwort auf beide Fragen. Der entscheidende Hinweis kam von einem deutschen Physiker, Hermann von Helmholtz (1821–1894). Helmholtz hatte einige Jahre lang Wirbel in Flüssigkeiten studiert, als er mit einer erstaunlichen Entdeckung an die Öffentlichkeit trat. Sie war sehr einfach: in einer reibungsfreien Flüssigkeit würden die Wirbel nicht zerfallen und sich auch nicht auflösen; sie würden ewig stabil bleiben.

Kelvin war mit Helmholtz befreundet. Sie hatten in der Vergangenheit zusammengearbeitet. Als Kelvin von Helmholtz' Entdeckung erfuhr, wurde er ganz aufgeregt. Er begriff sofort, daß die Beständigkeit der Atome aus der endlosen Wirbelbewegung in reibungsfreien Flüssigkeiten resultieren konnte.

Lange bestand in der Physik die Ansicht, daß das Universum mit einer solchen reibungsfreien Flüssigkeit angefüllt wäre, dem Äther. Es wurde angenommen, daß der Äther eine feine, unsichtbare Substanz wäre, die alles, selbst leeren Raum, durchdringt.

Zu Kelvins Zeit war die Existenz von Äther wichtig, um Licht zu erklären. Es wurde davon ausgegangen, daß Licht aus Wellen besteht, und eine Welle, so wurde argumentiert, muß eine Welle *in irgend etwas* sein. Wellen im Meer sind Bewegung von Wasser. Diese hypothetische Substanz, die den ganzen Raum ausfüllte und selbst feste Materie durchdrang, sollte der Äther sein.

Kelvin stellte fest, daß er eine einheitliche Theorie von Materie und Licht aufstellen konnte, indem er beide in Begriffen des Äthers erklärte. Er konnte das gesamte physikalische Universum nur mit den Begriffen von Welle und Wirbel auf den Punkt bringen. Licht war eine Wellenbewegung in Äther, Materie eine Wirbelbewegung.

Das Wirbelatom war ein Volltreffer. 1867 erschien als Niederschrift seines historischen Vortrages Kelvins erste Veröffentlichung über Wirbelatome. Zu einem späteren Zeitpunkt desselben Jahres präsentierte er, wieder an der Royal Society of Edinburgh, eine mathematische Abhandlung über Wirbelatome. Kelvin verfocht das Prinzip des Wirbelatoms für den größten Teil seines Berufslebens.

Der Wirbel fand schnell die Unterstützung der meisten britischen Wissenschaftler. Viele von ihnen kamen zu der Überzeugung, daß er der Zugang zum Verständnis der Materie war; nach wenigen Jahren war die Idee des Wirbels fest etabliert. Eine ganze Schule britischer Physiker entstand um das Wirbelatom herum, schwerpunktmäßig an den Universitäten von London und Cambridge. Viele bedeutende Physiker arbeiteten auf diesem Gebiet, und sie formulierten ein mathematisches Gebäude des Wirbelatoms und seiner Wechselwirkungen.

Das Jahr 1875 setzte einen Markstein in der öffentlichen Akzeptanz des Wirbels. Die neue Ausgabe der *Encyclopaedia Britannica* widmete Kelvins Wirbel zwei ganze Seiten. Ihre Eintragung zum *Atom* behandelte die Geschichte der Ideen über das Atom, einschließlich des bisherigen Bildes eines »*kleinen harten Körpers, wie ihn sich Lukretius vorstellte, dem Newton beipflichtete*«. Der Artikel schloß damit, daß die Wirbeltheorie all ihren Vorgängerinnen weit überlegen sei und stellt fest:

> ... die Wirbelringe von Helmholtz, die sich Thomson als die wirkliche Form des Atoms vorstellt, tun mehr Bedingungen Genüge als jede andere bisherige Vorstellung des Atoms.

Der Autor dieses Artikels war niemand anderer als James Clerk Maxwell (1831–1879), selbst einer der großen Physiker des 19. Jahrhunderts. Eine seiner Schriften war von der Royal Society veröffentlicht worden, als er gerade 15 war. Zehn Jahre später, mit 25, wurde er in Cambridge zum Professor für experimentelle Physik berufen, wo er das heute berühmte Cavendish-Labor einrichtete.

Maxwell gehörte zu den größten Genies des 19. Jahrhunderts. Am berühmtesten wurde er durch seine Entwicklung der Theorie des Elektromagnetismus – ohne die es kein Fernsehen, Radio oder Radar geben würde. Er war vermutlich der führende mathematische Physiker des 19. Jahrhunderts, und seine Arbeiten auf diesem Gebiet waren so fundamental, daß seine Gleichungen unverändert bis heute überdauert haben.

Maxwell war einer der Hauptverfechter der Wirbeltheorie. Er war davon überzeugt, daß sie die bei weitem beste Erklärung der Materie darstellte, die jemals vorgebracht worden war.

Abb. 3: James Clerk Maxwell als junger Mann

Ein anderer berühmter Wissenschaftler, der die Vorstellung des Wirbelatoms unterstützte, war Sir J. J. Thomson (1856–1940). 25 Jahre jünger als Maxwell, trat J. J. Thomson als Professor für experimentelle Physik in Cambridge in dessen Fußstapfen. Durch seine Arbeit wurde das Cavendish zum weltweit bekanntesten Labor für

Experimentalphysik. J.J.Thomson wurde wie sein Namensvetter Lord Kelvin vielfach geehrt. Er war Präsident der Royal Society, wurde für seine Verdienste um die Wissenschaft geadelt und in den Order of Merit aufgenommen. Nach seinem Tod wurde er wie Kelvin in der Westminster Abbey bestattet.

Sir J.J.Thomson ist berühmt wegen seiner Entdeckung des Elektrons, der Grundlage von Elektrizität, Elektronik und Computern. 1882, als er erst ein vielversprechender junger Mann in Cambridge war, gewann er mit einer Schrift über die Bewegung der Wirbelringe den Adams-Preis. Dieser Aufsatz enthielt eine detaillierte mathematische Behandlung des Wirbels. Er befaßte sich auch damit, wie chemische Reaktionen mit dem Wirbelatom erklärt werden konnten. In dieser Schrift sagte J.J.Thomson über das Wirbelatom, daß es

> ... a priori sehr starke Argumente auf seiner Seite hat ... die Wirbeltheorie ist von viel fundamentalerem Charakter als die übliche Theorie fester Teilchen.

Abb. 4: Sir J.J.Thomson im Cavendish Laboratorium

J.J.Thomson veröffentlichte noch weitere Schriften über den Wirbel und unterstützte die Wirbeltheorie mehr als ein Vierteljahrhundert lang.

Kelvins ursprüngliches Bild des Wirbelatoms wurde im Laufe der Jahre beträchtlich weiterentwickelt. Während der letzten Jahrzehnte des Jahrhunderts entwickelten unterschiedliche Physikergruppen mehrere alternative Modelle, die weit in mathematische Details gingen. Sie betrachteten den Wirbel als eine Möglichkeit, mit einem einzigen Modell alles zu erklären, was bis dahin in Physik und Chemie bekannt war.

Mit dem 20. Jahrhundert veränderte sich alles. Die pulsierende Schule britischer Physiker fand ein plötzliches Ende. Explosionen im Wissenschaftsgebäude warfen sie auf ihre Ursprünge zurück. Das Atom wurde gespalten, und die Vorstellung vom Äther starb. Das Atom wurde neu und intensiv erforscht, und alle existierenden Vorstellungen erwiesen sich als völlig unangemessen.

Die Wirbelvorstellung mit ihrem enormen Potential wurde zusammen mit dem Billardkugel-Modell verworfen. Aber dabei wurde das Kind mit dem Bade ausgeschüttet. Es ist an der Zeit, wieder auf den Wirbel zu blicken. Heute, im Licht von alledem, was seither entdeckt wurde, könnte dieses vergessene Prinzip einen völlig neuen Ansatzpunkt für die Wissenschaft liefern.

KAPITEL 2

Der Energiewirbel

An einem Sommermorgen 1945 explodierte über Hiroshima eine Atombombe. Damit wurde der Menschheit auf schreckliche Weise demonstriert, welche Macht im Atom eingeschlossen ist. In dieser atomaren Explosion war weniger als 30 Gramm Materie in eine Energiemenge umgewandelt worden, die ausreichte, um die ganze Stadt zu zerstören.

40 Jahre vorher hatte Albert Einstein den Durchbruch eingeleitet, der die Atombombe möglich machte. Er zeigte, daß Materie in Energie umwandelbar ist, und ebnete damit den Weg für die Atombombe und die Kernenergie.

Das war die entscheidende wissenschaftliche Entdeckung des Jahrhunderts. Aber die Äquivalenz von Materie und Energie hält die Menschen zum Narren. Sie ist das größte Rätsel der Physik des 20. Jahrhunderts. Die moderne Physik ringt immer noch darum, genau zu verstehen, was Materie ist und warum sie mit Energie austauschbar ist. Wie kann Materie, die so statisch erscheint, eine Form von Energie sein, die ja nun wahrhaftig dynamisch ist?

Nur einige Jahre nach Einsteins Entdeckung geriet das Atom selbst unter Beschuß. Die Physiker verwarfen die traditionelle Vorstellung vom Atom als dem kleinsten Materieteilchen. Das Billardkugel-Atom war überholt. Es stellte sich heraus, daß das Atom aus noch viel kleineren subatomaren Teilchen besteht.

Heute sind wir weit davon entfernt, das Atom als feste unzerstörbare Masse anzusehen; es ist bekannt, daß es weitgehend leerer Raum ist. Es besteht aus Sir J. J. Thomsons winzigen Elektronen, die einen zentralen Kern umkreisen, der seinerseits aus weiteren Teilchen besteht. Die Vorstellung scheint nahezuliegen, daß diese *elementaren Teilchen* wieder feste, billardkugelartige Objekte sind. Aber die moderne Physik hat klar gezeigt, daß sie zerstörbar sind und vollständig in Energie umgewandelt werden können.

Die traditionelle Ansicht, daß Materie aus unzerstörbaren Teilchen besteht, ist offenbar falsch, aber die Frage ist, was Elementar-

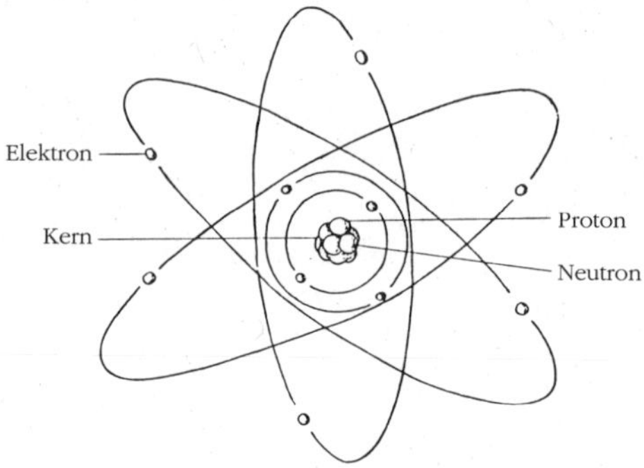

Abb. 5: Das traditionelle Modell des Atoms mit den Elementarteilchen, aus denen es besteht

teilchen dann in Wirklichkeit sind? Und wie können sie Formen von Energie sein? Den größten Teil unseres Jahrhunderts haben die Physiker an diesem Problem herumgerätselt.

Die Antwort liegt bei Kelvins Wirbel. Der Wirbel ist der Schlüssel zum Verständnis der genauen Struktur von Teilchen und dazu, wie Energie in ihnen eingeschlossen ist.

Für Lord Kelvin und seine Zeitgenossen war das Atom das Elementarteilchen, das kleinste Materieteilchen. Es war von daher natürlich, daß er sein Wirbelmodell auf das Atom anwendete.

Heute wird angenommen, daß subatomare Teilchen die kleinsten Teilchen der Materie sind. Wäre Kelvin heute noch am Leben, würde er danach streben, subatomare Partikel zu erklären, nicht Atome. Er würde Schriften über Wirbelpartikel veröffentlichen, nicht über Wirbelatome.

1884 hielt Kelvin in Amerika eine Reihe von hervorragenden Vorträgen über die Wellentheorie des Lichts. Seinerzeit wurde angenommen, daß Licht aus Wellen in Äther besteht – der unsichtbaren Substanz, die, so war die allgemeine Annahme, allen Raum durchdringt. Wie seine Zeitgenossen glaubte Kelvin an den Äther. So ist es logisch, daß er annahm, daß Atome Wirbel im Äther seien.

Die Physiker gelangten später zu einer ganz anderen Auffassung des Lichts.

Die Vorstellung des allgegenwärtigen Äthermeeres wurde vollständig fallengelassen. Die Physiker akzeptierten, daß Energiewellen auch ohne umgebendes Bewegungsmaterial existieren konnten. Wellen konnten ohne den Ozean existieren.

Heute wird der Äther für eine Wirbeltheorie nicht mehr benötigt; tatsächlich würde jede Erwähnung des Äthers wissenschaftlichem Selbstmord gleichkommen. Die Behauptung, daß Teilchen Wirbel in Äther seien, würde lächerlich gemacht werden. Wenn aber eine Welle aus purer Energie möglich ist, warum nicht auch ein Wirbel aus purer Energie?

Kelvin war ganz dicht dran. Er war der Gründungsvater der Thermodynamik, der Wissenschaft von der Energie. Hätte er von Energie gesprochen statt von Äther, würde seine Theorie heute in perfekter Weise Sinn ergeben. Seine Entdeckung hieße dann:

Ein Elementarteilchen ist ein Wirbel von Energie.

Dies ist eine einfache Vorstellung. Aber sie besitzt immense Sprengkraft. Wenn wir das elementare Teilchen als Wirbel von Energie auffassen, kann das unser Verständnis der Welt völlig verändern.

Mit dem Wirbelmodell können die meisten grundlegenden Rätsel der modernen Physik gelöst werden. Es zeigt zum ersten Mal, wie Energie in Materie eingeschlossen ist. Einstein beschreibt Materie als *gefrorene Energie.* Der Wirbel ermöglicht ein viel klareres Bild: Bewegung ist die eigentliche Grundlage der Materie – in ihr ist überhaupt nichts »gefroren«.

Jetzt können wir wirklich erfassen, was Einstein meinte, als er sagte, daß Masse in Energie umwandelbar sei. Es ist eine Ironie des Schicksals, daß zur Jahrhundertwende, gerade als Einstein die Äquivalenz von Masse und Energie postulierte, die Vorstellung des Wirbels aus der Mode kam. Mit dem Wirbel kann Masse als Energie dargestellt werden. Mit ihm wird Einsteins Idee verständlich, weil so die Form beschrieben wird, die Energie in Materie annimmt.

Energie ist nicht materiell. Es gibt kein Meer von Energie, wie das Äthermeer. Sie ist kein *Stoff* oder irgendeine Flüssigkeit. Energie ist dynamisch, ist Aktion und Veränderung. Wir könnten Energie auch als Bewegung bezeichnen.

Bewegung kann nicht ohne Richtung existieren, und Energie kann nicht ohne Form existieren. Es ist nicht etwa so, daß Energie den Wirbel oder die Welle *formt.* Der Wirbel *ist* Energie. Die zwei fundamentalen Formen von Energie in unserer Welt sind

Materie und Licht. Licht wird oft als Wellenform von Energie gedacht. Wir unterstellen, daß Materie ein Wirbel ist. So wie Lichtwellen ohne irgendeinen Äther existieren können, in dem sie wogen, ist Materie nicht ein Wirbel *in* irgend etwas; der Wirbel ist pure Energie, ohne Materie, die sich bewegt.

In der Natur sind die meisten Wirbel von kegelförmiger Gestalt. Tornados und Wirbelwinde sind wirbelnde Kegel. Diese natürlichen Phänomene illustrieren gut das dynamische Wesen der Wirbelteilchen. Sie taugen aber überhaupt nicht dazu, ihre Form zu zeigen. Elementarteilchen können wir uns am besten als Kugeln vorstellen, nicht als Kegel.

Auch Kelvins Rauchringe vermitteln uns keine genaue Vorstellung des Energiewirbels. Rauchringe haben Seiten. Der Energiewirbel muß, um ein elementares Teilchen zu formen, kugelförmig und symmetrisch sein.

Für ein Elementarteilchen benötigen wir einen *kugelförmigen Wirbel*, der vollständig symmetrisch ist. Das Wirbelteilchen kann kein Kegel oder Ring sein; es muß ein Ball sein – ein Ball von Energie. Aber wie kann ein Energieball entstehen? Wie kann sich aus Bewegung ein kugelförmiger Wirbel bilden? Stellen Sie sich Bewegung als eine Linie vor. Wenn eine Linie frei zu einer Spirale gewunden ist, wird sie zu einem Ball. Genauso könnte eine spi-

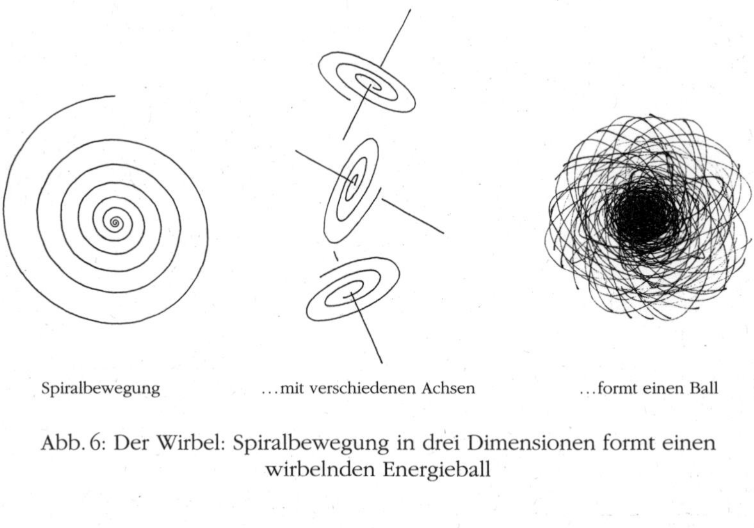

Abb. 6: Der Wirbel: Spiralbewegung in drei Dimensionen formt einen wirbelnden Energieball

ralförmige Bewegung einen kugelförmigen Wirbel bilden, einen Ball wirbelnder Energie.

Der Energiewirbel könnte als Wollknäuel dargestellt werden. In einem Wollknäuel windet sich die Wolle in einer dreidimensionalen Spirale um einen einzigen Punkt. Im kugelförmigen Wirbel könnte eine ebensolche Spiralbewegung um einen zentralen Punkt existieren. Ein Wollknäuel ist normalerweise fest. Erst wenn es abgerollt wird, würde es genau den Energiewirbel darstellen.

Hieran können wir leicht erkennen, daß subatomare Teilchen aus zwei entgegengesetzten Wirbeltypen gebildet sein könnten. Der eine würde aufrollen, der andere abrollen. Kontinuierliche Bewegung des Wirbels vorausgesetzt, wie bei Wasser in einem Strudel, würde das Teilchen die gleiche Größe behalten.

Der Energiewirbel ist ein einfaches Bild von großer Bedeutung. Der Wirbel zeigt, wie etwas so Dynamisches wie Energie die Grundlage sein kann für etwas so Statisches wie Materie. Bewegung schafft Stabilität. Kelvins lebendige Rauchringe verkleideten sich als elastische Objekte, Energiewirbel könnten sich als stabile und substantielle Teilchen tarnen.

Dieses Modell hilft uns zu verstehen, auf welche Weise Materie in Energie umwandelbar sein kann. Was passiert, wenn Sie ein Wollknäuel aufribbeln? Sie füllen den Raum mit Wolle. Könnten Sie einen Energiewirbel aufribbeln, würde eine enorme Energiemenge freigesetzt werden. Ein Wollknäuel ist eine sehr kompakte Form von Wolle, ein Wirbelteilchen ist eine sehr konzentrierte Form von Energie.

Viele Eigenschaften der Materie können mit dem Wirbel leicht erklärt werden.

Ein verwirrender Aspekt von Materie sind die rätselhaften Kräfte, die von ihr auszugehen scheinen. Jeder kennt diese Kräfte. Nehmen Sie zum Beispiel den Magnetismus. Wir wissen alle, wie Eisenspäne an einem Magneten haften. Elektrische Ladung ist eine andere fundamentale Naturkraft. Kleine Papierschnipsel kleben an einem geladenen Stück Plastik, wie zum Beispiel einem Kamm.

Diese Kräfte sind sehr real und sehr mächtig. Aber die Wissenschaft hatte immer Schwierigkeiten, sie zu erklären. Wenn Materiepartikel träge Materialklümpchen sind, wie können sie aufeinander einwirken?

Mit dem Wirbel eröffnet sich uns eine elegante Erklärung für diese Kräfte. Energiewirbel sind vom Wesen her dynamisch. Es ist offensichtlich, daß sie aufeinander einwirken, wenn sie sich überschneiden. Auf diese Weise geht der Wirbel *tiefer* als Materie, und mit ihm können wir anfangen zu erklären, *warum* sie die Eigenschaften hat, die sie zeigt.

Durch den Wirbel werden die Erkenntnisse der klassischen und modernen Physik nicht hinfällig, aber er macht eine Neubewertung möglich. Der Wirbel hilft uns, die innere Natur von Materie und der rätselhaften Kräfte zu verstehen, die mit ihr verbunden sind. Die Wissenschaft hat mit der Physik und Chemie die Gesetze erforscht, die die Wechselwirkungen von Atomen und Molekülen beherrschen. Die Vorstellung, daß ein elementares Teilchen ein Wirbel von Energie ist, verändert nicht diese makroskopischen Fakten. Das neue Wirbelmodell könnte im Gegenteil dazu dienen, die Naturgesetze, die entdeckt worden sind, zu untermauern und zu vereinheitlichen, indem es die grundlegende Realität, aus der sie entstehen, auf den Punkt bringt.

Die große Mehrheit der Menschen hat die Physik komplett abgeschrieben, weil sie so schwer zu begreifen ist. Mit dem neuen Verständnis, das mit dem Wirbel erreicht wird, schmilzt die Kompliziertheit dieses Gegenstandes dahin. Die Physik wird mit dem Wirbel klar und zugänglich, und ein Verständnis der physikalischen Welt wird für alle Menschen möglich.

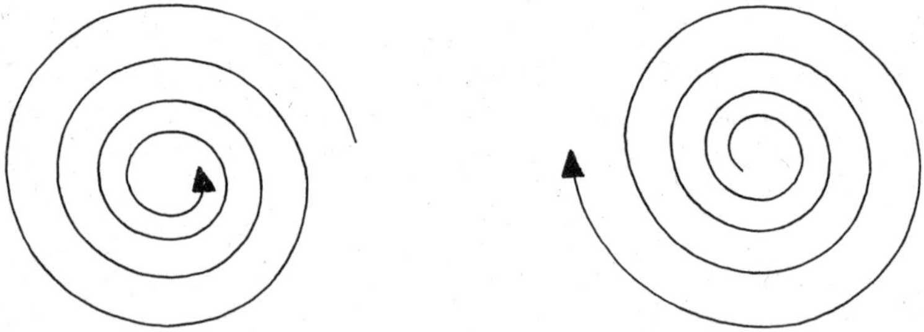

Abb. 7: Die zwei Arten elektrischer Ladung – positiv und negativ, entstehen aus den zwei Wirbelarten – abrollend und aufrollend

Trotz seiner naturgegebenen Einfachheit können wir mit dem Wirbel anfangen, die Rätsel der Physik zu lösen. Wenn wir die subatomaren Teilchen als Energiewirbel verstehen, lösen sich die Paradoxe auf, die mit ihnen verbunden sind. Ihre Eigenschaften und ihr Verhalten können viel leichter verstanden werden. Besonderheiten des Universums, die die Wissenschaft als unergründlich hinnehmen mußte, können jetzt erklärt werden.

Elektrische Ladung zum Beispiel wird bislang als *nicht reduzierbare* Eigenschaft von Materie angesehen. In gleicher Weise wurde die Existenz zweier Arten elektrischer Ladung als selbstverständlich genommen und als nicht weiter erklärbar behandelt. Aber auch diese Merkmale von Materie können mit dem Wirbel erklärt werden. Wie wir schon gesehen haben, kann sich der kugelförmige Wirbel auf zwei entgegengesetzte Arten bilden: In der einen geht die Bewegung in Richtung Mittelpunkt, in der anderen aus ihm heraus. Diese beiden Formen entsprechen *positiven* und *negativen* elektrischen Ladungen. Darüber hinaus wird durch den Wirbel deutlich, warum es im Universum gerade zwei Arten elektrischer Ladung gibt und nicht etwa nur eine oder vier.

Es gibt noch viel mehr Rätsel in der Physik, die durch den Wirbel gelöst werden können. Sogar ein so grundlegender Begriff wie Masse kann erklärt werden: Masse ist das Maß der Energiemenge in Bewegung. Wie wir später zeigen werden, kann mit dem Wirbel auch Rechenschaft über das Wesen von Zeit und Raum abgelegt werden.

Der Wirbel könnte in der Physik des 20. Jahrhunderts das zustandebringen, was Lord Kelvin im 19. Jahrhundert erreichen wollte. Kelvin wollte tiefer in die Geheimnisse der Materie eindringen als seine Zeitgenossen. Er wollte wissen, was hinter ihr liegt – was sie wirklich in Gang bringt. Er hatte den Anspruch, unter die Oberfläche zu blicken. Im Wirbel fand er ein vereinheitlichendes und erklärendes Prinzip von gewaltiger Sprengkraft. Kelvins Wirbelatom zielte auf eine Vereinheitlichung der Physik des 19. Jahrhunderts. Im 20. Jahrhundert könnte das Wirbelteilchen dem gleichen Zweck dienen. Es könnte die Basis für die umfassende, einheitliche Theorie bilden, nach der die moderne Physik sucht.

Es geht über den Rahmen dieses Buches hinaus, diese Themen weiter auszuführen. Die zwei Hauptpfeiler der Physik des 20. Jahrhunderts sind die Relativitätstheorie und die Quantenphysik. Das Konzept des Wirbels scheint es zu ermöglichen, daß weite Bereiche dieser beiden Theorien in Einklang gebracht werden.

In der Quantentheorie kann zum Beispiel mit Hilfe des Wirbelmodells einigen Konzepten physikalische Plausibilität verliehen werden, die immer noch zweifelhaft sind. Nehmen Sie zum Beispiel das Rätsel des Quantenspins. Die Quantentheorie betrachtet diese nicht faßbare Fähigkeit als den Teilchen irgendwie eigentümlich, besteht aber darauf, daß sie keine Form der Teilchenrotation ist. Der Wirbel zeigt ganz klar, daß Bewegung für Teilchen absolut typisch und spezifisch ist, daß sie grundlegend für ihre ganze Existenz ist.

Mit Blick auf die Relativität ist die Bedeutung des Wirbels für den Raum, die wir in einem späteren Kapitel ausführen, völlig stimmig mit Einsteins Theorie; darüber hinaus wird der Begriff des Raumes durch den Wirbel in einer ganz unerwarteten Weise beleuchtet.

Der Wirbel ist der letzte Nagel zum Sarg des Materialismus.

Was ist Materie? Und warum verhält sie sich so, wie sie es tut? In der traditionellen Naturphilosophie wurde angenommen, daß sich die Eigenschaften der Materie aus einer zugrundeliegenden *materiellen Substanz* ergeben würden, die inaktiv und widerstandsfähig gegen Veränderung ist.

Kelvin schlug die erste Bresche. Mit dem Wirbel war er in der Lage, viele Aspekte von Materie zu erklären. Es war nicht länger notwendig, anzunehmen, daß die Eigenschaften der Materie von irgendeinem materiellen *Stoff* herrührten. Sie entsprangen der Wirbelbewegung. Aber Kelvins Wirbel erforderte noch immer den Äther – eine materielle Substanz.

Der Energiewirbel befreit uns völlig von der Frage des Materials. Er entspricht Einsteins Aussagen, indem er zeigt, daß Materie reine Energie ist, die sich als Substanz tarnt. Der Wirbel erklärt alle Eigenschaften von Materie. Es ist keine Materie mehr erforderlich, um das physikalische Universum zu untermauern.

Materie stellt sich uns nicht als das dar, was sie wirklich ist. Wir benutzen die Redewendung »hart wie Stein«. Aber unsere Sinne täuschen uns. Steine, obwohl real, sind weit davon entfernt, fest zu sein. Materie ist hauptsächlich leerer Raum mit einigen Teilchen, die in ihm herumflitzen. Wenn diese Teilchen nichts anderes als Wirbelbewegung sind, dann sieht die Sache wohl so aus, daß es in der Materie außer Bewegung nicht viel gibt.

Durch den Wirbel wird die Sichtweise von MystikerInnen und WissenschaftlerInnen in Übereinstimmung gebracht. MystikerInnen haben schon immer angenommen, daß die Welt ohne Substanz ist. Jahrhunderte vor Kelvin beschrieb Buddha Materie als Strudel in einem lebhaften Strom. Yogi-Philosophen erkannten, daß »*Materie... nichts als ein Wirbel von Energie ist*«. Im Osten wird seit Jahrtausenden gelehrt, daß die Welt nichts als eine Illusion ist – die Illusion von *maya*. Der Wirbelbegriff zeigt, wie die Illusion zustandekommt.

KAPITEL 3

Der Schlüssel zum Übernatürlichen

Ein Gast auf einer Party erzählt Ihnen, daß er sich an ein vergangenes Leben erinnern kann. Nehmen Sie ihn ernst oder lachen Sie ihn aus?

Ein Mädchen behauptet, einen Geist oder eine Fee gesehen zu haben. Wie reagieren Sie? Akzeptieren Sie die Möglichkeit, daß sie etwas Wirkliches gesehen haben könnte, oder nehmen Sie an, daß sie einfach leicht zu beeindrucken sein muß?

Ihre Tante erzählt Ihnen, daß sie auf rätselhafte Weise durch eine Heilerin geheilt wurde. Können Sie ihr glauben, oder argwöhnen Sie, daß sich das alles in erster Linie in ihrem Kopf abgespielt hat?

Wenn Ihnen ein Freund berichten würde, daß er während einer Operation zur Decke geschwebt ist und auf die Chirurgen heruntersehen konnte, die seinen Körper operierten, würden Sie ihm glauben? Oder würden Sie annehmen, daß er einer Sinnestäuschung aufgesessen sein muß?

Wenn Ihnen Leute erzählen, sie hätten UFOs gesehen, was würden Sie denken? Würden Sie akzeptieren, was sie sagen oder würden Sie annehmen, daß sie zu dumm waren, einen Wetterballon zu erkennen?

Viele Leute haben Schwierigkeiten, das Übernatürliche und Paranormale zu akzeptieren. Solche Ereignisse werden mit Mißtrauen und Skepsis behandelt. Berichte darüber werden aufgegriffen und zerpflückt, jedes Bröckchen von einiger Bedeutung wird überprüft. Manche Leute wollen Erinnerungen an frühere Leben als übersinnliche Wahrnehmungen abtun. Andere halten selbst ESP (extrasensory perception = übersinnliche Wahrnehmungen) für bloßen Zufall. Übersinnliche Erscheinungen werden als reine Fantasieprodukte behandelt, und mysteriöse Heilungen sollen nur im Kopf stattgefunden haben. Alles Magische wird auf Profanes reduziert.

Was aber ist das Übernatürliche? Erwächst es nur aus überspannter Einbildungskraft? Ist alles Aberglauben und Wunschdenken? Oder ist es real?

Der Wirbel enthält den Schlüssel. Der Wirbel führt zu einem zusammenhängenden Verständnis des Übernatürlichen, Paranormalen und Parapsychologischen. Viele seltsame und mysteriöse Erfahrungen können schnell und einfach erklärt werden. Der Wirbel verschafft ein Gerüst, das es uns ermöglicht, das Übernatürliche als Realität zu akzeptieren.

Der entscheidende Schritt besteht in der Feststellung , daß unsere Welt nichts anderes ist als Energie. Energie ist die primäre Realität. Energie ist der Ursprung aller Dinge im Universum, vom unbedeutenden Atom bis zur mächtigen Galaxie.

Ist aber das physikalische Universum die einzige Realität? Wenn Materie und Licht – die beiden Bausteine – lediglich zwei Energieformen sind, könnte Energie dann auch in nicht-materiellen Formen existieren?

Es war Einstein, der zuerst die Beziehung zwischen Materie und Energie nachwies. Seine berühmte Gleichung $E=mc^2$ zeigt, daß Masse *(m)* ein Äquivalent zu Energie *(E)* ist. Der Wirbel geht noch weiter: er zeigt die genaue Form von Energie in Materie. Ein Materieteilchen ist eine herumwirbelnde Energiekugel, ein kreisförmiger Wirbel von Bewegung.

Licht ist eine davon verschiedene Energieform, aber aus Einsteins Gleichung geht offensichtlich hervor, daß Materie und Licht eine gemeinsame Bewegungsform haben. In $E=mc^2$ ist es das *c*, die Lichtgeschwindigkeit, die Materie in einen Bezug zu Energie bringt.

Davon ausgehend können wir zu einem einfachen Schluß kommen. Es ist offensichtlich: Die Geschwindigkeit der Bewegung von Materie muß der Lichtgeschwindigkeit entsprechen. Dies ist die einzig mögliche Schlußfolgerung, die wir aus Einsteins Gleichung ziehen können.

Wenn in einem Materieteilchen die Wirbelbewegung in Lichtgeschwindigkeit stattfindet, können wir uns das Teilchen als winzigen Feuerball ausmalen, eine Spirale mit der Geschwindigkeit des Lichts.

Aber wäre der Wirbel immer auf die Lichtgeschwindigkeit begrenzt? Könnte die Bewegung in ihm auch schneller sein? Wir haben Energie mit Bewegung gleichgesetzt. Ist alle Bewegung an die Grenze der Lichtgeschwindigkeit gebunden?

Abb. 8: Albert Einstein

Die Wissenschaft ist zu dem Schluß gekommen, daß sich nichts schneller bewegen kann als mit Lichtgeschwindigkeit. Dies Gesetz gilt für alle Energieformen – eingeschlossen Materieteilchen und Licht. Gilt es aber auch für die Bewegung, die der Energie selbst zugrundeliegt, die primäre Bewegung, aus der Materie und Licht selbst entstehen?

Das ist die entscheidende Frage. Sie geht darauf zurück, was Energie ist. Solange sich Physiker nicht Rechenschaft darüber ablegen, was Energie ist, sind sie zu der Meinung verdammt, daß Energie sich nicht schneller bewegen kann als mit Lichtgeschwindigkeit. Wenn aber Energieformen letztlich Bewegungsformen sind, ist Bewegung fundamentaler als Energie. Warum sollte reine Bewegung durch die Geschwindigkeit des Lichts begrenzt sein?

Wenn Bewegung eine schnellere Geschwindigkeit haben kann, könnte ein völlig anderer Typ von Energie auftreten. Diese könnten wir als *Super-Energie* bezeichnen.

Energie und Super-Energie wären unterschiedlich in ihrer Substanz. Bewegung in Lichtgeschwindigkeit könnte als *Substanz* der Energie in der physikalischen Welt bezeichnet werden. Die Substanz von Super-Energie wäre Bewegung in höherer Geschwindigkeit.

Super-Energie könnte sich durchaus wie Energie verhalten. Zum Beispiel könnte es Wirbel von Super-Energie geben, Materieteilchen vergleichbar, und Wellen von Super-Energie, vergleichbar mit Licht. Gemeinsam könnten sie eine *super-physikalische* Realität bilden.

Dinge aus Superenergie könnten mit Dingen unserer Welt die gleiche *Form* teilen, ihre *Substanz* wäre aber völlig unterschiedlich. Materie würde mit ihnen nicht wechselwirken, Licht würde von ihnen nicht reflektiert werden. Weil sie für Materie oder auch Licht kein Hindernis darstellen würden, wären sie vollständig unberührbar und unsichtbar.

Solche Dinge wären für keinen unserer fünf normalen Sinne zu erfassen. Ihr Vorhandensein wäre für uns schwer oder sogar unmöglich festzustellen. Der wissenschaftliche Beweis für ihre Existenz wäre kaum zu führen. Viele Leute könnten die Existenz solcher super-physikalischer Formen ablehnen, weil sie sie nicht mit ihren gewöhnlichen Sinnen wahrnehmen können. Energieformen jenseits von Licht könnten jedoch überall um uns herum existieren und sich unbeschädigt durch uns hindurchbewegen, ohne daß die meisten von uns es überhaupt merken würden.

Mit diesen Konzepten beginnt das Paranormale einen Sinn zu ergeben. Nehmen Sie zum Beispiel Geister. Es wird oft gesagt, daß Geister von anderer Substanz seien als Materie. Es wird angenommen, daß sie mit Leichtigkeit durch feste Mauern dringen können. Sie scheinen auch außerhalb unserer Zeit zu existieren. Könnten sie Formen von Super-Energie sein, jenseits unserer Zeit und unseres Raums?

Super-Energie würde nicht unsere Zeit und unseren Raum einnehmen. Super-physikalische Formen könnten nicht Teil unserer normalen Realität sein. Sie wären ganz andersartig und würden etwas Eigenes darstellen. Das ist klar durch die Relativitätstheorie.

Für Einstein war im physikalischen Universum die Lichtgeschwindigkeit die grundlegende Sache. In der Relativitätstheorie behandelte er sie als »die alleinige Universalkonstante« und zeigte, daß alles in unserer Welt – eingeschlossen Zeit und Raum – in Bezug zu dieser Geschwindigkeit steht. Nahe der Lichtgeschwindigkeit geschehen außergewöhnliche Dinge mit Zeit und Raum. Raum verkürzt sich, und Zeitintervalle werden länger. Bei Lichtgeschwindigkeit verschwindet Zeit in der Ewigkeit, und Raum fällt in sich zusammen.

Von daher muß klar sein, daß schnellere Bewegungen als Lichtgeschwindigkeit in der Raum-Zeit unserer Welt unmöglich sind. Aus diesem Grund könnte Super-Energie nicht Teil des physikalischen Universums sein; super-physikalische Formen – »Körper« von Super-Energie – würden unsere Zeit und unseren Raum überschreiten.

Auf Super-Energie im Wirbel könnten viele paranormale Phänomene zurückzuführen sein. Eine wichtige Sorte von Erscheinungen, die sie erklären könnte, wären seltsames Verschwinden und Materialisationen. Es ist bekannt, daß noch viel handfestere Dinge als Geister auf ganz unerklärliche Weise auftauchen und verschwinden. Religionen und Legenden sind voll von Geschichten, in denen Menschen und Gegenstände auf mysteriöse Art verschwinden – oder auf unerklärliche Weise auftauchen. Bis in unsere heutige Zeit gibt es Berichte über ähnliche Ereignisse.

Diese Phänomene können nicht alle als Illusionen oder Zaubertricks abgetan werden. Sie können durch die Wissenschaft nicht erklärt werden. Mit den Konzepten des Wirbels und der Super-Energie können wir aber beginnen, eine Begründung für sie vorzulegen.

Jedes Objekt in unserer Welt besteht aus Milliarden von Elementarteilchen, die in Atomen und Molekülen angeordnet sind. Wir haben jedes Teilchen als einen Energiewirbel dargestellt, in dem die zugrundeliegende Bewegung in Lichtgeschwindigkeit vor sich geht.

Nehmen Sie an, diese Bewegung im Wirbel würde sich beschleunigen. Wenn sie Lichtgeschwindigkeit überschreitet, würde sich Energie sofort in Super-Energie umwandeln. Weil sich seine Substanz ändert, würde das Objekt plötzlich aufhören, mit Materie und Licht zu interagieren. Sofort würde es unsichtbar und unberührbar sein. Es würde nicht irgendwohin »verschwinden«, aber es würde nicht mehr wahrgenommen werden.

Dieser Vorgang wäre umkehrbar. Die Bewegung in den Wirbeln könnte wieder auf Lichtgeschwindigkeit verlangsamt werden. Super-Energie würde wieder zu Energie werden. Das Objekt würde sofort wieder auftauchen.

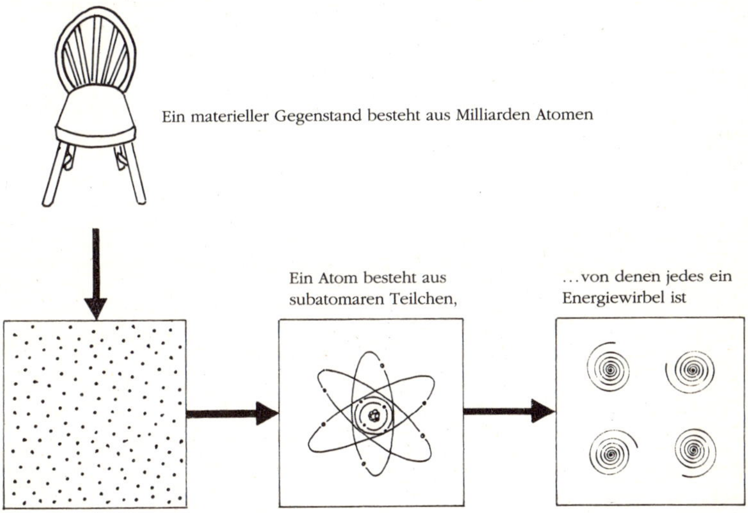

Abb. 9: Auch Alltagsgegenstände bestehen aus Milliarden Energiewirbeln

Dieser Prozeß kann angemessen als *Transsubstantiation* bezeichnet werden. Dieser Ausdruck spiegelt die Verwandlung der Substanz von Energie in Super-Energie wider.

Transsubstantiation ist wesentlich zum Verständnis des Paranormalen. Sie ist die Brücke zwischen dem Natürlichen und dem Übernatürlichen, zwischen dem Physikalischen und dem Super-Physikalischen. Die Wissenschaft befaßt sich hauptsächlich mit den wechselnden *Formen* von Energie. Wir beschäftigen uns mehr mit der *Substanz* von Energie. So wird es möglich, die Grenzen zwischen dem Natürlichen und dem Übernatürlichen, zwischen dem Normalen und dem Paranormalen niederzureißen.

Durch Transsubstantiation könnte ein Objekt *materialisieren* oder *dematerialisieren.* Dematerialisation ist nicht gleichbedeutend mit Auflösung. Ein dematerialisiertes Objekt wäre unsichtbar und ungreifbar, aber es wäre nicht weniger real, als es vorher war. Das Objekt hätte sich lediglich in seiner Substanz verändert, es wäre super-physikalisch geworden.

Lichtgeschwindigkeit ist die Begrenzung des physikalischen Universums. Sie könnte als die »Grenze« unserer Welt bezeichnet werden. Transsubstantiation würde ein Objekt durch diese *Lichtgrenze* und in das Reich des Super-Physikalischen bringen. Die Licht-Grenze wäre die Trennungslinie zwischen dem Physikalischen und dem Super-Physikalischen. Sie würde das Natürliche vom Übernatürlichen abgrenzen.

In den frühen Tagen der Luftfahrt galt die Schallgeschwindigkeit als die maximale jemals erreichbare Geschwindigkeit. Piloten glaubten, daß ihre Flugzeuge auseinanderbrechen würden, wenn sie geringfügig schneller fliegen würden. Schließlich durchbrachen Piloten die *Schallgrenze*, und als sie auf der anderen Seite herauskamen, stellten sie fest, daß sie noch lebten.

Die Lichtgrenze zu durchbrechen mag erschreckend erscheinen. Es gibt aber keinen Grund, warum es in irgendeiner Weise zerstörerisch sein sollte. Transsubstantiation berührt nur die Substanz eines Objekts, nicht seine Form. Sie würde die atomare oder molekulare Struktur eines Körpers unverändert lassen. Sogar ein lebender Organismus könnte ohne Zerstörung seines Gewebes oder seiner Lebensprozesse die Lichtgrenze überschreiten.

Wer J. R. Tolkien gelesen hat, findet einen Widerhall dieser Ideen in seinen Büchern *Der kleine Hobbit* und *Herr der Ringe.* Tolkien erzählt von einem Ring, der seinen Träger unsichtbar macht. Wir könnten uns vorstellen, daß dieser Ring die Macht besaß, den Träger über die Lichtgrenze zu transportieren. Wenn der kleine Hobbit den Ring auf seinen Finger setzte, wurde er für seine Feinde unsichtbar. Wir könnten annehmen, daß die neblige Welt, in die er eintrat, ein super-physikalisches Reich jenseits der Lichtgrenze war. Er würde nicht irgendwohin verschwinden, aber es wäre möglich, daß Licht den Raum durchdringt, wo sein Körper sich befand. Die Form seines Körpers würde durch die Transsubstantiation völlig unverändert bleiben, nur die Geschwindigkeit der Bewegung in seinen Wirbeln wäre verändert. Ihre Form – in Atomen und Molekülen, Blut, Haut und Knochen – würde genau dieselbe bleiben.

Der kleine Hobbit ist Fiktion. Aber in der Historie gibt es viele überlieferte Tatsachenberichte von Menschen, die auf rätselhafte Weise verschwanden und manchmal an völlig anderen Orten wieder auftauchten. Nehmen Sie z. B. Apollonius von Tyana, einen griechischen Philosophen, von dem es heißt, er sei ein Eingeweihter der Pythagoräischen Mysterienschulen gewesen. Er war mit außergewöhnlichen Kräften ausgestattet, und sein Leben und die Wunder, die von ihm berichtet werden, sind mit denen von Christus verglichen worden, zu dessen Zeit er lebte. In Rom war Apollonius des Hochverrats beschuldigt, gefangengenommen und vor Cäsars Gericht gestellt worden. Er blickte seiner nahezu sicheren Hinrichtung entgegen. Aber mitten während seiner Verhandlung verschwand er plötzlich – zum Erstaunen des Kaisers und aller anderen – auf mysteriöse Weise. Er tauchte am selben Tag in Putioli wieder auf, das unter normalen Umständen eine Drei-Tages-Reise von Rom entfernt lag, und erreichte das hohe Alter von 101 Jahren.

Über Christus wird bekanntlich berichtet, daß er bei mehreren Gelegenheiten in gleicher Weise verschwand. Die Evangelien enthalten zahlreiche Beispiele; wenn er bedrohlichen oder erdrückenden Menschenmassen gegenüberstand, verschwand Christus »aus der Mitte der Menge« und glitt unbemerkt davon. Es ist leicht, sich über die Ungeheuerlichkeit eines solchen Vorfalls lustig zu machen. Aber welches Aufsehen würde heutzutage das

Verschwinden einer bedeutenden Persönlichkeit des öffentlichen Lebens – vielleicht des Papstes oder Michael Jacksons – unter den Augen eines großen Publikums erregen? Über Christus wird auch berichtet, daß er mehrmals aus dem Nichts auftauchte, was einen ähnlichen Effekt hatte.

Es ist bekannt, daß Christus vom Tode auferstand – er verschwand aus dem Grab und erschien anschließend hinter verschlossenen Türen seinen Jüngern. War Christus ein Meister der Transsubstantiation? War er fähig, die Substanz seines Körpers nach seinem Willen zu verändern? Wenn das so war, wäre er fähig gewesen, nach Belieben zu materialisieren und zu dematerialisieren – vielleicht sogar nach seinem klinischen Tod. Eventuell verschwand Christus zusammen mit seinem Körper aus unserer Welt in dem Ereignis, das als Himmelfahrt beschrieben wird. Wir könnten das so verstehen, daß damit gemeint ist, daß er, indem er zum letzten Mal die Lichtgrenze passierte, in eine permanent superphysikalische Existenz eintrat. Das würde auch nahelegen, daß Himmel der biblische Name für Bereiche von Super-Energie ist, die jenseits der Lichtgeschwindigkeit existieren.

In der muslimischen Tradition ist Mohammed mit ähnlichen Fähigkeiten ausgestattet. Ihm wird nachgesagt, daß er bei einer Gelegenheit auf rätselhafte Weise aus Mekka verschwand und auf dem Berg Moriah in Jerusalem wieder erschien. An diesem als heilig angesehenen Ort befindet sich jetzt der Felsendom. In der Folge verschwand er aus Jerusalem und tauchte in Mekka wieder auf. Bei seiner Rückkehr berichtete Mohammed, daß er auf dieser bemerkenswerten Reise durch Zeit und Raum durch den Himmel gekommen wäre.

Selbst in unserer heutigen Zeit gibt es faszinierende Berichte von Engeln, die auf rätselhafte Weise kommen und gehen. In Indien, so wird gesagt, hat sich ein Yogi, der als Babaji bekannt ist, in den 60er Jahren materialisiert, um eine alte Atemtechnik zu überbringen – die jetzt die Grundlage der Praktik ist, die *Rebirthing* genannt wird. Dann verschwand er, ohne eine Spur zu hinterlassen. Seine AnhängerInnen glauben, daß er über Jahrhunderte viele Male mit demselben Körper auf der Erde erschien; er wurde als der Lehrer erkannt, der schon Yoganandas Guru, Sri Yukteswar, im 19. Jahrhundert ausbildete.

KAPITEL 4

Ein moderner Wundermann

Paranormale Phänomene werden weltweit von vielen Menschen bezeugt. Aber die Schwierigkeiten bei der Erforschung dieser Phänomene wurden nie vollständig überwunden. Paranormale Ereignisse sind üblicherweise sporadisch und nicht vorherzusagen. Sie ereignen sich meistens spontan, unter Umständen, die schwer oder gar nicht zu reproduzieren sind. Viele Erfahrungen sind psychischer Natur und schwer mit reproduzierbaren wissenschaftlichen Experimenten zu bestätigen. All das macht das Paranormale notorisch schwer beweisbar.

In diesem Jahrhundert gab es etliche Versuche, das Paranormale wissenschaftlich zu erforschen. Die Orte und die subtilen Energien, die mit Steinkreisen verbunden sind, wurden mit wissenschaftlichen Meßinstrumenten untersucht. Forscher haben mit Versuchspersonen im Labor gearbeitet, um zu zeigen, daß deren parapsychologische Kräfte real sind. Aber die Gelegenheiten, paranormale Phänomene unter kontrollierten experimentellen Bedingungen zu untersuchen, sind rar. Mehr noch, die Anzahl der Phänomene, die überhaupt auf diesem Weg studiert werden kann, ist begrenzt.

Viele Forscher akzeptieren das heute. Anstatt Phänomene ins Labor bringen zu wollen, müssen sie Phänomene vor Ort untersuchen, in dem Moment, wo sie auftreten.

Es entspricht dieser Einstellung, daß zwei bekannte Erforscher des Paranormalen nach Indien gereist sind, um die angeblichen Fähigkeiten eines berühmten indischen heiligen Mannes zu untersuchen, nämlich Sri Sathya Sai Baba. Sai Baba, der heute um die sechzig Jahre alt ist, ist ein spiritueller Lehrer mit einer großen Gefolgschaft auf der ganzen Welt. Er wurde in einem winzigen Dorf im südlichen Indien geboren und lebt noch heute dort.

Sai Baba hat seine außergewöhnlichen Fähigkeiten seit dem Alter von ungefähr 14 gezeigt. Die Liste der ungewöhnlichen Taten, die von ihm berichtet werden, ist lang, und sie gleichen denen, die Christus im Neuen Testament nachgesagt werden. Seine

Anhänger beschreiben Fälle von anscheinend wundersamen Heilungen, genaue Vorhersagen und Hellsichtigkeit. Er scheint in der Lage zu sein, die Gedanken anderer Menschen zu lesen, und er soll völlig Fremden Details aus ihrer Vergangenheit, Gegenwart und Zukunft erzählen können. Es wird ihm auch nachgesagt, daß er an verschiedenen Plätzen zur gleichen Zeit auftritt, aber am

Abb. 10: Sri Sathya Sai Baba

berühmtesten ist er wohl für seine Materialisationen – seine Fähigkeit, Objekte willentlich erscheinen und verschwinden zu lassen.

Viele Berichte über mysteriöses Erscheinen und Verschwinden sind schwer zu belegen oder können leicht wegerklärt werden. Die Sai Baba-Phänomene sind dagegen nicht so einfach von der Hand zu weisen. Sie werden regelmäßig von einer großen Menge von Leuten bezeugt, unter Umständen, die Trickserei schwierig oder unmöglich machen. Skeptische Wissenschaftler, die hofften, Erklärungen zu finden, die mit dem gesunden Menschenverstand übereinstimmen, sind zu dem Ergebnis gekommen, daß die von Sai Baba berichteten Kräfte echt sind.

Dr. Erlendur Haraldsson und Dr. Karlis Osis machten 1973 den ersten von mehreren Besuchen zum Studium von Sai Baba. Haraldsson, ein Professor der Psychologie an der Universität Island, war lange im Bereich der parapsychologischen Forschung aktiv und ist Autor zahlreicher Bücher und Artikel. Osis ist »Chester F. Carlson Research Fellow« der American Society for Psychic Research [Amerikanische Gesellschaft für Parapsychologie] in New York.

Haraldsson und Osis konzentrierten ihre Aufmerksamkeit auf die Materialisation als das prominenteste und bezeichnendste der Phänomene, die mit Sai Baba verbunden sind. Diese Manifestationen sind gleichzeitig die größten Herausforderungen für die Wissenschaft. Manche sogenannte Wunder können als Halluzinationen abgetan werden. Wenn aber greifbare Objekte, oft aus massivem Gold, und kostbare Steine regelrecht aus dem Nichts auftauchen und noch Jahre später im Besitz der Leute sind, ist es schwer, die ganze Sache als Täuschung abzutun.

Haraldsson und Osis publizierten 1977 einen zusammenfassenden Bericht ihrer Beobachtungen in der Zeitschrift der American Society for Psychic Research. Ihr Bericht wird hier in einiger Ausführlichkeit zitiert, weil er eine ausgezeichnete Beschreibung der typischen Materialisationen Sai Babas gibt, begleitet von einer wohlfundierten Meinung über sie.

Der Bericht beginnt mit einer Einführung in Materialisation im Allgemeinen.

> Über das angeblich paranormale Erscheinen oder Verschwinden von Objekten wurde in verschiedenen Kulturen berichtet. Das Phänomen besteht im Grunde darin, daß Objekte unter Umständen

erscheinen und verschwinden, unter denen keine physikalische Ursache des Ereignisses entdeckt werden kann. In Fällen, in denen eine paranormale Erschaffung des Objekt angenommen wird, wird der Prozeß üblicherweise als Materialisation eingeordnet. Wird ein bereits existierendes Objekt ohne sichtbare Transportmittel auf paranormalem Weg von einem Platz zum anderen »gebracht«, wird das Phänomen Teleportation genannt. Teleportation findet, so wird gesagt, in Fällen von Spuk statt. Über Materialisationen menschlicher Wesen wird in Zusammenhang mit Medien berichtet...

Wir sollten nicht vergessen, daß Zauberkünstler und Magier seit altersher mit bestimmten Tricks arbeiten, um Dinge erscheinen und wieder verschwinden zu lassen. Durch erstaunliche Gewandtheit, geschickte Ablenkungsmanöver und mit Hilfe von ausgeklügelten Vorrichtungen gelingt es ihnen, dem Publikum diese Illusion geschickt vorzutäuschen. Durch die gesamte Geschichte hindurch haben Unterhaltungskünstler »Geister« und »Dämonen« in religiösen Darbietungen produziert, mit dem Anspruch, »übernatürliche« Phänomene zu demonstrieren. Bei genauerem Hinsehen wurde der Großteil der angeblichen Materialisationen und Teleportationen auf recht natürliche (und manchmal unterhaltsame) Weise erklärt. Trotzdem gibt es einige Berichte, die Fragen offen lassen. Aber insgesamt, und angesichts beträchtlicher Forschung, die auf diesem Gebiet von parapsychologischen Forschern zu Anfang dieses Jahrhunderts geleistet wurde, werden angebliche Materialisationen und verwandte Phänomene generell mit Stirnrunzeln betrachtet und von fast allen heutigen Parapsychologen abgelehnt. Auch wir teilten diese Auffassung, und bis zu unserer Begegnung mit Sri Sathya Sai Baba zogen wir solche Phänomene nicht ernsthaft in Betracht.

Im Verlauf zahlreicher Treffen mit Sai Baba wurden Haraldsson und Osis Zeugen von über zwanzig Beispielen von Materialisationen – oft beobachteten sie aus allernächster Nähe, wie das Objekt erschien.

Das erste, was die Wissenschaftler erscheinen sahen, war *vibuti*, ein feiner ascheartiger Staub. Zu diesem Zeitpunkt saßen sie mit Sai Baba in einem kahlen Raum auf dem Boden. Sai Baba bewegte seine rechte Hand durch die Luft, und ein kleines Häufchen Vibuti erschien, das er aufteilte und ihnen überreichte.

Während sie weiterredeten, wedelte er wieder mit seiner Hand durch die Luft und produzierte einen großen Goldring, den er Dr. Osis übergab. In ihn war ein Portrait von Sai Baba auf einem emaillierten Material eingearbeitet, das fest mit Häkchen befestigt war.

Sai Baba materialisierte diese Dinge, nachdem er seine Hand in charakteristischer Weise bewegt hatte – kleine kreisförmige Bewegungen, die drei oder vier Sekunden dauerten. Das Objekt erschien daraufhin in seiner Hand. Diese Effekte sind bei Sai Baba ganz normal. Materialisationen aus der Luft heraus sind wiederholt von Besuchern beschrieben worden. Viele berichten, daß sie gesehen haben, wie er auf diesem Weg eine Vielzahl von Objekten produzierte und sie dann verschenkte.

Haraldsson und Osis haben Sai Baba die ganze Zeit hindurch aus nächster Nähe beobachtet. Es gab keine erkennbaren Tricks bei dem, was sie gesehen haben. Im Gegenteil, die Phänomene schienen echt zu sein. Aber sie mußten noch weitergehen. Sie wollten, daß Sai Baba an einem streng kontrollierten wissenschaftlichen Experiment teilnimmt. Während sie mit ihm darüber sprachen, produzierte er ein drittes Objekt unter Umständen, die sie sehr beeindruckten.

> Während wir mit Sai Baba über den Wert von Wissenschaft und kontrollierter Durchführung von Experimenten diskutierten, brachte er die Diskussion auf sein Lieblingsthema, das spirituelle Leben, das in seinen Augen mit dem gewöhnlichen Leben »zusammenwachsen« sollte wie eine »Doppelrudraksha«. Wir verstanden den Begriff nicht, und der Dolmetscher konnte ihn nicht übersetzen. Sai Baba schien zahlreiche Anstrengungen zu unternehmen, uns seine Meinung klarzumachen, bis er aufgab, und mit einigen Anzeichen von Ungeduld schloß er seine Hand zur Faust und schwang sie hin und her. Dann öffnete er seine Handfläche und zeigte uns eine Doppelrudraksha, die, wie uns Botaniker erzählten, eine seltsame Spezies in der Natur ist, wie eine Zwillingsorange oder ein Zwillingsapfel.

Dieser Vorfall beeindruckte Haraldsson und Osis sehr. Beide waren als erfahrene skeptische Detektive des Paranormalen vertraut mit Taschenspielertricks und anderen Zauberkunststücken, die in Indien weit entwickelt sind. Die anderen Objekte hätten noch möglicherweise auf diesem Weg produziert werden können, aber das Hervorbringen einer perfekten Doppelrudraksha war eine ganz andere Angelegenheit. Das Thema der Doppelrudraksha war ganz spontan in der Unterhaltung entstanden. Daß Sai Baba fähig war, umgehend ein perfektes Exemplar zu produzieren, war nach ihrer Meinung sehr bemerkenswert. Sie fanden bei nachfolgenden Erkundigungen heraus, daß im Botanischen Institut von Indien noch nie eine Doppelrudraksha gesehen worden war, geschweige denn, daß dort eine in der Sammlung gewesen wäre. Die einzigen bekannten Beispiele dieser Laune der Natur waren klein und mißgestaltet.

Sehr bald danach war die Rudraksha – eine kleine eichelähnliche Nuß – an einem weiteren Vorfall beteiligt, der noch stärker auf das Paranormale als einzig mögliche Erklärung hindeutete.

> Nachdem wir die Rudraksha bewundert hatten, nahm Sai Baba sie zurück, wandte sich an Dr. Haraldsson und sagte, er wolle ihm ein Geschenk machen. Er umschloß die Rudraksha mit seinen beiden Händen, blies auf sie und öffnete sie in Richtung Dr. Haraldsson. Auf seiner Handfläche sahen wir wieder eine Doppelrudraksha. Jetzt aber hatte sie einen goldenen ornamentalen Schild auf jeder ihrer Seiten. Diese Schilde waren ungefähr 2,5 Zentimeter im Durchmesser und wurden an beiden Seiten von goldenen Kettchen zusammengehalten. An der Spitze des Schildes befand sich ein goldenes Kreuz mit einem kleinen daran befestigten Rubin. Hinter dem Kreuz war eine Öffnung, so daß dieses Schmuckstück an eine Kette gehängt und um den Hals getragen werden konnte. Ein Goldschmied prüfte das Schmuckstück später und fand heraus, daß es aus 22karätigem Gold bestand... Die botanische Untersuchung der Rudraksha ergab, daß es sich um ein echtes Exemplar seiner Spezies handelte...

Haraldsson und Osis berichteten, daß sie während ihres Interviews sehr genau Sai Babas Hände beobachteten, und niemals sahen sie, daß er irgend etwas aus seinem Ärmel nahm oder in seine buschigen Haare, seine Kleidung oder irgendein anderes Versteck griff.

Sai Baba trägt eine einteilige Robe mit Ärmeln, die bis zu seinen Handgelenken herunterreichen. Haraldsson und Osis untersuchten sein Gewand und fanden heraus, daß es weder Taschen hatte noch Anzeichen dafür zeigte, daß Zauberervorrichtungen angebracht worden wären. Darüber hinaus wurde, wenn Sai Baba Vibuti produzierte, niemals eine Spur davon auf seiner Kleidung oder im Inneren seiner Ärmel gefunden.

Haraldsson und Osis drängten Sai Baba weiter dazu, einem kontrollierten wissenschaftlichen Experiment zuzustimmen, eine Bitte, die er hartnäckig ablehnte. Trotzdem wurde in einer Sitzung der goldene Ring, den Sai Baba vorher materialisiert und Dr. Osis geschenkt hatte, zum Gegenstand eines bemerkenswerten »Experiments«.

> Dieser Ring umschloß ein großes emailliertes Farbbild von Sai Baba. Das Bild war oval, ungefähr zwei Zentimeter lang und einen Zentimeter breit, und wurde von dem Ring eingerahmt. Die Kanten des Ringes über und unter dem emaillierten Bild hielten es am Ring fest, zusammen mit vier kleinen Klammern, die vom runden goldenen Rand ausgingen. Das Bild war also fest in den Ring eingepaßt, und der Ring war insgesamt ein festgefügter Gegenstand.
>
> In einem Interview während unseres zweiten Versuchs, Sai Baba zu überreden, an einigen kontrollierten Experimenten teilzunehmen, schien er ungeduldig zu werden und sagte zu Dr. Osis: »Sehen Sie auf Ihren Ring.« Das Bild war davon verschwunden. Wir suchten auf dem Fußboden danach, aber wir konnten keine Spur davon finden. Der Rahmen und die Klammern, die das Bild halten sollten, waren unbeschädigt; wir prüften sie später mit einem Vergrößerungsglas. Damit das Bild aus dem Rahmen hätte herausfallen können, wäre es nötig gewesen, zumindest eine der Klammern aufzubiegen und an derselben Stelle möglichst auch den Rahmen zu biegen. Aber nichts davon war geschehen. Eine andere Möglichkeit wäre gewesen, das Bild im Ring zu zerbrechen, so daß es in Stücke gefallen wäre.
>
> Als Sai Baba uns darauf aufmerksam machte, daß das Bild verschwunden war, saßen wir auf dem Fußboden, ungefähr anderthalb bis zwei Meter von ihm entfernt. Wir hatten uns nicht die Hände geschüttelt, als wir den Raum betraten, und er hatte nicht zu uns herübergegriffen oder uns berührt.
>
> Während wir mit gekreuzten Beinen auf dem Fußboden saßen, hatte Dr. Osis seine Hände auf seinen Oberschenkeln, und Dr. Haraldsson hatte den Ring während des Interviews wahrgenommen, bevor sich dieser Vorfall ereignete... Als wir das Bild nicht wiederfinden konnten, sagte Sai Baba irgendwie neckend: »Das war mein Experiment.«

Sai Baba setzte die Wissenschaft während der Gespräche mit Dr. Haraldsson und Dr. Osis nicht herab. Er äußerte aber, daß er nicht Objekte nur als wissenschaftliches Experiment oder zu Demonstrationszwecken produzieren würde, um die Skeptiker zufriedenzustellen; er könne seine Fähigkeiten nur für das Gute und den Schutz seiner AnhängerInnen einsetzen. Der Präsident eines Staates hat, so erläuterte er, große Macht. Zum Beispiel kann er Menschen einsperren lassen. Aber er kann nicht einfach jemanden einsperren lassen, nur um seine Macht zu demonstrieren.

Sai Baba schien trotzdem den Forschern soviel wie möglich helfen zu wollen. In einer Sitzung, die einige Tage später stattfand, fügte er dem, wie er es nannte, »Ring-Experiment« eine neue Variante hinzu. Er fragte Dr. Osis, ob er das Bild zurückhaben wolle. Osis bejahte dies.

> »Wollen Sie dasselbe Bild oder ein anderes?« fragte Sai Baba. »Dasselbe«, antwortete Dr. Osis. Sai Baba schloß daraufhin seine Finger um seine Handfläche, brachte sie ungefähr 15 cm vor seinen Mund, blies leicht darauf und öffnete sie dann, während er uns seine Hand hinstreckte. In ihr befand sich ein Ring. Das emaillierte Bild war so wie das, das in dem ersten Ring eingelassen gewesen war; der Ring selbst war allerdings ein anderer.

Bei ihrer Rückkehr nach Amerika konsultierten Haraldsson und Osis Douglas Henning, einen anerkannten professionellen Zauberer, der in New York lebt, und diskutierten mit ihm über die Ergebnisse. Henning bestätigte, daß es zwar durch Taschenspielertricks möglich ist, Objekte zu manifestieren, daß es aber außerhalb der Kunstfertigkeiten eines Zauberers liegt, bestimmte Objekte auf Aufforderung zu produzieren. Insbesondere hielt er es für ziemlich unmöglich, den »Bild in den Ring«-Vorfall als einen Zaubertrick abzutun.

Haraldsson und Osis räumten in ihrem Bericht ein, daß ihre Beobachtungen unter mehr halb-spontanen als streng kontrollierten Bedingungen stattfanden. Sie stellten aber in Bezug auf ihre Untersuchungen folgende 4 Punkte heraus, die es sehr erschweren, die Phänomene abzutun.

> 1. *Es könnte sein, daß wir uns in veränderten Bewußtseinszuständen befanden, wie sie bei Massenhypnose üblich sind, und auf geschickte Suggestionstechniken reagierten, indem wir etwas »sahen«, das nicht da war und die Vorgänge übersahen, die in Wirklichkeit stattfanden. Zum Beispiel erklärte der inzwischen verstorbene Carl Vett seine Beobachtungen des indischen Seiltricks auf diese Weise.* Wir sind beide Psychologen und können mit Sicherheit feststellen, daß wir während des Interviews mit Sai Baba keinen irgendwie veränderten Bewußtseinszuständen unterlagen. Während der ganzen Zeit waren wir sehr auf der Hut. Darüber hinaus sind die produzierten

Objekte, die Doppelrudraksha und der Goldring mit dem emaillierten Bild, noch immer in unserem Besitz.
2. *Die Objekte könnten von einem Komplizen im Interviewraum zur Verfügung gestellt worden sein.* Dies ist nicht möglich, weil auch dann Objekte auftauchten, wenn wir mit Sai Baba allein im Raum waren. Außerdem schlossen die Sitzpositionen oft eine solche Möglichkeit aus...
3. *Der Interviewraum könnte irgendwelche verborgenen Vorrichtungen enthalten haben, durch die auf irgendeine Weise die Objekte hervorgebracht wurden, die wir beobachteten.* Der Raum enthielt nichts, das so hätte benutzt werden können. Normalerweise saß Sai Baba mit gekreuzten Beinen auf einem Stück Fußboden, das nicht in Reichweite irgendwelcher möglicher Behälter war, wie zum Beispiel einer Einkaufstasche oder einem Fensterbrett, auf dem Päckchen mit Vibuti oder andere kleine Objekte hätten versteckt werden können. Der Platz auf dem er saß, änderte sich von Interview zu Interview, und wenn die Vorfälle stattfanden, saß er nicht jedesmal auf einem bestimmten Platz. Er produzierte auch im Freien und in einem anderen Privatraum Objekte.
4. *Sai Baba hätte die Objekte an seiner Person verstecken und durch Taschenspielertricks hervorholen können.* Wir hörten Gerüchte über diese Möglichkeit, die Versteckplätze unterstellten, wie die Ärmel seiner Robe, versteckte Taschen und sogar sein Haar. Wir konnten allerdings niemanden finden, der Beobachtungen aus erster Hand anbieten oder jemanden benennen konnte, der Beobachtungen aus erster Hand gemacht hätte, die diese Hypothese untermauert hätten.

Haraldsson und Osis drückten ihre Überzeugung aus, daß die Phänomene, die sie beobachtet hatten, echt waren. In ihrem Bericht nannten sie unter anderem folgende Gründe:

1. Lange Vorgeschichte ohne klare Enttarnung als Schwindel. Nach den Angaben derjenigen, die eine langjährige Verbindung mit Sai Baba haben, sind seit etwa vierzig Jahren oder seit seiner Kindheit Objekte auf offenbar paranormale Weise erschienen. Die meisten von den Personen, die wir kennenlernten und die mindestens ein Treffen mit ihm gehabt hatten, berichteten uns, daß sie einige angebliche Materialisationsphänomene beobachtet hätten. Wir begegneten niemandem, der behauptete, persönlich Beobachtungen gemacht zu haben, die darauf hindeuteten, daß Sai Baba die Objekte mit normalen Mitteln produziert hätte.
2. Berichte über das Auftreten anderer PSI-Phänomene, solchen wie ESP (=außersinnliche Wahrnehmung, extrasensory percep-

> tion, Anm. d. Übers.) über Entfernungen, Überbringen von Botschaften in Träumen, Heilung, außerkörperliche Projektionen, die kollektiv wahrgenommen wurden, und Psychokinese schwerer Objekte.
> 3. Eine Vielzahl von unterschiedlichen Umständen, in denen Objekte erschienen: während privater Interviews, im Freien im Beisein von Menschenmassen, in privaten Wohnungen etc. Fast jedes Mal, wenn wir Sai Baba sahen, öffentlich oder privat, wurden Objekte hervorgebracht.
> 4. Produktion von Objekten augenscheinlich in Reaktion auf eine bestimmte Situation oder auf direkte Nachfrage des Besuchers. Wir trafen viele Zeugen, die Ereignisse belegten wie das Erscheinen von Statuetten einer Gottheit etc.
> 5. Berichte von der Produktion großer Objekte wie zum Beispiel einer Kugel vom Durchmesser eines großen Tellers und einem Korb von 50 cm Durchmesser mit Süßigkeiten.
> 6. Produktion von Objekten in einiger Entfernung von Sai Baba, wie Gebetsperlen, die auf der Windschutzscheibe eines Autos erschienen, mit dem auf offener Landstraße gefahren wurde, Vibuti, das auf Sai Babas Bildern erschien, Früchte, die direkt in den Händen von Besuchern auftauchten.

Seit der Publikation dieses Berichts aus dem Jahr 1977 hat Professor Haraldsson die Untersuchung der Phänomene, die mit Sai Baba verbunden sind, weitergeführt.

In einem mit Beifall aufgenommenen Buch, das 1987 veröffentlicht wurde, dokumentiert er Reihen von Interviews mit Menschen, die über die Jahre mit Sai Baba zusammengetroffen sind. Diese Augenzeugenberichte bestätigen in der Regel die früheren Berichte. Sie liefern weitere Belege dafür, daß die Materialisationsphänomene echt sind. Zusätzlich beschreiben sie viele andere paranormale Ereignisse. Es wird zum Beispiel berichtet, daß Sai Baba verhinderte, daß es auf eine große Menschenmenge regnete und daß er eine große Anzahl von Menschen aus einem kleinen Essenstopf sättigte. Er wurde auch bei Teleportationen gesehen – er verschwand aus der Mitte einer Menschengruppe und tauchte im gleichen Moment in einiger Entfernung wieder auf. Die große Zahl und Reichhaltigkeit solcher Ereignisse veranlaßt Dr. Osis, in einem Vorwort zu dem Buch zu kommentieren:

> Die Geschichten von Sai Babas paranormalen Phänomenen beschreiben Fähigkeiten von einer Größe, Vielfalt und einer Häufig-

> keit und über einen derart langen Zeitraum, wie sie in der ganzen modernen Welt sonst nicht aufgetreten sind.

Von Sai Babas Ruhm wird nach wie vor eine große Anzahl von Besuchern aus Indien und der ganzen Welt zu ihm gezogen. Seine »Wunder« sind inzwischen von Hunderttausenden Menschen gesehen worden. Seit über vierzig Jahren ist niemand in der Lage gewesen, den Nachweis von Betrug zu liefern, von Täuschung oder Zaubertricks irgendeiner Art. Im Gegenteil, fast jeder, der Sai Baba besucht, kommt mit der Überzeugung zurück, daß die Phänomene, die mit ihm in Verbindung gebracht werden, wirklich paranormal sind. Niemand, der auch nur ein bißchen Zeit mit Sai Baba verbracht hat, hat noch irgendeinen Zweifel daran, daß seine »Wunder« wahr sind.

Diese umfassende Zeugenschaft ist sehr überzeugend. Sie legt stark nahe, daß Sai Baba über außergewöhnliche Fähigkeiten verfügt – die sich am häufigsten und offensichtlichsten in seinen Materialisationen von Objekten zeigen. Er kann Objekte auf Wegen erscheinen und verschwinden lassen, die keine normale Erklärung zulassen. Er benutzt keine Apparate und kann Gegenstände unmittelbar willentlich produzieren.

Einige Leute mögen diese Kraft als »Sieg des Geistes über die Materie« bezeichnen. Als er von Haraldsson dazu befragt wurde, wie er es mache, antwortete Sai Baba: »Mentale Schöpfung. Ich denke, stelle es mir vor, und dann ist es da.«

Durch den Wirbel ist es möglich, eine Vorstellung davon zu entwickeln, was auf einer physikalischen Ebene stattfindet. Transsubstantiation ist der Schlüssel. Nehmen Sie zum Beispiel an, ein Goldring ist in Sai Babas Hand. Er würde aus Milliarden von Energiewirbeln bestehen, die in Atomen angeordnet wären.

Stellen Sie sich vor, Sai Baba könnte die Bewegung in jedem einzelnen Wirbelteilchen beschleunigen. Der Ring würde verschwinden. Er würde, in Super-Energie transsubstantiiert, durch die Lichtgrenze in einen super-physikalischen Bereich übergehen. Er würde aus unserer Welt verschwinden, indem er Zeit und Raum verläßt. In dieser Dematerialisation würde sich die Anordnung der Partikel nicht verändern: die Form des Rings wäre vollständig unverändert.

Sai Baba könnte den Ring durch Umkehrung des Prozesses zurückbringen. Um ihn zu materialisieren, würde er nur die Wirbelbewegung wieder verlangsamen. In dem Moment, wo der Ring durch die Lichtgrenze zurückkehrt, würde er wieder in unserer Welt erscheinen. In dem Vorfall mit dem »Bild im Ring« könnte Sai Baba einfach das Bild transsubstantiiert und den Ring selbst unverändert gelassen haben.

Aber wie könnte Sai Baba völlig neue Objekte aus der Luft heraus produzieren? Vielleicht hat er alle Sorten Objekte in einem super-physikalischen Bereich angesammelt. Sie wären sozusagen auf Lager gelegt außerhalb unseres Raumes und unserer Zeit. Er könnte sie in seiner Hand oder sonst irgendwo erscheinen lassen, indem er sie durch die Licht-Grenze zurückbrächte. Sai Baba selbst unterstützt diese Vorstellung, wenn er von den »Sai-Lagern« spricht.

Es mag sein, daß Sai Baba unmittelbar aus Super-Energie heraus Dinge formen kann, indem er seine kreative Vorstellungskraft benutzt. Einige seiner Objekte könnten völlig neu sein. Andere sind vielleicht Kopien von etwas, das bereits existiert; unter Umständen ist er in der Lage, existierende Objekte als *Schablone* zu benutzen, um damit Super-Energie zu formen. In jedem Fall könnte er die neuen Objekte in den »Sai-Lagern« behalten oder sie sofort in unsere Welt bringen.

Einige der Objekte, die Sai Baba produziert, könnten bereits in unserer Welt existieren, aber von irgendwoanders »hergebracht« worden sein. Vielleicht kann er Objekte an einem Ort dematerialisieren und sie dann durch die Licht-Grenze in seine eigene Region von Zeit und Raum zurückbringen. Dadurch würde ein Gleichgewicht hergestellt werden.

Durch Sai Babas Aussagen werden diese Ideen unterstützt. Er sagt über Dinge, die er produziert hat: »Manches ist neugeschaffen, manches ist von irgendwoanders hergebracht.«

Kurz gesagt, Sai Baba könnte außerhalb von normalem Raum und normaler Zeit Objekte *entfernen, erschaffen, nachbilden oder transportieren,* bevor er sie vorweist. Dabei könnten diese verschiedenen Mittel für eine große Zahl seiner überlieferten Wunder zuständig sei.

Nehmen Sie z. B. die Speisung einer großen Menschenmenge aus einem kleinen Topf mit Essen. Die vorhandene heiße Nahrung in dem Topf könnte als Schablone benutzt worden sein, durch die kontinuierlich Super-Energie »ausgestoßen« wurde; sobald sie in

Energie kondensierte, könnte eine ständige Zufuhr von Nahrung produziert worden sein. Dieser Prozeß, in dem Formen in unserer Welt nachgebildet werden, könnte auch für einige Wunder verantwortlich sein, die von Christus vor 2000 Jahren vollbracht wurden. Er könnte zum Beispiel die Laibe und Fische als Schablone benutzt haben, um Super-Energie in unsere Welt zu kondensieren und auf diesem Weg genügend Nahrung für die Speisung der Fünftausend herzustellen.

Die Materialisationen, die Sai Baba durchführt, scheinen den gesunden Menschenverstand zu beleidigen. Sie werden von vielen Menschen abgelehnt. Wenn wir aber das Wirbelkonzept benutzen – und die Konzepte von Super-Energie und Transsubstantiation – können diese Wunder in ein rationales Gerüst eingepaßt werden. Es wird leichter, diese doch sehr erstaunlichen Phänomene nachzuvollziehen.

Das Interesse von WissenschaftlerInnen ist auf sich wiederholende Muster gerichtet, nicht auf einmalige Vorfälle. Wenn aber ein menschliches Wesen offensichtlich geheimnisvolle Kräfte besitzt, könnte dies auf eine Fähigkeit hindeuten, die in uns allen latent vorhanden ist. Haraldsson und Osis fragten Sai Baba, wie er aus dem Nichts heraus schöne und kostbare Objekte produzieren konnte. Warum konnte er es und sie nicht? Er antwortete, daß wir alle wie Zündhölzer sind – der Unterschied sei, daß er entflammt ist.

KAPITEL 5

Ausbruch aus Raum und Zeit

Ein amerikanischer Fotograf hielt sich in Indien auf und wollte Sai Baba mit seiner Spezialkamera fotografieren. Er kam, um die Aufnahmen zu machen und war bitter enttäuscht, als er feststellte, daß er nicht den richtigen Film dabeihatte. Der spezielle Film, den er benötigte, konnte in diesem Teil Indiens nicht aufgetrieben werden. Sai Baba bewegte seine Hand durch die Luft und manifestierte zwei Rollen des Spezialfilms. Der begeisterte Amerikaner lud seine Kamera und nahm die Fotos von Sai Baba auf, der auf ihnen unverkennbar mit seinen buschigen Haaren und seinen fließenden Gewändern zu erkennen ist.

Nach seiner Rückkehr in die USA brachte der Fotograf den Film zum Entwickeln in sein gewohntes Geschäft. Als er die Abzüge holte, stutzte der Mann hinter dem Tresen bei den Bildern von Sai Baba und sagte: »Ach natürlich, dieser Mann war vor ein paar Wochen hier und hat zwei Filme gekauft!«

Es gibt zahlreiche Geschichten darüber, wie Sai Baba Menschen an einem Ort besucht, während feststeht, daß er eigentlich woanders ist. Diese außergewöhnliche Fähigkeit, an zwei Orten zur selben Zeit zu sein, ist als Bilokation bekannt. Bilokation wird nicht nur mit Sai Baba in Verbindung gebracht. In Indien ist sie als *Siddhi* bekannt, eine von den bemerkenswerten Fähigkeiten, die traditionellerweise fortgeschrittenen Yogis zugeschrieben werden.

Ein berühmter Yogi des 20. Jahrhunderts, Paramahansa Yogananda (1883–1952) erlebte die Fähigkeit zur Bilokation erstmals im Alter von 12 Jahren. Dieser Vorfall beeindruckte ihn tief, und er ist in seinem Buch *Die Autobiografie eines Yogi* beschrieben. Yogananda machte einen Botengang für seinen Vater; er war in die nahegelegene Stadt Benares geschickt worden, um einen Brief abzuliefern. Sein Vater hatte die Adresse dafür verlegt, und er sandte den Jungen statt dessen zu einem gewissen Swami Pranabananda, der den Brief weiterleiten sollte.

Als Yogananda bei Swamis Haus eintraf, war die Eingangstür offen. Der Junge trat ein und fand einen ziemlich dicken Mann vor, der mit einem Lendentuch bekleidet war und meditierte. Yoganandas Kommen war nicht angekündigt worden, aber es war sofort klar, daß er erwartet wurde. Noch bevor Yogananda sich

Abb. 11: Paramahansa Yogananda

vorstellen konnte, sagte der Swami, »Bist du Bhagabatis Sohn? Selbstverständlich werde ich den Freund deines Vaters für dich ausfindig machen.«

Der Swami schloß dann die Augen und meditierte weiter. Der junge Yogananda scharrte unbeholfen in der Stille herum, er wußte nicht, was er tun oder sagen sollte.

Nach einer Weile öffnete Swami Pranabananda seine Augen und lächelte Yogananda zu. »Junger Mann«, sagte er, »beunruhige dich nicht. Der Mann, den du sehen möchtest, wird in einer halben Stunde bei dir sein.« Mit diesen Worten nahm der Swami erneut seine Meditation auf. Die Minuten vergingen. Yogananda blickte wieder und wieder auf seine Uhr, aber die meiste Zeit ruhten seine Augen auf dem Yogi.

Nachdem eine halbe Stunde vergangen war, erhob sich der Swami und kündigte an, daß sich der Mann der Tür nähere. Kurz danach waren Fußtritte auf den Treppenstufen zu hören. Ein Mann trat ein und ging auf Yogananda zu.

»Bist du Bhagabatis Sohn, der auf mich wartet?« fragte er. »Vor einer halben Stunde wandte sich Swami Pranabananda an mich, als ich gerade im Ganges badete. Ich weiß nicht, woher er wußte, daß ich dort war. Er sagte, du würdest in seiner Wohnung auf mich warten, und forderte mich auf, mit ihm dorthin zu gehen. Er nahm mich bei der Hand und sagte, es wäre ein Weg von einer halben Stunde. Dann sagte er mir, daß er andere Geschäfte zu erledigen hätte, verließ mich und verschwand in der Menge.«

Yogananda konnte kaum glauben, was der Mann erzählte. »Wie!« ereiferte er sich, »seit ich vor ungefähr einer Stunde ankam, ist Swami Pranabananda nicht aus meinen Augen gewichen«.

Bilokation liegt im Grenzbereich dessen, was die Menschen glauben können. Im Laufe der Jahre hat es allerdings zahlreiche Berichte über dieses außergewöhnliche Phänomen gegeben. Dem griechischen Weisen Pythagoras, der esoterische Mysterienschulen gegründet haben soll, wird nachgesagt, er habe bei mindestens einer Gelegenheit bilokalisiert.

Laut seinem Biographen Iamblichos lehrte Pythagoras einst am selben Tag an zwei Plätzen: einerseits auf der Insel Sizilien, andererseits auf dem italienischen Festland, das normalerweise viele Tagesreisen entfernt war.

Auch in diesem Jahrhundert wird zwei bekannten MystikerInnen – Therese Neumann und Padre Pio – nachgesagt, sie hätten bilokalisiert. Padre Pio (1887–1968) war ein für seine paranormalen Gaben berühmter Mönch – eingeschlossen Telepathie, Wunderheilungen und die Wundmale. Er erlebte zum ersten Mal im Januar 1905 eine Bilokation; als er sich im Chor seines Seminars in Italien aufhielt, fand er sich plötzlich in die Mitte eines wohlhabenden Haushalts in einer entfernten Stadt versetzt. Die Familie war in einer Krise; die Frau hatte ein Kind geboren, während der Ehemann starb. Padre Pio konnte ihnen helfen, und später spielte er eine wichtige Rolle im Leben des heranwachsenden Kindes.

Menschen, die bilokalisieren, haben oft noch eine Reihe anderer paranormaler Fähigkeiten. Im Fall von Sai Baba ragt selbstverständlich die Materialisation heraus, die wir als Transsubstantiation erklärt haben.

Einige Leute glauben, daß Bilokation kein physikalischer Vorgang ist; sie rechnen sie zu einer Form außerkörperlicher Projektion oder Erscheinung. Es ist jedenfalls eine Tatsache, daß ein realer Körper zur gleichen Zeit an zwei Orten sein kann. In den Beispielen, die wir angeführt haben, begrüßte Swami Pranabananda einen Mann am Ganges, Padre Pio verbrachte mehrere Stunden in körperlichem Kontakt mit der unglücklichen Familie, und Sai Baba ging in ein amerikanisches Fotogeschäft, um zwei Filme zu kaufen.

Bilokation kann mit der Transsubstantiation als reales physikalisches Ereignis erklärt werden.

Wenn Sai Baba unbelebte Objekte transsubstantiieren kann, dann könnte er vielleicht dasselbe mit seinem eigenen Körper tun. Stellen Sie sich vor, daß er seinen Körper willentlich über die Grenze bringen könnte. Während er unseren Raum und unsere Zeit an einem Ort verläßt, könnte er an einem anderen wiederkehren. Er könnte in Indien durch die Lichtgrenze gehen und in Amerika durch sie zurückkommen. Sai Baba könnte solange dort bleiben wie er wollte, Fotogeschäfte besuchen und Filme kaufen. Er könnte dann den Prozeß umkehren und wiederkommen, und dabei wäre er eher in Zeit und Raum hinein und wieder heraus gereist, als durch sie hindurch.

Was wäre, wenn er sich entscheiden würde, an genau den gleichen Punkt im Raum zurückzukehren, von dem er sich entfernt hatte? Was, wenn er genau zur gleichen Zeit zurückkommen könnte, zu der er gegangen war? Für die Menschen in Indien wäre es, als hätte er sie nie verlassen. Weil es in weniger Zeit als einem Augenzwinkern geschehen wäre, würde es so scheinen, als wäre es nicht geschehen.

Der Swami in Yoganandas Geschichte hätte dasselbe tun können. Er hätte den Mann vom Ganges aufsuchen können, indem er sein Zimmer nicht durch die Tür in einer Wand, sondern durch eine »Tür« in der Raum-Zeit verließ. Für den jungen Yogananda wäre es nicht zu erkennen gewesen, daß er jemals seine Meditationshaltung verlassen hätte.

Wenn wir die Bilokation mit der Fähigkeit verbinden, Objekte erscheinen und verschwinden zu lassen, brauchen wir nur eine geheimnisvolle Fähigkeit für beide Phänomene vorauszusetzen. Das ist die Fähigkeit zur Transsubstantiation, die Möglichkeit, die Geschwindigkeit der Energie in Materie über die Lichtgeschwindigkeit hinaus zu erhöhen. Auf diese Weise könnte sich eine Person körperlich durch die Lichtgrenze bewegen, einen Ort in unserer Welt verlassen und umgehend woanders erscheinen; ein Meister dieses Vorgangs könnte willentlich erscheinen und verschwinden, wo immer und wann immer er sich dazu entschließen würde.

Es gibt eine alternative Erklärung – die ebenfalls die Vorstellung von der Transsubstantiation einschließt –, bei der es nicht nötig ist, daß sich der Körper bewegt. Es könnte sein, daß das, was in der Bilokation erscheint, ein Duplikat des Körpers ist. Der echte Körper könnte als Schablone benutzt werden, um eine genaue Nachbildung aus Super-Energie herzustellen. Es würde dann dieser *Doppelgänger* sein, der sich irgendwo materialisiert. Die Bilokation wäre immer noch ein physikalisches Ereignis, bei dem ein realer Körper an zwei Orten gleichzeitig existiert. Aber es wäre nur das Bewußtsein der Person, das in die Raum-Zeit hinein und aus ihr heraustritt.

Die Kräfte von *Hellsichtigkeit* und *Präkognition (Zukunftsschau)* könnten dadurch erklärt werden, daß dazu begabte Individuen einfach mit ihrem Bewußtsein auf die andere Seite der Lichtgrenze gehen könnten. Sie könnten mehr im Geist als mit dem Körper an entfernten Punkten wieder in die Raum-Zeit eintreten. Diese Menschen könnten so einen Blick auf die Zukunft und auf weit entfernte Orte werfen.

Bevor wir diese Ideen weiter auf die Erklärung des Paranormalen anwenden, müssen wir uns mit dem Wesen von Zeit und Raum befassen. Der Wirbel macht eine neue Erklärung für das möglich, was Raum ist. Durch ihn können wir auch die Beziehung zwischen Materie, Raum und Zeit verstehen. Materie, Raum und Zeit können als Aspekte des Wirbels aufgefaßt werden.

Der Energiewirbel formt Materie, aber in dem Maß, wie der Wirbel sich ausdehnt, wird die Energie dünner. Wenn sie sich über einen ewig weiter wachsenden Bereich ausdehnt, würde sie rapide dünner und dünner werden. Aber selbst in großen Entfernungen vom Zentrum des Wirbels, dort wo die Intensität gegen Null geht, wäre die Wirbel-Energie immer noch vorhanden. Was uns als leerer Raum erscheint, ist in Wirklichkeit sehr dünne Materie.

Unter denselben Voraussetzungen könnten wir Materie als sehr dichten Raum verstehen. Materie und Raum sind dieselbe Sache – sie sind zwei Aspekte desselben Energiewirbels. Das, was wir für ein Partikel halten, ist lediglich das dichte Zentrum eines ausgedehnten Energiewirbels.

Nur durch unsere Sinne nehmen wir Raum und Materie als unterschiedlich wahr. Aber unsere Sinne sind beschränkt. Unsere

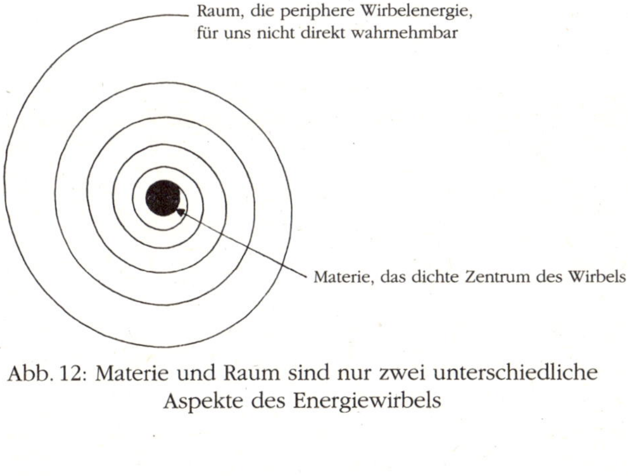

Abb. 12: Materie und Raum sind nur zwei unterschiedliche Aspekte des Energiewirbels

Wahrnehmung aller Energieformen ist fest an unsere *Wahrnehmungsschwellen* gebunden. Unsere Augen sind empfänglich für Licht. Aber Licht ist nur ein schmaler Ausschnitt des Spektrums; wir sind zum Beispiel blind für infrarote und ultraviolette Strahlen. Mit dem Schall ist es genauso; wir können Schall nur innerhalb bestimmter Grenzen wahrnehmen. Das menschliche Ohr nimmt Schall erst ab einer gewissen Schwelle wahr. Sehr schwache Schallwellen können wir nicht hören. Wir können mit unseren Ohren auch nicht alle Tonhöhen wahrnehmen. Hunde können Hochfrequenzpfeifen hören, für die unsere Ohren taub sind; die Schallenergie ist vorhanden, aber wir nehmen sie nicht wahr.

Es ist offensichtlich, daß unsere Wahrnehmung der Wirbelenergie durch unsere Sinne begrenzt ist. Die spärliche Energie, die sich im Wirbel ausdehnt und von uns nicht mehr direkt wahrgenommen wird, erscheint uns sozusagen als »leerer Raum«. Obwohl wir sie für nichts als Leere halten würden, wäre diese sich ausdehnende Energie sehr real – so real wie Materie.

Mit diesem Aspekt des Raumes im Hinterkopf können wir beginnen, die rätselhaften Phänomene von Handeln über Distanz zu erklären. Bei elektrischer Ladung und beim Magnetismus wirkt ein Teilchen auf ein anderes ein, ohne es zu berühren. Getrennte Teilchen Materie scheinen sich durch scheinbar leeren Raum anzuziehen oder abzustoßen.

Diese Effekte sind leicht zu verstehen, wenn jedes Teilchen in Wirklichkeit ein Energiewirbel ist, der sich ausdehnt. Der Wirbel könnte sich sehr weit ausdehnen, aber die Energie würde schnell so spärlich werden, daß wir sie nicht mehr wahrnehmen könnten. Diese Energie, die sich vom Partikel aus unsichtbar ausdehnt, würde die Energie anderer Wirbel überlappen – und mit ihr in Wechselwirkung treten; dadurch könnten solche Effekte wie elektrische Ladung und Magnetismus entstehen.

In diesem Bild ist Raum etwas Reales, so real wie Materie, und Handeln über Distanz ist eine Illusion, die entsteht, weil unsere Sinne begrenzt sind. Materie ist die dichte Zentralregion des Wirbels. Wir können sie mit unseren Sinnen wahrnehmen. Raum resultiert aus den dünnen peripheren Regionen des Wirbels: Hier ist die Energie unterhalb unserer Wahrnehmungsschwelle. In der Leere jenseits der scheinbaren Oberfläche existiert die dynamische

Natur der Materie als »Raum«. Aber Materie hat keine wirklichen Begrenzungen: Ihre »Oberfläche« ist eher subjektiv als objektiv vorhanden – sie bezieht sich auf die niedrigste Intensität von Wirbelenergie, die wir noch wahrnehmen können.

Wir erleben Materie normalerweise als substantiell, weil sie eine hochkonzentrierte Energieform ist. In materiellen Körpern sind Milliarden von Wirbeln in Atomen und Molekülen eng miteinander verbunden zusammengepackt. Die Oberfläche eines Festkörpers oder einer Flüssigkeit markiert einen plötzlichen Zuwachs in der Anzahl der Wirbel – einen gewaltigen Zuwachs in der Intensität der Wirbelenergie. Diese plötzliche hohe Konzentration von Energie und Bindung ist das, was unsere Sinne als Materie wahrnehmen. Objekte haben scheinbar Begrenzungen. Aber das ist eine Illusion. Es ist nur so, daß unsere Sinne unfähig sind, die spärliche Energie wahrzunehmen, die sich in alle Richtungen ausbreitet.

Stellen Sie sich eine Frau vor, die Parfüm aufgelegt hat. Um sie herum ist der Duft so konzentriert, daß wir ihn riechen können. Weiter weg zerstreut sich der Duft in die Atmosphäre, und wir neh-

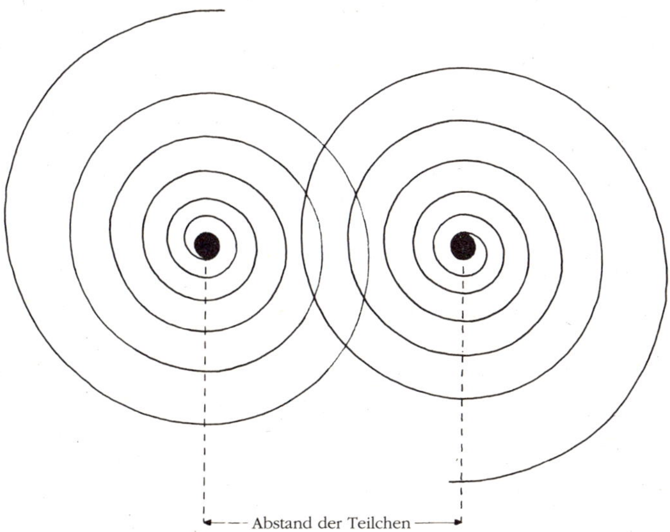

Abb. 13: Wirbel, die sich überlappen, wechselwirken im scheinbar leeren Raum

men ihn nicht mehr wahr. Kurz gesagt, die Duftblase wird zu dünn, als daß wir sie wahrnehmen könnten. Wir könnten uns Raum als eine entsprechende Energie»blase« vorstellen, die Materie umhüllt. Jedes Teilchen Materie würde von einer Raumblase umgeben sein, die von ihm ausgeht.

Raum würde sich wie Schaum formen, indem die Blasen von Milliarden von Partikeln verschmelzen. Der Raum des physikalischen Universums würde durch die Addition aller Blasen gebildet werden, die von jedem einzelnen Materiepartikel ausgehen. Der Verlust eines einzelnen Teilchens würde zu einem Verlust der Raumblase führen, die mit ihm verbunden ist. Wenn es möglich wäre, alle Materieteilchen im Universum zu zerstören, würde Raum vollständig verschwinden.

Dies neue Bild von Raum unterscheidet sich sehr von dem, das die meisten Menschen heute haben. Für die meisten von uns bedeutet das Wort Raum ein Nichts, eine absolute Leere, in der sich Materie frei bewegen kann. Wir halten ihn nicht für etwas Reales, sondern für die Leere, die zurückbleibt, wenn nichts mehr da ist. Dieser Begriff von Raum ist so fundamental, daß nur wenige von uns ihn sich anders vorstellen können.

Das traditionelle Bild von Raum kann bis zu den Griechen zurückverfolgt werden. Mit dem Heraufdämmern der modernen Wissenschaft wurde es von Sir Isaac Newton wiederbelebt. Newton betrachtete Raum als eine absolute Leere, die ganz unabhängig existiert.

Es dauerte bis zur Wende zum 20. Jahrhundert, ehe Newtons Bild vom Raum ernsthaft angezweifelt wurde. Mit Einsteins Relativitätstheorie wurde die Idee des absoluten Raums hinfällig. Einstein war erst fünf Jahre alt, als er begann, über den Raum nachzudenken. Eine Kindheitserfahrung führte ihn letztlich zu seiner Relativitätstheorie und dazu, daß er der berühmteste Wissenschaftler der Welt wurde.

Der kleine Albert war krank und mußte einige Tage im Bett bleiben. Als er sich besser fühlte, gab ihm sein Vater einen Kompaß. Der Junge verbrachte einen ganzen Tag damit, mit ihm zu spielen. Er war fasziniert von der Tatsache, daß die Nadel immer in dieselbe Richtung zeigte, wie er den Kompaß auch bewegte. Er wußte nichts über das Magnetfeld der Erde; er nahm nur an, daß der Raum selbst die Nadel festhalten würde, wenn sich der Kompaß bewegt. In seinem kindlich forschenden Geist zog er die Schlußfolgerung, daß der Raum irgendeine reale Substanz enthalten müßte, die die Nadel festhält. Seine Schlußfolgerung, daß der Raum die Kompaßnadel festhält, war falsch. Dieser Fehler markierte aber einen Wendepunkt in der menschlichen Geschichte. Einsteins Überlegung, daß der Raum nicht einfach eine Leere ist, verließ ihn nie.

Viele Jahre später ging Einstein davon aus, daß Raum und Zeit auf irgendeine Weise unlöslich mit Materie verbunden sind. Als er gebeten wurde, seine Relativitätstheorie in wenigen Sätzen zu erklären, war seine kurze Antwort:

> Entferne Materie aus dem Universum, und du entfernst auch Raum und Zeit.

Mit dieser geheimnisvollen Bemerkung sagte Einstein, daß Raum und Zeit nicht unabhängig von Materie existieren, sondern irgendwie mit ihr verbunden sind. Wenn Materie bei ihrer Entfernung den Raum mit sich nimmt, kann Raum keine Leere sein, die zurückbleibt, wenn Materie verschwunden ist. Wenn Materie entfernt ist, sind irgendwie auch Raum und Zeit mit ihr entfernt.

Seit Einstein haben die meisten WissenschaftlerInnen die merkwürdigen Vorstellungen der Relativitätstheorie akzeptiert. Die Raum-Zeit ist gekrümmt, und dieser Effekt steht irgendwie in Zusammenhang mit Materie. Was aber Raum genau ist und wie Materie ihn beeinflussen kann, ist ein Rätsel geblieben.

Der Wirbel ermöglicht zum ersten Mal ein umfassendes Bild vom Raum, in dem leicht zu erkennen ist, was Raum ist und in welcher Beziehung er zu Materie steht. Die Auffassung, daß Raum an Materie gebunden ist, bleibt nicht länger rätselhaft: das »Blasen«-Modell für Raum macht offensichtlich, daß mit Materie auch Raum aus dem Universum verschwindet.

So wie der Wirbel Raum und Materie bildet, kann er auch als Zeit-Bildner aufgefaßt werden. Einstein glaubte, daß es ohne Materie weder Raum noch Zeit gibt. Er betrachtete Raum und Zeit als unlöslich miteinander verbunden und die Zeit als vierte Dimension. Mit Hilfe des Wirbelkonzeptes können wir erkennen, warum Zeit mit Materie verknüpft ist.

Zeit ist definiert über wiederkehrende Abschnitte von Ereignissen. Nehmen Sie unsere alltäglichen Zeitmaße. Das Jahr ist festgelegt durch die Umrundung der Erde um die Sonne, der Tag ist bestimmt durch die Umdrehung der Erde um ihre Achse. Das sind regelmäßig wiederkehrende Prozesse. In unserer Welt ist eine Abfolge von Prozessen an eine andere gebunden. Alle physikalischen, chemischen und biologischen Veränderungen beziehen sich in ihrem »Rhythmus« auf andere, noch grundlegendere regelmäßige Prozesse; ein Prozeß, der sich regelmäßig wiederholt, schafft Zeit-»Intervalle« und in Relation dazu erscheinen andere Abfolgen von Veränderungen.

Gibt es im Universum einen grundlegenden Prozeß, auf dem alle anderen Zeitmaße aufgebaut sein könnten? Die Bewegung im Wirbel könnte dieser Urprozeß sein. Der Wirbel könnte sich wie eine ursprüngliche Uhr verhalten – er »tickt« in Intervallen, auf denen alle anderen subatomaren und kosmischen Prozesse beruhen. Wir könnten uns den Wirbel als das Schwungrad vorstellen, das die Zeit markiert – die letztgültige Uhr im Herzen aller Materie.

In diesem neuen Bild besitzen Zeit und Raum eine physikalische Realität. Zeit resultiert aus der Bewegung im Wirbel, und Raum ist eine Ausdehnung der Wirbelform. Stellen Sie sich den Wirbel vor als einen Strudel in einem Fluß. Seine Form wird von herumwirbelndem Wasser gebildet. Die Form des Strudels würde Materie

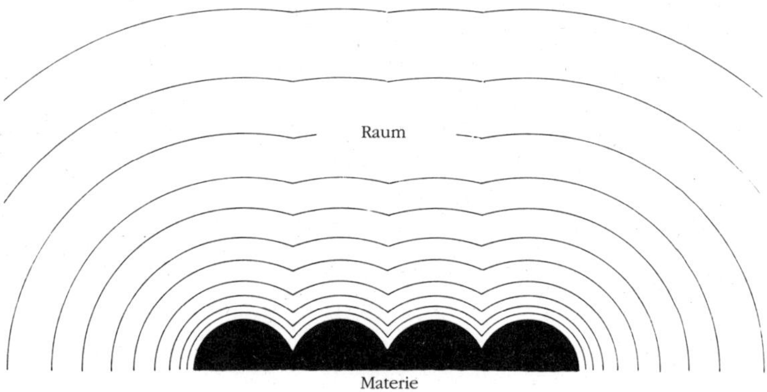

Abb. 14: Der Raum, der einen Gegenstand umgibt, ist ein ausgedehntes Energiefeld mit derselben »Form« wie Materie

und Raum entsprechen, das Herumwirbeln des Wassers entspräche der Zeit.

Mit dieser Erklärung von Zeit und Raum wird die Relativität neu beleuchtet. Gekrümmte Raum-Zeit ist zum Beispiel fundamental in der Relativitätstheorie. Das Wirbelmodell zeigt sehr deutlich, auf welche Weise Raum-Zeit gekrümmt sein kann; wenn Raum eine Blase ist, die Materie umgibt, nimmt er offensichtlich die Form der Materie an. Die Raum-Blase, die von einem Himmelskörper wie der Sonne ausgeht, wäre notwendigerweise eine Erweiterung der kugelartigen Form der Sonne.

Vor Einstein wurden Raum und Zeit als endloses Kontinuum aufgefaßt, in dem Ereignisse stattfinden. Newton lehrte, daß Zeit und Raum absolut wären und ganz unabhängig voneinander und von irgend etwas sonst existierten. Im Gegensatz dazu zeigte Einstein, daß Raum und Zeit nicht fundamental und absolut sind, sondern daß sie eng aufeinander bezogen sind und abhängig von der Lichtgeschwindigkeit.

Die Wirbeltheorie zeigt, wie Raum-Zeit und Materie aus dem Energiewirbel entstehen; als solche sind sie unlösbar verbunden – sie sind nur verschiedene Aspekte einer einzigen zugrundeliegenden Realität. Wenn die Geschwindigkeit der Bewegung im Wirbel Lichtgeschwindigkeit ist, dann ist es offensichtlich, warum Raum, Zeit und Materie zusammenhängen und relativ zur Lichtgeschwindigkeit sind.

Einstein betrachtete die Lichtgeschwindigkeit als Begrenzung unserer Welt. Wir sind davon ausgegangen, daß die Lichtgeschwindigkeit keine absolute Grenze ist – sondern die Trennungslinie zwischen physikalischer und super-physikalischer Realität. Diese zwei Realitäten unterscheiden sich in ihrer Substanz, weil diese auf die jeweilige Bewegung bezogen ist. Die Bewegung in einem Wirbel schafft Raum und Zeit, worin ein anderer Wirbel existieren und sich bewegen kann. Sie sind alle völlig voneinander abhängig; sie existieren nur in Relation zueinander. In der Transsubstantiation ist die Bewegung im Wirbel beschleunigt. Sobald sie die Lichtgeschwindigkeit überschreitet, hört das Teilchen auf, irgendeine Beziehung zu den anderen zurückgelassenen Teilchen zu haben. Im Ergebnis verläßt es ihren physikalischen Raum und ihre physikalische Zeit.

Der Ausbruch aus Zeit und Raum durch Transsubstantiation könnte völlig neue Möglichkeiten des Reisens eröffnen. In unserer täglichen Erfahrung reisen wir *durch* Zeit und Raum. Via Transsubstantiation könnten sich Körper *in und aus* Raum-Zeit bewegen, indem sie die Licht-Grenze überschreiten. Unter diesen Voraussetzungen könnten Reisen mit Geschwindigkeiten, die höher als Lichtgeschwindigkeit sind, zu einer realen Möglichkeit werden.

KAPITEL 6

Die Lösung des UFO-Rätsels

»Beam mich zu Scotty hoch«, befiehlt Captain Kirk. Im nächsten Moment verschwindet er von der Oberfläche irgendeines fremden Planeten und erscheint an Bord des Raumschiffes Enterprise.

Eine altmodische Polizeitelefonzelle dematerialisiert, der »Tardis« verschwindet mit seinem charakteristischen Sound und transportiert den Gebieter der Zeit, Dr. Who, durch einen Raum-Zeit-Tunnel von einem Ort und Zeitalter im Universum zu einem anderen.

Fernsehserien wie »Raumschiff Enterprise« haben viele Science-fiction-Ideen populär gemacht. In Science-fiction verschwinden Raumschiffe sofort, wenn sie sich entfernen, um ihren Weg durch Zeit und Raum zu ziehen. Solche Ideen mögen fantastisch erscheinen, aber die Geschichte hat gezeigt, daß Science-fiction oftmals Tatsachen vorwegnimmt.

Mit dem Wirbel wird ein Rahmen geliefert, durch den diese Science-fiction-Ideen in den Bereich der Realität rücken können. Wenn es möglich wäre, sich *in* und *aus* Zeit und Raum zu bewegen, könnten Raumschiffe von einem Sternensystem zu einem anderen reisen, ohne *durch* Zeit und Raum zu fliegen. Indem sie via Transsubstantiation die Licht-Grenze überschreiten, könnten Reisende Zeit und Raum verlassen und an irgendeinem Ort oder Zeitpunkt, den sie sich ausgesucht haben, wieder in das Universum eintreten. Mit dieser Form des Inter-Raum-Reisens wären Zeit und Entfernung kein Hindernis. Durch diese Möglichkeit, Raum und Zeit zu überschreiten, könnten die Geheimnisse der UFOs erklärt werden.

UFOs haben die Fantasie vieler Menschen angeregt. Die Zahl von UFO-Sichtungen ist enorm. Diese seltsamen Fahrzeuge werden seit einer der ersten UFO-Sichtungen, die in Amerika Schlagzeilen machte, als fliegende Untertassen bezeichnet.

Am 24. Juni 1947 flog ein amerikanischer Geschäftsmann, Kenneth Arnold, mit seinem privaten Kleinflugzeug über dem Staat

Washington. Das Wetter war klar und schön; wie Arnold im nachhinein berichtete, war *»das Fliegen ein reines Vergnügen«*. Plötzlich wurde er durch ein fremdes Licht aufgeschreckt. Er nahm eine Reihe fremder Fahrzeuge wahr, die in etwa 3000 Meter Höhe flogen und sich von Norden her näherten. Erst dachte er, es wären Flugzeuge, aber dann merkte Arnold erstaunt, daß sie wie Untertassen geformt waren und ohne Schweif, Flügel oder sichtbaren Antrieb flogen.

Als sie in die Kurve gingen, reflektierten ihre metallenen Hüllen das Sonnenlicht. Das war das helle Licht, das ihn zuerst erschreckt hatte.

Arnolds Story kam in die Zeitungen und löste eine Sensation aus. Aus seiner Beschreibung dieser fremdartigen Fahrzeuge stammt der Ausdruck *fliegende Untertassen.*

Arnolds Beobachtung unidentifizierter fliegender Objekte war nicht die erste. Durch die ganze Geschichte hindurch haben Menschen von Sichtungen fremder Objekte am Himmel berichtet. Im zweiten Weltkrieg tauften alliierte Piloten sie *»Foo Fighters«*.

Ein Bomberpilot beschrieb seine Begegnungen mit Foo Fighters über Deutschland in diesen Worten: *»Sie sahen ein bißchen aus wie Kristallkugeln, die in Formation an der Seite unserer Flugzeuge flogen, aber nie näher als 300 Fuß. Nach einer Weile scherten sie aus und verschwanden.«*

Seit dem Krieg ist die Zahl der UFO-Sichtungen dramatisch angestiegen. UFOs wurden von Leuten in allen Lebenslagen beobachtet. Allerdings werden meist nur Berichte von Piloten, von Offizieren der zivilen und militärischen Luftfahrt so ernst genommen, daß ihnen gründlich nachgegangen wird. Die folgenden Beschreibungen, die *Das UFO-Phänomen* von Johannes von Buttlar entnommen wurden, sind typische Beispiele dafür, womit sich Air Force und Luftfahrtgesellschaften befassen mußten.

Am 7. Januar 1948 wurde eine silbrige Scheibe von rund 100 Meter Durchmesser über Louisville, Kentucky, gesichtet. Die Piloten Hammonds, Clement und Mantell waren von einem nahegelegenen Stützpunkt zur Verfolgung aufgestiegen. Kurz nach drei Uhr nachmittags meldete Mantell eine große Scheibe von etwa 100 Meter Durchmesser. Auf der Oberfläche befanden sich ein Ring und eine Kuppel, und sie drehte sich wahnsinnig schnell, offenbar um eine vertikale Achse.

Mantell flog in etwa 10000 Meter Höhe.

Im Kontrollturm entstand fieberhafte Geschäftigkeit, als der Radar die Scheibe ausmachte. Die Kampfflugzeuge jagten sie. Mantell meldete sich und teilte mit, daß er seine Geschwindigkeit verdoppelt habe, um das Flugobjekt einzuholen. Er sagte, es hätte einen metallenen Schimmer und wäre in gelbliches Licht gehüllt, das sich dann rötlich-orange verfärbte. Er berichtete weiter, daß die Scheibe beschleunigt wurde. Sie versuchte zu entkommen, indem sie auf ca. 15000 Meter stieg.

Die zwei anderen Piloten gaben die Jagd auf, aber Mantell setzte die heiße Verfolgungsjagd fort. Er meldete sich noch einmal. Seine letzten Worte waren *»Das Ding ist riesig... fliegt unwahrscheinlich schnell. Ich kann Fenster sehen. Jetzt...«*

Um vier Uhr nachmittags fand ein Suchtrupp das Wrack von Mantells Flugzeug, das im Umkreis von anderthalb Kilometern verstreut war. Als sie den Körper des Piloten fanden, war seine Uhr um 15.18 Uhr stehengeblieben.

Dieser Vorfall war sensationell. Schon die Sichtung eines fremden Objekts am Himmel war ungewöhnlich. Aber Air Force-Kampfflieger, die im hellen Tageslicht ein großes UFO jagten, waren eine Sensation. Daß einer der Flieger fast Kontakt aufgenommen hatte und daraufhin abstürzte, war für die Zeitungen ein Jahrhundertereignis.

Schnell und in großer Anzahl gab es Berichte über UFOs. Noch dramatischere Ereignisse folgten, einige unter Beteiligung militärischer und ziviler Luftfahrt:

Es war kurz vor Mitternacht am 19. Juli 1952. Für die Fluglotsen am Washington National Airport war es ein ruhiger und ereignisloser Abend gewesen.

Plötzlich war der Frieden dahin. Eine ganze Formation von UFOs wurde ohne Vorwarnung auf den Radarschirmen sichtbar. Die Fluglotsen waren völlig verblüfft.

Zuerst bewegten sich die UFOs langsam, aber dann nahmen sie eine fantastische Geschwindigkeit an. Die Besatzungen mehrerer Fluglinien meldeten, daß die Objekte ihre Flugzeuge kreuzten – ihre Berichte wurden anschließend von Augenzeugen am Boden bestätigt. Dann, genauso wie die Scheiben aufgetaucht waren, verschwanden sie wieder.

Plötzlich kehrten die UFOs zurück. F94-Jäger stiegen auf. Aber sobald die Jets sie abfangen wollten, verschwanden die UFOs.

Sie waren jedoch nicht ganz fort. Sehr schnell waren sie wieder zurück. Zwei durchflogen den gesperrten Luftkorridor über dem Weißen Haus, ein drittes kreiste über dem Kapitol. Im Verlauf der Nacht erschienen die UFOs wieder und wieder, vielfarbige Lichter blitzten auf, aber jedesmal, wenn sich ihnen Jäger näherten, verschwanden sie.

Die Amerikaner begannen zu spekulieren, daß die UFOs eine neue russische Geheimwaffe sein könnten. Aber auch über der Sowjetunion tauchten UFOs auf.

Im selben Sommer 1952 erschien ein gigantisches zigarrenförmiges Objekt, mindestens 600 Meter lang, vor der russischen Stadt Woronesh. Es ging langsam auf 2000 Meter herunter, wo es für einige Zeit bewegungslos verharrte. Tausende von Menschen sahen es und viele wurden von Panik ergriffen.

Plötzlich verschwand das Fahrzeug. Minuten später erschienen zwei Kampfflugzeuge am Himmel. Sie flogen wieder weg und berichteten, daß da nichts sei.

In dem Moment, wo sie weggeflogen waren, kehrte das riesige UFO an genau derselben Stelle zurück, von der es verschwunden war. Aus einem Ende leuchtete ein oranger Lichtstrahl heraus. Dann stieg es senkrecht in die Luft und schoß ohne einen Laut in großer Geschwindigkeit davon.

Menschen, die noch kein UFO gesehen haben, tendieren dazu, sie als Fantasieprodukte abzustempeln. Trotzdem haben sich die Behörden entschlossen, sie sehr ernst zu nehmen.

1960 wurde in einer amerikanischen Fernsehdokumentation die Forschung über UFOs seit dem Krieg zusammengefaßt. Die Sendung enthielt ein offizielles Kommuniqué des US-Verteidigungsministeriums, in dem festgestellt wurde, daß das Pentagon die Realität von UFOs und die Möglichkeit akzeptiere, daß sie unter intelligentem Kommando wären. Es wurde berichtet, daß das Pentagon eingeräumt hätte, keine irdische Erklärung für diese fremden Fahrzeuge zu haben oder für die fortgeschrittene Technologie, die sie demonstrierten.

Von Buttlar zitiert die Aussagen einer Anzahl älterer Air Force-Offiziere, die für die Realität von UFO-Phänomenen einstehen. Lieutenant General Nathan F. Twining verfaßte als Befehlshaber des US Air Material Command für die amerikanische Regierung einen offiziellen Report über UFOs, worin er ausdrücklich betont, daß die Beobachtungen nicht als eingebildet oder erfunden abgetan werden können. In England sagte Air Chief Marshal Lord Dowding: *»Die Existenz dieser Maschinen ist bewiesen.«*

Captain Ruppelt, der mit der offiziellen Untersuchung dieser Phänomene für die US Air Force betraut war, hatte denjenigen, die die Existenz von UFOs bezweifeln, folgendes zu sagen:

> Was macht die Wahrheit aus? Muß ein UFO unbedingt genau vor der Tür vom Generalstabschef des Pentagon am Fluß landen? Oder ist es ein Beweis, wenn eine Bodenradarstation ein UFO aufspürt, ein Düsenjäger zum Abfangen hinaufgeschickt wird, der Pilot es mit eigenen Augen sieht und es mit seinem Bordradar mit Erfolg verfolgt, bis es ihm mit phänomenaler Geschwindigkeit entwischt? Ist es ein Beweis, wenn ein Abfangjäger sein Geschütz auf ein UFO abfeuert und an seiner Geschichte selbst unter Androhung eines Kriegsgerichtsverfahrens festhält? Macht das die Wahrheit aus?

Es gibt Filme von UFOs und Unmengen von Fotografien. Es gibt ZeugInnen unter Piloten, Wissenschaftlern und Politikern – darunter sogar ein ehemaliger Präsident der Vereinigten Staaten. Amerikanische Astronauten haben berichtet, daß sie bei drei verschiedenen Gelegenheiten UFOs gesehen haben, und einmal wurde das fremde Fahrzeug fotografiert. Der dramatische Vorfall im Weltraum ereignete sich am 14. September 1969. Die Astronauten der Apollo XII, Conrad, Gordon und Bean, waren auf ihrer zweiten Mission zum Mond. Sie meldeten an die Bodenkontrolle in Houston, daß neben ihnen zwei UFOs flogen, und daß sie etwas zur Kapsel zu signalisieren schienen.

Das wirkliche Problem im Zusammenhang mit den UFOs besteht nicht in einem Mangel an Beweisen, sondern im Fehlen einer wissenschaftlichen Erklärung für ihre Existenz und ihr Verhalten. Es ist schwierig, wenn nicht unmöglich, UFOs in das vorherrschende wissenschaftliche Denken einzuordnen. Von daher ist es verführerisch, alle Beweise abzulehnen und die Vorstellung von UFOs von der Hand zu weisen.

Berichte über geheimnisvolle Flugobjekte gehen bis in die Vorgeschichte zurück. Mit seinem Buch *Strategie der Götter* verbreitete Erich von Däniken die Idee, daß viele menschliche Vorstellungen über Götter durch prähistorische UFO-Sichtungen und -Vorfälle entstanden wären. Er behauptete, daß historische und zeitgenössische UFO-Sichtungen durch Besuche von Außerirdischen erklärt werden könnten.

Viele WissenschaftlerInnen würden zustimmen, daß es irgendwo im Universum intelligentes Leben geben könnte. Sie würden auch zustimmen, daß bei so vielen Sternen in unserer Galaxie und Millionen anderer Galaxien sehr wohl Zivilisationen mit weit fortgeschritteneren Technologien als unseren möglich sind. Der Astronom Carl Sagan ist ein enthusiastischer Verfechter der Möglichkeit außerirdischer Zivilisationen. In seinem Buch *Unser Kosmos* schreibt er:

> Zivilisationen, die uns Hunderte oder Tausende oder gar Millionen Jahre voraus sind, müßten eigentlich Wissenschaften und Technologien entwickelt haben, die über unsere gegenwärtigen Fähigkeiten so weit hinausgehen, daß sie uns wie Zauberei anmuten würden. Nicht etwa, weil sie zu Dingen fähig wären, die die physikalischen Gesetze verletzten; sondern weil wir nicht begreifen könnten, auf welche Weise sie die physikalischen Gesetze dazu bringen, dieses oder jenes zu tun.

Trotzdem verneint er die Möglichkeit, daß Außerirdische uns jemals besuchen können. Er schätzt, daß es allein in unserer Galaxie 10000 Planeten gibt, die es lohnen, erforscht zu werden, und stellt fest, daß das für eine fremde Zivilisation, die im Weltall nach intelligentem Leben sucht, eine nicht zu bewältigende Aufgabe wäre.

Insgesamt ist von Dänikens Behauptung, daß solche Besucher von anderen Sternensystemen in konventioneller Weise *durch* den Raum reisen könnten, unhaltbar. Das Problem liegt in der geradezu unvorstellbaren Weite des Weltraums. WissenschaftlerInnen stimmen allgemein darin überein, daß es für ein Fahrzeug physikalisch unmöglich ist, von einem bewohnten Planeten zum anderen *durch* den Raum zu reisen. Selbst wenn die Fahrzeuge sich mit sehr hoher Geschwindigkeit fortbewegen würden, würden sie Jahrhunderte brauchen, um ans Ziel zu gelangen.

Von Däniken schlug vor, daß UFOs, wenn sie in der Lage wären, Geschwindigkeiten nahe der Lichtgeschwindigkeit zu erreichen, die Verlangsamung der Zeit ausnutzen könnten, die von der Relativitätstheorie postuliert wird. Selbst unter dieser Voraussetzung wäre interstellare Fortbewegung aber immer noch unrealistisch.

Um ein Fahrzeug auf eine Geschwindigkeit nahe der Lichtgeschwindigkeit zu beschleunigen, würden riesige Mengen Energie benötigt. Auch würde das Fahrzeug nahe der Lichtgeschwindigkeit um so viel an Masse zunehmen, wie es sich schneller bewegen würde, so daß die Energie, die für eine weitere Beschleunigung nötig wäre, exponentiell ansteigen würde. Die Energie, die ein Fahrzeug, das diese hohe Geschwindigkeit erreicht, benötigen würde, um abzubremsen, wäre ebenfalls enorm groß.

Ein anderer Aspekt von UFO-Beobachtungen, den WissenschaftlerInnen überhaupt nicht erklären können, ist die Tatsache, daß diese seltsamen Fahrzeuge sich zu materialisieren und dematerialisieren scheinen. Dieses verwirrende Verhalten von UFOs veranlaßte den Astrophysiker Dr. Jacques Vallée zu folgendem Kommentar:

> Die Dinger, die wir Unidentifizierte Flugobjekte nennen, sind weder Objekte, noch fliegen sie. Sie sind in der Lage, sich zu materialisieren, wie aus neuesten Fotografien ersichtlich ist, und sie verletzen die Gesetze der Bewegung, wie wir sie kennen.

Die Physik kennt keinen Weg, die mysteriösen Materialisationen und Dematerialisationen von UFOs zu erklären. Im Licht der Wirbeltheorie liefert aber gerade dieses Verhalten den entscheidenden Hinweis, um sie zu verstehen. Es ist besonders die Tatsache, daß UFOs oft unmittelbar erscheinen und verschwinden, die zu einer Erklärung führen könnte, wie sie hierherkommen.

Das unerklärliche Erscheinen und Verschwinden von UFOs legt nahe, daß sie sich mehr *in* Raum und Zeit *hinein und heraus* bewegen, als *durch* sie hindurch. Es deutet auf die Möglichkeit hin, daß UFOs die Transsubstantiation beherrschen und in der Lage sind, die Materie ihres Fahrzeugs durch die Licht-Grenze zu transportieren. Wenn das so ist, können sie aus Raum und Zeit ihres Heimatplaneten in irgendeinem entfernten Sternensystem verschwinden. Indem sie sich dann wieder unter die Lichtgrenze verlangsamen, könnten sie in Raum und Zeit unseres Planeten eintreten – und plötzlich und geheimnisvoll aus dem Nichts erscheinen.

In unserem technologisierten Zeitalter ist es verführerisch, sich vorzustellen, daß die Betreiber der UFOs eine Technologie beherrschen, die es ihnen ermöglicht, Materie zu transsubstantiieren. Das könnte so sein. Alternativ könnten sie aber auch über eine ähnliche Kraft verfügen, wie Yogis, Heilige und Zauberer sie demonstrieren. Wenn Sai Baba Objekte materialisieren und dematerialisieren kann, könnten Betreiber der UFOs dasselbe mit ihrem Fahrzeug tun. Apollonius, Christus und Mohammed, Padre Pio, Therese Neumann und Swami Pranabananda scheinen die Fähigkeit besessen zu haben, sich in und aus Raum und Zeit zu bewegen. Vielleicht gibt es auf entfernten Planeten ganze Zivilisationen, die dasselbe tun können.

In anderen Teilen des physikalischen Universums könnten intelligente Wesen regelmäßig auf diesem Weg translokalisieren. Für sie wären Autos, Flugzeuge und Züge nicht nötig. Sie könnten einfach von einem Platz verschwinden und an einem anderen auftauchen. Vielleicht stellen sie sich, wie Sai Baba, einfach Dinge in die Realität hinein vor. Sie »denken« sich selbst an einen anderen Ort, und sofort sind sie dort.

Vielleicht werden UFOs von intelligenten Wesen gesteuert, die so hoch entwickelt sind, daß sie sich selbst durch einen reinen Willensakt in und aus Raum und Zeit projizieren können. Alternativ wäre es eine Möglichkeit, daß die Kraft ihres Geistes irgendwie vergrößert ist und sie in Einklang mit einer hochentwickelten Technologie handeln. Vielleicht werden diese technologischen Systeme mit den UFO-Fahrzeugen befördert. Auf der Erde benötigen Menschen, die die Fähigkeit der Translokation besitzen, keine Fahrzeuge. Der Transport eines ganzen Teams von Personen und ihrer Ausrüstung könnte aber die Kräfte eines einzelnen Bewußtseins ohne Hilfsmittel übersteigen. Irgendeine Technologie könnte erforderlich sein, um das Bewußtsein sehr genau einzustellen, zu erweitern und zu konzentrieren.

Es gibt noch einen anderen Grund, warum Außerirdische ein UFO-Fahrzeug benötigen könnten. Sobald sie in Materie transsubstantiieren, würden sie in eine fremde Atmosphäre eintreten. Vielleicht brauchen sie eine gewohnte Atmosphäre und andere lebensnotwendige Systeme, die ein Fahrzeug mitführen könnte. Das Fahrzeug könnte auch Systeme zur Überwindung der Schwerkraft enthalten, die es ihnen ermöglichen, über die Oberfläche eines Planeten zu schweben. Wenn Schwerkraft etwas mit dem Wirbel zu tun hat, mag es sein, daß UFOs deshalb oft mit rotierenden Kuppeln gesehen werden.

Mit der Wirbeltheorie können viele Geheimnisse der UFOs erklärt werden. Wenn sie wirklich außerirdisch sind, ist das Schlüsselgeheimnis, wie sie uns durch die unermeßliche Weite des Raumes erreichen können. Dieses Problem löst sich aber auf, wenn UFOs tatsächlich außerhalb von Raum und Zeit translokalisieren. Wenn sie unsere Raum-Zeit durch die Licht-Grenze betreten und verlassen, müssen sie nicht länger ein Rätsel sein.

Wenn dieses Verständnis des UFO-Phänomens korrekt ist, unterstellt es göttliche Kräfte, die gleichen Kräfte, die heute von Sai Baba benutzt werden und 2000 Jahre vorher von Jesus Christus angewandt wurden. Wir Menschen haben mit unserer kindlichen Wissenschaft nur Macht über die Form der Energie. Die höherentwickelte Wissenschaft, die den BetreiberInnen der UFOs zur Verfügung steht, verleiht offenbar Macht über das Wesen von Energie. Ob die BetreiberInnen der UFOs eine Technologie der Transsubstantiation entwickelt haben oder ob sie Transsubstantiation durch einen immensen Willensakt erreichen, ist eine offene Frage. Wenn es sich bei dieser Kraft um die Macht der Götter handelt, ist es jedenfalls völlig angemessen, wenn von Däniken UFOs als die Streitwagen der Götter bezeichnet.

KAPITEL 7

Die Dimension der Götter

In allen Kulturen gab es in der ganzen Geschichte Legenden von anderen Reichen. Die Menschen sprachen immer von Göttern und anderen übernatürlichen Wesen, die in irgendeiner nichtirdischen Dimension existierten. Der Volksglaube an Reiche jenseits des Todes, die von Göttern bevölkert sind, ist so alt wie die Menschheit. Traditionellerweise blickten die Menschen auf Tempel und Kirche, Orakel und Priester, um etwas über außerweltliche Realitäten zu erfahren. Heute hat sich die Suche nach dem Übernatürlichen auf Bereiche jenseits der Religion ausgedehnt. Manche Leute suchen Führung durch Wesen aus anderen Dimensionen. Andere besuchen HellseherInnen und ParapsychologInnen, die behaupten, in Kontakt mit Reichen jenseits des Physikalischen zu stehen. Ist das alles nur ein Produkt der Einbildungskraft?

Existieren diese übernatürlichen Reiche und anderen Dimensionen wirklich? Oder sind sie, wie viele Menschen annehmen, ein Überbleibsel primitiven Glaubens – Märchen, die in Volksglauben und Religion verewigt sind? Gibt es eine Art von Halluzination, der Menschen überall verfallen? Sind die Reiche des Übersinnlichen nur ein Fantasieprodukt der menschlichen Psyche? Oder sind sie real?

Der Mensch wanderte seit Urzeiten in die Nacht hinaus und starrte voller Ehrfurcht in den Sternenhimmel. Die Himmel waren voller Dramen. Geheimnisvolle Kräfte schienen miteinander zu kämpfen. Es war für die Menschen ganz normal, im Himmel nach übermächtigen Kräften Ausschau zu halten. Aber niemand nimmt im Zeitalter von Mondfahrten und Radioteleskopen noch ernsthaft an, daß im Weltraum himmlische Reiche existieren. Wenn der Himmel aber nicht irgendwo »da oben« ist, wo könnte er dann sein? Ist das vermutete »Himmelreich« der Götter ein realer Teil des Universums oder nicht?

Zuerst müssen wir die Bedeutung des Wortes »Universum« klären. Die meisten Menschen denken an das Universum in Begriffen von Planeten, Sternen und Galaxien. Das ist das physikalische Universum, das uns vertraut ist, das Universum von Materie und Licht.

Ist das aber alles, was es da gibt? Ist dort nicht mehr als Materie und Licht? Ist das Universum auf das begrenzt, was wir mit unseren wissenschaftlichen Instrumenten nachweisen und mit unseren Sinnen beobachten können? Die Wissenschaft ist tief in das materielle Universum eingedrungen. Könnte es sein, daß dies nur der Anfang war? Könnte unser Universum von Materie und Licht nicht ein Teil von etwas viel Größerem sein?

Mit dem Wort »Universum« sind alle existierenden Dinge gemeint. Es muß die Totalität der Energie einschließen, die existiert. In den vorangegangenen Kapiteln haben wir über Super-Energie gesprochen. Wir haben darüber spekuliert, daß Energieformen jenseits von Materie und Licht existieren könnten. Zum Universum könnte dann viel mehr gehören, als wir bisher denken. Es könnte ganze Reiche von Super-Energie geben. Sie würden jenseits der Lichtgrenze existieren und wären damit eine Realität jenseits unserer normalen Wahrnehmung.

Es könnte sein, daß das physikalische Universum nur ein kleiner Teil der Welt ist. Vielleicht ist sie nicht auf das beschränkt, was wir mit unseren Sinnen wahrnehmen können – und wissenschaftlich durch unsere Teleskope und Mikroskope observieren. Die Welt, angefangen vom winzigen Atom bis zur mächtigen Galaxie, ist vielleicht nur Teil eines viel größeren Universums von Energie. Das Universum könnte viel ausgedehnter sein, als es die Wissenschaft bisher zugestanden hat. Die himmlischen Reiche, die für die Domäne der Götter gehalten werden, könnten real sein, eine parallele Realität, die aus Super-Energie besteht.

In dieser super-physikalischen Realität könnte es Wirbel von Super-Energie geben, die den Materiepartikeln entsprechen. Es könnten dort Wellen von Super-Energie vorhanden sein, die dem Licht entsprechen. Zusammen könnten sie eine ganze *super-physikalische* Welt bilden. So wie unsere Welt und die Dinge darin Formen von Energie sind, würde diese andere Realität aus Formen von Super-Energie bestehen. Wäre diese andere Realität weitgehend so wie unsere? Nicht unbedingt. Sie könnte außer Wirbel und Welle andere Urformen enthalten. In der super-physikalischen Welt könnten dynamische Formen von Super-Energie existieren, vor denen unsere gewagtesten Vorstellungen verblassen.

Es ist offensichtlich, daß wir in den super-physikalischen Bereich nicht durch Zeit und Raum reisen können. Die Struktur unseres Raumes und unserer Zeit ist durch den Wirbel gebildet. Sie reicht nicht in den höheren Bereich hinein. Die super-physikalischen Reiche sind nicht irgendwo »da oben«.

Diese Bereiche würden jenseits unserer Zeit und unseres Raums existieren. In unserer Welt schafft jeder Wirbel eine Blase von Zeit und Raum. Ein Wirbel von Super-Energie würde jenseits der Lichtgrenze eine gesonderte Blase von Zeit und Raum schaffen. Es könnte hinter der Licht-Grenze unzählige Wirbel geben, die unzählige Blasen erzeugen. Sie würden, wie Schaum miteinander verbunden, einen eigenen Raum-Zeit-Bereich bilden, der von unserem Bereich klar getrennt wäre.

Energie erzeugt einen Raum-Zeit-Bereich. Super-Energie erzeugt einen anderen. Der Rahmen von Raum und Zeit existiert innerhalb eines jeden Bereiches – aber es gibt keine Basis dafür, daß Raum und Zeit zwischen ihnen existieren könnten. Die unterschiedlichen Bereiche von Energie und Super-Energie könnten auf keinen Fall von Raum und Zeit getrennt werden. Sie würden in einem einzigen »hier und heute« auftreten. Sie würden unabhängig existieren, wären aber vollständig koinzident (gleichzeitig). Einer würde sozusagen den anderen *durchdringen.*

Unser Bereich ist aus Bewegung in Lichtgeschwindigkeit gebildet. Die Bewegung in Wirbel und Welle baut unsere physikalische Welt von Materie und Licht auf. Die Lichtgeschwindigkeit könnte als die *kritische* Geschwindigkeit unserer Welt bezeichnet werden.

Ein Bereich von Super-Energie würde seine eigene kritische Geschwindigkeit haben, z. B. die doppelte Lichtgeschwindigkeit. Wir könnten uns mehrere solcher Bereiche von Super-Energie vorstellen, die jeweils aus einer unterschiedlichen, aufeinanderfolgend höheren Geschwindigkeit aufgebaut sind. Im Universum könnte es viele super-physikalische Bereiche geben. Jeder Bereich hätte seine eigene Zeit und seinen eigenen Raum und würde eine unterschiedliche *Ebene oder Stufe* von Realität darstellen.

Jeder höhere Bereich würde von seiner eigenen kritischen Geschwindigkeit regiert, genauso wie sich in unserer Welt alles auf die Lichtgeschwindigkeit bezieht. So wie die Licht-Grenze die Grenze des physikalischen Universums ist, würde jeder Bereich eine Schranke zwischen sich und dem nächsthöheren haben.

Diese Aufeinanderfolge von Bereichen im Universum könnte mit einem Satz russischer Babuschkas verglichen werden. Bei diesen russischen Püppchen ist immer ein kleineres inneres Püppchen in ein größeres äußeres eingepaßt. Die unterschiedlichen Bereiche des Universums könnten in ähnlicher Weise miteinander verknüpft sein. Die höheren Bereiche würden die niedrigen Bereiche umfassen – weil höhere Geschwindigkeiten alle niedrigeren Geschwindigkeiten »einschließen«. Da alle Geschwindigkeiten um einen gemeinsamen Nullpunkt herum konzentriert sind, könnten wir uns die Bereiche als konzentrisch ineinandergeschachtelte Kugeln vorstellen.

Die inneren Kugeln würden die niedrigeren, langsameren Bereiche darstellen und die äußeren Kugeln die höheren, schnelleren Bereiche. Dieses Bild des Universums zeigt, wie die Bereiche

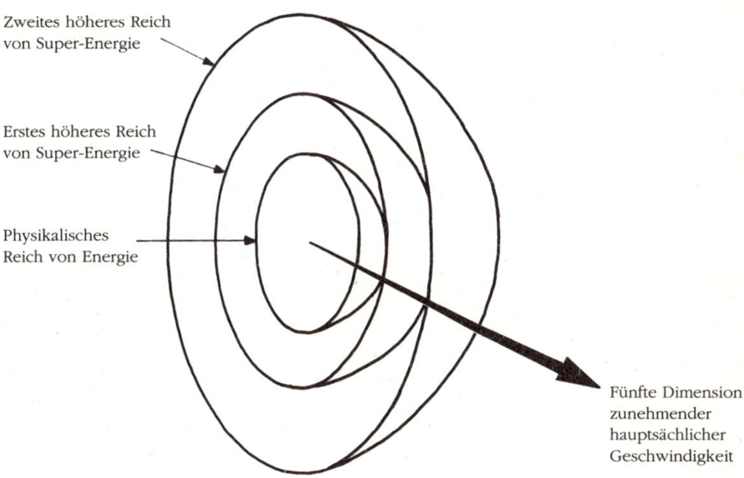

Abb. 15: Die verschiedenen Reiche des Universums können als eine Reihe konzentrischer Kugeln dargestellt werden. Das jeweils höhere Reich beinhaltet alle niedrigeren

einander umschließen und wie jeder größere Bereich alle anderen, kleineren durchdringt.

Die aufeinanderfolgenden kritischen Geschwindigkeiten könnten in einer einfachen aufsteigenden Reihe angeordnet sein. Zum Beispiel physikalischer Bereich = Lichtgeschwindigkeit, erster super-physikalischer Bereich = 2 x Lichtgeschwindigkeit, zweiter nicht-physikalischer Bereich = 3 x Lichtgeschwindigkeit usw. Solch eine aufsteigende Reihe wäre wie eine harmonische Skala. Die aufsteigenden Bereiche würden so der »Sphärenharmonie«, von der Pythagoras sprach, einen wahren Sinn verleihen.

Stellen Sie sich vor, die kritische Geschwindigkeit des ersten höheren Bereichs wäre doppelt so hoch wie die von Licht. Alle Energieformen, die sich mit doppelter Lichtgeschwindigkeit oder unter dieser Geschwindigkeit bewegen, wären ein Teil von ihm. Daraus folgt, daß unser physikalisches Universum in diese höheren Bereiche fallen würde – unsere Welt wäre ein Teil der umfassenderen Domäne von Super-Energie. Unsere Realität wäre ein Untergebiet dieser höheren Bereiche, und unsere Raum-Zeit wäre von der Raum-Zeit umschlossen, die von Super-Energie erzeugt wird.

Wenn es einen höheren Bereich als unseren gibt, existieren dann auch niedrigere? Die Antwort scheint nein zu sein. Es spricht einiges dafür, daß unser Bereich der niedrigste Energiebereich im Universum ist.

Die kritische Geschwindigkeit in unserem Bereich ist die Lichtgeschwindigkeit. In unserer Welt können alle Energieformen, die sich mit oder unter Lichtgeschwindigkeit bewegen, mit wissenschaftlichen Methoden erfaßt und gemessen werden. Würde ein Bereich von *Sub-Energie* existieren, wäre er Teil unserer Welt, und wir könnten ihn wahrnehmen.

Ein anderer Weg, sich das Universum auszumalen, ist, sich eine Streichholzschachtel in einem Zimmer vorzustellen. Die Streichholzschachtel wäre dabei der kleinere, innere Energiebereich. Das Zimmer würde den größeren, äußeren Bereich von Super-Energie verkörpern.

Die Schachtel ist Teil des Zimmers. Sie paßt in das Zimmer. Offensichtlich ist aber das Zimmer nicht Teil der Streichholzschachtel; das Zimmer kann nicht in die Schachtel gesteckt werden! Wir können die Streichholzschachtel im Zimmer lokalisieren, wir können sagen, wo sie sich im Zimmer befindet. Es ist aber unsinnig, zu fragen, wo das Zimmer in der Schachtel ist.

Wir könnten uns von der Streichholzschachtel entfernen und uns ansehen, wie das Zimmer in einem Haus enthalten ist und das Haus in einer Stadt. Wenn wir uns von der Schachtel zum Zimmer, zum Haus und in die Stadt hinein bewegen, betreten wir Erfahrungsbereiche, die sich immer weiter fortsetzen.

Mit Hilfe dieser Analogie ist leicht zu erkennen, wie es möglich sein könnte, daß BewohnerInnen eines Reichs nur begrenzten Zugang zu angrenzenden Bereichen haben. Stellen Sie sich Menschen vor, die auf ein Zimmer eingeschränkt sind. Sie wären in der Lage, durch das Schlüsselloch zu linsen und einen Schimmer von dem einzufangen, was woanders in dem Haus passiert. Durch das Fenster könnten sie in der Lage sein, einen Eindruck von der Außenwelt zu gewinnen. Weil sie in ein Zimmer eingesperrt sind, würden sie aber keine wirkliche Erfahrung vom übrigen Haus haben, ganz zu schweigen von der Stadt. Ihr Wissen über die Außenwelt wäre sehr skizzenhaft. Es würde viel spekuliert werden über diese geheimnisvollen anderen Orte und ihre möglichen Bewohner. Manche Leute würden sogar abstreiten, daß sie existieren und alles als Illusion oder Wunschdenken abtun.

Mit diesem Bild werden viele traditionelle Vorstellungen über das Übernatürliche verständlich. Es zeigt, wie übernatürliche Wesen in ihren eigenen Bereichen von Raum und Zeit existieren und unsere Welt durchdringen könnten. Vielleicht sind sie überall um uns herum, ohne daß wir sie mit unseren wissenschaftlichen Instrumenten oder irgendeinem unserer fünf normalen menschlichen Sinne wahrnehmen. Es wäre so, als ob wir die Hölzer in der Streichholzschachtel wären und weder das Zimmer noch seine Bewohner bemerken würden.

Viele übernatürliche Fähigkeiten könnten ihre Erklärung finden in der Fähigkeit einiger Individuen, mit ihrem Bewußtsein durch die Lichtgrenze in höhere Bereiche vorzudringen. Manche Menschen mit »übersinnlichen Gaben« behaupten, übernatürliche Wesen wahrzunehmen und sogar mit ihnen zu kommunizieren. Sie scheinen mit diesem sogenannten »sechsten Sinn« in der Lage zu sein, normalen Raum und Zeit zu überschreiten und in diese anderen Bereiche hineinzusehen. Für solche Menschen sind die Wände der Streichholzschachtel transparent, sie können hinaussehen.

Können wir uns aber heutzutage auf irgendeinem Weg von einem Bereich des Universums in einen anderen bewegen? Könnten wir von der Streichholzschachtel in das Zimmer gehen, in das Haus hinein? Wir bewegen uns in Dimensionen. Wenn wir uns umherbewegen, reisen wir in den drei Dimensionen des Raumes. Auf unserer Reise von der Wiege zum Grab reisen wir in der vierten Dimension, der Zeit.

Die verschiedenen Bereiche des Universums müßten durch noch eine weitere Dimension voneinander getrennt sein: eine fünfte Dimension.

Die fünfte Dimension wäre die Hauptdimension. Sie wäre die Dimension der Geschwindigkeit selbst. Sie würde alle unterschiedlichen Energiebereiche im Universum untereinander verbinden, indem sie eine kritische Geschwindigkeit an eine andere kettet.

Die fünfte Dimension wäre ganz anders als die anderen vier. Es könnte eine Dimension in der Raum-Zeit sein. Anders als die vier Dimensionen von Zeit und Raum ist die fünfte Dimension kein Aspekt des Energiewirbels, sie liegt dem Wirbel und den vier damit verbundenen Dimensionen zugrunde.

Ein Körper könnte nicht in der fünften Dimension reisen, indem er sich schneller oder langsamer bewegt. Bewegung in der fünften Dimension wäre nur durch einen Wechsel in der jeweiligen Energiegeschwindigkeit möglich. Wir haben diesen Prozeß schon als Transsubstantiation bezeichnet. Transsubstantiation ist Bewegung in der fünften Dimension. Sie erfordert eine Veränderung in der Substanz, nicht eine Veränderung in der Form oder Position. Körper, die in der fünften Dimension reisen, erscheinen und verschwinden durch Transsubstantiation, wenn sie einen Bereich des Universums verlassen und in einem anderen auftauchen.

Macht über die fünfte Dimension ist die Macht der Götter und Göttinnen. Auf diese Macht könnten Wunder zurückzuführen sein, wie sie heute von Sai Baba und vor 2000 Jahren von Jesus

Christus vollbracht wurden. Die fünfte Dimension ist die Dimension der Götter. Es wäre angemessen, sie die *göttliche* Dimension zu nennen.

Aber was sind göttliche Wesen? Wie passen sie in unser Bild? Wir wissen, daß in unserem physikalischen Universum Leben und Intelligenz existieren. Unser Universum ist aber nur ein kleiner Teil eines größeren Ganzen. Weil es in dieser kleinen Ecke des Universums Leben, intelligente Wesen gibt, wäre es sinnvoll anzunehmen, daß Leben und Intelligenz auch im Großen existieren. In super-physikalischen Bereichen könnte es viel mächtigere und klügere Wesen geben als uns.

Der Tradition zufolge gibt es ganze Heerscharen super-physikalischer Wesen. Alle heidnischen Traditionen haben einen Pantheon der Götter beschrieben. Aber nicht alle übernatürlichen Wesen werden als Götter bezeichnet. Die Griechen und Römer hatten auch Naturgeister: Nymphen und Faune, Satyre und Dryaden, die alle unter der Herrschaft des Gottes Pan standen. In West- und Nordeuropa waren ihre Entsprechungen Engel, Elfen, Feen und Pixies. Außerdem bestand die Vorstellung, daß neben diesen Wesen aus anderen Reichen Seelen von menschlichen Wesen weiterexistierten, die dieses Leben verlassen hatten. Es gibt auf der Erde eine Hierarchie von Lebensformen; so war es naheliegend, sich vorzustellen, daß es auch eine Hierarchie der übernatürlichen Wesen gibt. Der Begriff »Götter« war im allgemeinen für die mächtigsten dieser Wesen reserviert.

Die Macht der Götter und Göttinnen ist die Macht, die innere Geschwindigkeit von Energie zu verändern; damit gibt sie die Freiheit, sich in die fünfte Dimension zu begeben. Sie könnten durch die Reiche hinabsteigen, indem sie die Geschwindigkeit ihrer Energie drosseln.

Schritt für Schritt könnten sie jeden fortschreitend höheren himmlischen Bereich des Universums hinaufsteigen, indem sie ihre Geschwindigkeit wieder steigern. Wie die biblischen Engel die Jakobsleiter hinauf- und heruntersteigen, könnten solche Wesen die göttlichen Dimensionen hinauf- und herunterrauschen, von einem Bereich des Universums zum anderen.

Diese Fähigkeit hatten wohl auch manche Menschen. Zum Beispiel verschwanden Christus, Mohammed und Babaji bei manchen

Gelegenheiten aus unserer Welt und reisten in irgendeinen höheren Bereich, bevor sie zur Erde zurückkehrten.

Es gibt Berichte über mächtige Engel und Dämonen, Genien und Ghuls, nach denen diese sich von Zeit zu Zeit materialisieren und in menschliche Angelegenheiten einmischen. Aber offenbar haben nicht alle übernatürlichen Wesen die Macht, sich in die fünfte Dimension zu begeben. Viele von ihnen scheinen auf eine einzige Ebene super-physikalischer Realität begrenzt zu sein, einen einzigen Bereich der Existenz, genauso wie wir auf unsere Ebene physikalischer Realität beschränkt sind.

Für die Gotteswesen wären wir Menschen eingepfercht wie die Hühner im Hühnerhof. Hühner essen, trinken und pflanzen sich fort. Sie sind bewußt und lebendig, aber in ihrer Intelligenz sind sie beschränkt. Auch die göttergleichen Kreaturen, die für den Garten verantwortlich sind, essen, trinken und pflanzen sich fort. Sie sind bewußt und lebendig, aber viel mächtiger und intelligenter. Sie können sprechen, Bücher lesen, Musik komponieren und viele Dinge tun, die Hühner nicht tun können. Sie können den Hühnerhof betreten und verlassen, wann sie wollen, während die Hühner in ihm eingesperrt bleiben. Aber für die Hühner mit ihrer Vogel-Mentalität ist die Welt an ihrem Zaun zu Ende.

Von den furchteinflößenden, gottgleichen Kreaturen, die ihre Eier stehlen, wird ihnen immer Essen und Trinken hingestellt. Die dummen Hühner verstehen nicht, daß diese überlegenen Wesen ihnen ihre Welt errichtet haben und auch dafür verantwortlich sind, daß sie überhaupt existieren! Genausowenig erkennen sie, daß diese Wesen Macht über Leben und Tod im Hühnerbereich haben. Alles was sie wissen, ist, daß von Zeit zu Zeit jemand von ihnen unter Flügelschlagen und in einer Wolke von Federn verschwindet, um niemals wiederzukehren! Wie die Hühner im Hühnerhof sind wir Menschen in das physikalische Universum eingesperrt und auf die niedrigste Ebene der göttlichen Dimension festgelegt.

Das physikalische Universum gleicht den Idiotenhügeln eines Skigebiets. Die AnfängerInnen sind auf die sanften Abhänge, auf die niedrigsten Geschwindigkeiten beschränkt. Fortgeschrittene Skiläufer, die die Technik beherrschen, können auf den steilen Abhängen, die höher am Berg liegen, die Freiheit und das Vergnügen schneller Geschwindigkeiten genießen. Manchmal rauschen sie herunter und kommen in einer Schneewolke auf den Idiotenhügeln zum Stehen – und machen sich einen Spaß daraus, die »Kleinen« zu erschrecken!

KAPITEL 8

Die Götter erscheinen

Es war an einem Frühlingstag im Jahr 1916. Drei Kinder, Lucia, neun Jahre alt, Francisco, acht und seine kleine Schwester, Jacinta, sechs Jahre, spielten neben einem Geröllhaufen außerhalb des Dorfes Fatima in Portugal. Plötzlich wurden sie von einem ohrenbetäubenden Donnerschlag aufgeschreckt, ein Windstoß folgte. Die Kinder zitterten und wurden von einem gleißenden Licht geblendet, das sich lautlos auf sie niedersenkte. In dem Lichtball war ein Junge. Als er näherkam, warfen sich die Kinder in Panik auf die Erde. Der geheimnisvolle Junge sprach zu ihnen und sagte: *»Fürchtet Euch nicht, ich bin der Engel des Friedens!«* So begannen die Erscheinungen von Fatima, die in unserem Jahrhundert zu den bemerkenswertesten Manifestationen des Übernatürlichen gehören. Es sollte das erste einer ganzen Reihe ähnlicher Ereignisse sein, die sich bis zum heutigen Tag fortsetzt.

Diese Erscheinungen in unserer Zeit enthalten ein Echo alter Mythen. Die Sagen der Griechen beschreiben, wie die Götter von den Höhen des Olymp herabstiegen, um durch Orakel die Menschheit vor drohendem Verhängnis zu warnen. Bei diesen Ereignissen erschien wiederholt eine Gestalt aus biblischen Zeiten, um die Menschheit vor den Gefahren zu warnen, die ihr in der Gegenwart bevorstanden.

Der »Engel des Friedens« erschien den Kindern noch ein weiteres Mal im Sommer und dann noch einmal im Herbst. Die Kinder wurden indessen von ihren Eltern bestraft, die annahmen, daß sie fantastische Lügengeschichten erfinden würden. Aber es folgten noch viel außergewöhnlichere Vorfälle.

Sonntag, der 13. Mai 1917, ein Jahr nach der ersten Erscheinung. Lucia, Francisco und Jacinta hüteten Schafe im Cova da Ira, einer großen Weide, die Lucias Vater gehörte. Die Herde graste friedlich, und wieder spielten die Kinder. Plötzlich erschien in einer knorrigen Eiche neben den Kindern ein gleißendes Licht. Sie versuchten wegzulaufen, aber sie waren wie am Erdboden festgenagelt. In dem

Licht stand eine wunderschöne junge Frau. Das Licht, das sie umgab, hüllte sie ein, und sie war das einzige, was die Kinder wahrnahmen. Sie sagte ihnen, daß sie sich nicht fürchten sollten, ihnen geschähe nichts. Das älteste Mädchen, Lucia, nahm all seinen Mut zusammen und fragte sie, wer sie sei und woher sie gekommen wäre. Sie antwortete, sie sei vom Himmel gekommen. Lucia fragte daraufhin, was sie von ihnen wolle. Sie antwortete, daß sie zu diesem Ort zurückkehren sollten, zur selben Zeit am 13. Tag in jedem Monat bis Oktober; sie würde ihnen dann mitteilen, wer sie sei und was sie wolle. Sie fragte, ob sie gewillt wären, sich ihrem Dienst zu ergeben und alle Leiden zu erdulden, die er mit sich bringen könnte. Die Kinder stimmten zu. Als sie dies taten, strömte von ihren Händen Licht in sie hinein. Dann erhob sich die Frau zum Himmel und verschwand.

Im Nu verbreiteten sich in dem kleinen Dorf die Neuigkeiten über die geheimnisvolle Besucherin. Im folgenden Monat, am 13. Juni, wurden die Kinder von 50 Menschen zu der knorrigen Eiche begleitet, die hofften, selber die Frau im Licht zu sehen. Als die geheimnisvolle Frau mittags erschien, fielen die Kinder in einen Zustand der Verzückung. Die Frau war nur für die Kinder zu sehen, aber die ZuschauerInnen berichteten, daß von dem Baum etwas wie eine Wolke aufstieg.

Diese Ereignisse führten in Fatima zu großer Unruhe, und ganz Portugal wurde darauf aufmerksam. Viele Leute strömten nach Fatima.

Die Kinder hatten Schwierigkeiten mit ihren Eltern, die befürchteten, sie würden sich einen makaberen Jux machen. Die Kinder litten, wie es ihre geheimnisvolle Besucherin vorhergesagt hatte; nur sie hatten sie gesehen, und die Welt mußte sich auf ihr Wort verlassen.

Am 13. Juli war die Zahl der Zuschauer auf 5000 angewachsen. Aber immer noch war sie nur für die Kinder zu sehen. Sie flehten sie an, irgend etwas zu tun, das jeder sehen könnte. Sie versprach für den 13. Oktober ein großes Zeichen, das für jeden sichtbar sein würde. Sie gab den Kindern das mit auf den Weg, was als die drei Prophezeiungen von Fatima bekannt wurde. Als die Kinder von ihnen berichteten, entwickelte sich in Portugal eine Welle von Aufmerksamkeit, die sich über ganz Europa ausbreitete. Nicht jeden Tag prophezeiten einfache Bauernkinder große Weltereignisse.

Die erste Vorhersage lautete, daß der Weltkrieg, der damals auf seinem Höhepunkt war, bald zu Ende gehen würde. Vorher würde aber in Rußland eine große Revolution ausbrechen. Große Unruhen würden folgen, und viele Nationen würden zerstört werden, aber vielleicht könnte Rußland noch »bekehrt« werden; die zweite Vorhersage warnte davor, daß ein anderer, noch schrecklicherer Krieg kommen würde. Er würde unter der Regentschaft eines zukünftigen Papstes, Pius des XI., ausbrechen – der 2. Weltkrieg begann 22 Jahre später während der Amtszeit von Pius XI. Eine dritte, geheime Vorhersage wurde nur Lucia anvertraut. Ihr wurde gesagt, daß sie diese Vorhersage nur den Autoritäten der katholischen Kirche enthüllen sollte – aber sie erhielt das Versprechen, daß sie in den 60er Jahren publik gemacht werden würde.

Für den 13. August rechnete der Bürgermeister von Fatima mit riesigen Menschenmengen. Er sperrte die drei Kinder ein, um weitere Auseinandersetzungen zu verhindern. Sie wurden drei Tage lang im Gefängnis festgehalten. Zuerst wurden ihnen Geschenke angeboten, damit sie ihre Behauptungen widerriefen. Als das nichts nützte, wurde ihnen angedroht, sie noch länger im Gefängnis zu lassen, und am Ende wurde ihnen sogar damit gedroht, sie bei lebendigem Leib in einem Bottich mit Öl zu sieden.

Lucia wurde ausführlich verhört, um ihr die geheime dritte Aussage zu entlocken. Obwohl sie eingeschüchtert waren, widerriefen die Kinder ihre Behauptungen nicht. Ebensowenig verriet Lucia das Geheimnis.

Über 15000 Menschen hatten sich außerhalb Fatimas versammelt. Sie waren ärgerlich und enttäuscht über die Nachrichten von der Verhaftung. Viele gingen davon aus, daß nichts passieren würde, und entfernten sich. Mittags aber gab es eine Explosion und einen Lichtblitz. Die Sonne verdüsterte sich, es bildete sich eine weiße Wolke über der knorrigen Eiche. Sie erhob sich zum Himmel und löste sich langsam auf. Das gesamte Gebiet war in farbiges Licht getaucht, und die von Ehrfurcht ergriffene Menge rang staunend nach Luft.

Am 13. September, einen Monat später, wurde die Menge, die sich bei Fatima versammelt hatte, auf 30000 geschätzt. Die Kinder, die wieder frei waren, fielen genau zur Mittagsstunde in Trance. Zur gleichen Zeit verdunkelte sich die Sonne, so daß am Himmel Sterne zu sehen waren. Eine Lichtkugel näherte sich von Osten und ging auf der Eiche nieder. Gleichzeitig senkte sich etwas vom Himmel, das wie weiße Blütenblätter aussah. Sie lösten sich auf, bevor sie den Boden berührten.

Am Vorabend des 13. Oktober, dem Tag, für den das große Zeichen vorhergesagt worden war, strömten Tausende nach Fatima.

Mit der Morgendämmerung zog Regen auf. Es goß in Strömen. Der Boden war eine einzige Schlammwüste. Über 50 000 Menschen warteten geduldig unter unzähligen Regenschirmen. Skeptiker lachten und spotteten wegen des schrecklichen Wetters. Die drei Kinder kamen kurz vor Mittag an. Der Ausdruck freudiger Erwartung auf ihren Gesichtern stand im Gegensatz zu der Spannung in den Gesichtern ihrer Eltern – die Angst um das Leben ihrer Kinder hatten, für den Fall, daß nichts passierte.

Mittags hörte der Regen abrupt auf, die Wolken teilten sich und enthüllten am Himmel eine leuchtende Scheibe. Die Menge blickte ehrfürchtig hoch, und die Scheibe begann sich zu drehen.

Sie drehte sich schneller und schneller, Bündel farbigen Lichts strahlten von ihrem Rand aus und färbten die Landschaft und die emporgewandten Gesichter der Zuschauer. In einem Dorf in fast zwanzig Kilometern Entfernung waren Kinder entzückt, als ihre Schule und die umliegenden Straßen und Felder in diese unerwartete Farbenpracht getaucht wurden.

Nach fünf Minuten hörte die Scheibe auf, sich zu drehen – und fing in entgegengesetzter Richtung wieder an. Das wiederholte sich noch einmal, bevor sie plötzlich vom Himmel fiel.

Die Menge war schockiert. Viele dachten, das sei das Ende der Welt. Aber die Scheibe stieg wieder hoch und verschmolz mit der Sonne. Der Himmel war jetzt klar, und die Zuschauer stellten fest, daß sie vollständig trocken waren, ohne eine Spur von Schlamm und dem Regen, der bis vor ein paar Minuten niedergegangen war.

Als die Kinder aus ihrer Verzückung erwachten, erzählten sie, daß die Dame, die gesegnete Jungfrau Maria, ihnen mitgeteilt hätte, daß der erste Weltkrieg in einem Jahr von jetzt an zu Ende gehen würde. Die zwei jüngeren Kinder, Francisco und Jacinta, starben ein paar Jahre später während einer Grippeepidemie. Der Körper

Abb. 16: Zuschauer beobachten die vor der Sonne herumwirbelnde Scheibe in Fatima, Portugal, am 13. Oktober 1917

von Jacinta verfiel nie; er war völlig konserviert, als er 1935 exhumiert wurde. Das älteste Kind, Lucia, wurde eine Karmeliternonne und lebt noch heute.

In diesem Jahrhundert gehören Erscheinungen der Jungfrau Maria wie die in Fatima zu den bestdokumentierten Beispielen paranormaler Phänomene. Es heißt, daß die Jungfrau Maria vor fast 2000 Jahren gelebt hat. Berichte über ihr Erscheinen im 20. Jahrhundert sind schwer zu glauben, aber mit Hilfe des Bildes, das wir entworfen haben, fangen wir an, sie zu verstehen.

Nach der Legende blieb der Körper der Jungfrau Maria nach ihrem Tod nicht bis zum Verfall auf der Erde; es heißt, sie sei in den Himmel »gefahren«. Das könnte so zu verstehen sein, daß ihr Körper in dem Prozeß, den wir als Transsubstantiation bezeichnet haben, dematerialisierte. Nachdem ihr Körper unversehrt über die Lichtgrenze transportiert worden war, könnte er in den »himmlischen Reichen« von Super-Energie wiederbelebt worden sein. Sie könnte dann durch einfache Umkehrung des Prozesses auf die Erde zurückkehren. Die Auferstehung von Jesus Christus, ihrem Sohn, und sein späteres Erscheinen auf der Erde könnten natürlich genauso erklärt werden.

Auch andere Phänomene, die mit diesen Erscheinungen verbunden werden, könnten mit der Materialisation von Super-Energie erklärt werden. Nehmen Sie zum Beispiel die Ankunft des Engels. In Fatima erschien der Engel in einem intensiv leuchtenden Licht, das von einem Donnerschlag begleitet wurde. Eine mögliche Erklärung dafür ist folgende. Nach der Überlieferung wohnt ein Engel in den himmlischen Reichen als entkörperter »Geist« – pure Super-Energie. Diese Super-Energie muß durch die Licht-Grenze abgebremst werden und die Form von Wellen und Wirbeln annehmen, um in unserer Welt zu erscheinen. Bei diesem Ereignis, das mit hoher Energie verbunden ist, würde sich der Körper in dem Moment, wo er sich bildet, sehr schnell bewegen. Da er auf der Erde zum Stillstand gekommen sein muß, müßte dieser Prozeß im Weltraum stattfinden. Der sich schnell bewegende neu geformte Körper, der Energie als leuchtendes Licht abstrahlt, würde sich dann zur Erde heruntersenken. Er würde mit einem Windstoß ankommen und einen Überschallknall erzeugen, wenn er durch die Schallgrenze bricht. Ein Engel, der auf diese Weise materialisiert, könnte jede Gestalt annehmen, die er sich aussucht; wenn er wie in Fatima einer Gruppe von Kindern erscheint, könnte er die Gestalt eines Kindes annehmen.

Nicht bei allen Vorfälle mit übernatürlichen Wesen kommen diese in unsere Welt herunter. Viele »Erscheinungen« sind psychischer Natur und keine physikalischen Vorgänge. In solchen Fällen scheint das Bewußtsein einer Person erweitert zu sein und ihn oder sie zu befähigen, übernatürliche Wesen »zu Hause«, in ihren eigenen Bereichen, wahrzunehmen. Die meisten dieser Erscheinungen von Fatima waren von dieser Art. Bei dem ersten Vorfall mußte aber offenbar ein Engel in unsere Welt eintreten, um die Kinder zum Mitmachen zu gewinnen.

Dieser Vorfall wiederholte sich ein halbes Jahrhundert später und kündigte eine weitere wichtige Serie von Erscheinungen an. Mit diesen Erscheinungen wurde das Versprechen erfüllt, das

Lucia gemacht worden war, daß die dritte geheime Vorhersage von Fatima 1960 öffentlich gemacht werden würde. Es wurde viel darüber spekuliert, daß sich diese Vorhersage auf apokalyptische Warnungen für das Ende des 20. Jahrhunderts beziehen würde. In den 60er Jahren kehrte die Jungfrau Maria zurück und warnte öffentlich vor dem Ende des gegenwärtigen Zeitalters in einer Periode intensiver planetarischer Transformation.

Der 18. Juni 1961 war ein wolkenloser Sommertag in den kantabrischen Bergen in Nordwest-Spanien. Am Rand von San Sebastian de Garabandal, einem kleinen Dörfchen in den Ausläufern des Gebirges, kletterten vier Mädchen auf einen Baum. Plötzlich wurde die Stille von einem Donnerschlag zerrissen. Die Mädchen kletterten von dem Baum, weil sie annahmen, daß sich ein Gewittersturm nähere und rannten auf einem felsigen Pfad, dem Cuadro, nach Hause. In einem Pinienhain blickte Conchita, das älteste der Mädchen, zufällig nach oben zum Himmel. Sie schrie. Die anderen drehten sich um und erstarrten auf der Stelle.

Über dem Cuadro befand sich ein glänzender Himmelskörper aus Licht, *»heller als die Sonne, aber ohne die Augen zu blenden«*. In dem Licht war die Figur eines Jungen von ungefähr neun oder zehn Jahren zu sehen, der in ein blaues Gewand gekleidet war. Seine schwarzen Augen leuchteten aus einem dunklen Gesicht. Die Mädchen fürchteten sich. Conchita erklärte: *»Obwohl es das Gesicht eines Kindes war, schien es die Kraft eines Riesen auszudrücken.«*

Die wie gelähmt verharrenden Mädchen starrten ihn fasziniert an. Der fremde Junge lächelte aber nur und verschwand dann. Die Mädchen rannten nach Hause, übersprudelnd vor Aufregung. Aber als sie zu erklären versuchten, was sie gesehen hatten, nahm niemand sie ernst.

Sie waren wirklich noch sehr jung. Conchita, Loli und Jacinta waren zwölf, und Maria Cruz war erst elf. Ihre Eltern befahlen ihnen, daß sie aufhören sollten, zu lügen und steckten sie ins Bett.

Am Donnerstag, den 20. Juni spielten die Mädchen wieder auf dem Cuadro. Plötzlich waren sie ganz in Licht eingehüllt. Am Mittwoch geschah dasselbe, aber diesmal erschien der Junge wieder. Sie waren ganz in seinen Lichtkörper eingeschlossen und nahmen nur noch ihn wahr. Conchita fragte ihn, wer er sei und was er wolle.

Er sagte nichts, lächelte aber und verschwand dann. Das passierte nochmal am Samstag, den 24. Juni und am Sonntag, den 25. Juni.

Das Dorf vibrierte vor Aufregung. Die Leute begannen, den Mädchen zum Cuadro zu folgen, um zu sehen, was passieren würde. Sie sahen, wie die Mädchen plötzlich in Richtung Himmel auf ihre Knie fielen, mit zurückgeworfenen Köpfen und erstarrten Gesichtern, die vor Freude strahlten.

Am Samstag, dem 1. Juli, erschien der Junge wieder und sprach das erste Mal zu ihnen. Er sagte, er sei der Erzengel Michael. Die Mädchen waren von dieser Aussage überrascht, denn er hatte keine Ähnlichkeit mit der Statue von St. Michael in der Dorfkirche. Michael teilte den Mädchen mit, daß er am folgenden Tag zu dem Pinienhain zurückkehren und daß ihn die Jungfrau Maria begleiten würde.

Die Neuigkeiten verbreiteten sich von Garabandal wie ein Lauffeuer. Ein stetiger Menschenstrom stieg schon am frühen Sonntagmorgen von der nächsten Straße, die einige Kilometer entfernt war,

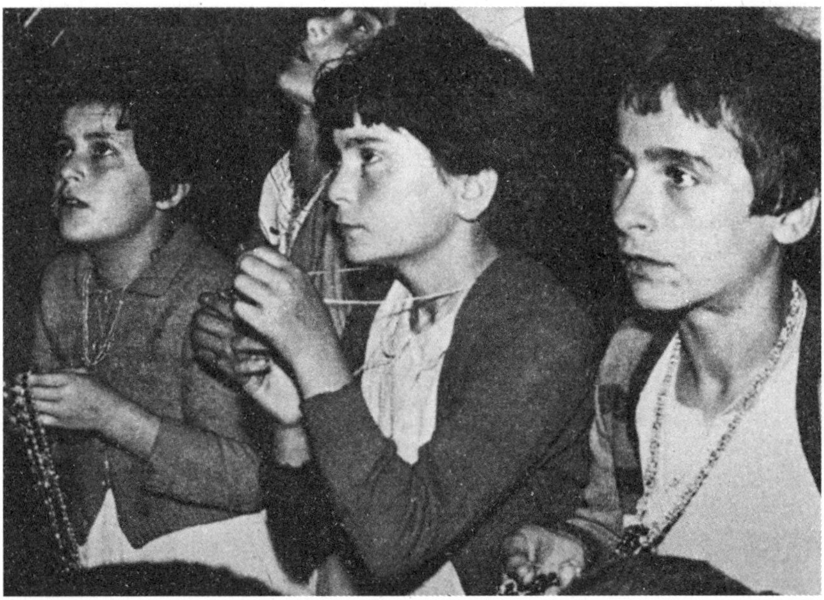

Abb. 17: Die Mädchen in Trance während der Erscheinung der Jungfrau Maria in Garabandal, Spanien, 1961

den Bergweg nach Garabandal auf. Am Nachmittag drängten sich in dem Dorf so viele Besucher, daß es praktisch unmöglich war, sich in den Straßen vor oder zurück zu bewegen. Hunderte von Menschen folgten den vier Mädchen, als sie um 6 Uhr abends den Cuadro hinauf zu der Piniengruppe kletterten.

Die Kinder sahen, wie der Engel zusammen mit einem anderen erschien, der genauso aussah wie er. Zwischen den beiden Engeln war ein Mädchen von ungefähr 16 Jahren. Sie war sehr schön. Sie trug ein weißes Kleid und einen blauen Mantel und hatte ein Baby bei sich.

Das war der Beginn einer Reihe von mehr als zweitausend Erscheinungen, die sich über eine Periode von vier Jahren erstreckten. Von 1961 bis 1965 erschien Maria den Mädchen fast täglich und öfters auch nachts. Die Mädchen fingen an, sie als persönliche Freundin anzusehen. Sie vertrauten ihr. Sie schien ihre Gesellschaft zu genießen und gab ihnen Ratschläge, wenn sie Probleme hatten. Manchmal ließ sie sie das Baby halten, das sie oft dabeihatte. Die Mädchen waren weit davon entfernt, sich frömmelnd abzukapseln; sie verhielten sich weiter wie normale Teenager, kauten Kaugummi und hörten im Radio die Beatles.

Es gab bei den Besuchen kein erkennbares Muster. Sie fanden zu irgendeiner Tages- oder Nachtzeit statt. Üblicherweise erschien Maria allen Mädchen gemeinsam, sie kam aber auch manchmal zu einzelnen von ihnen. Durch ein inneres Gefühl, das sie als ein »Rufen« bezeichneten, wußten sie immer, daß sie erscheinen würde.

In den vier Jahren untersuchten ÄrztInnen und WissenschaftlerInnen aus vielen verschiedenen Ländern die Mädchen. Sie waren beeindruckt von ihrer völligen Normalität.

Sie fanden keine Anzeichen von Hysterie, Psychose oder Neurose, und die Mädchen waren auch nicht besonders fromm. In der Verzückung waren die Mädchen unempfindlich gegen Nadelstiche oder Flammen eines Feuerzeugs. Sie wurden außerdem so schwer, daß der stärkste Mann im Dorf Schwierigkeiten hatte, sie anzuheben. Trotzdem wurde häufig beobachtet, daß sie in diesem Zustand schwebten. Manchmal bewegten sie sich im Laufschritt rückwärts. Sie konnten sich über steinigen Boden schneller auf ihren Knien fortbewegen, als ihnen Leute zu Fuß folgen konnten und hielten dann ganz abrupt an. Manchmal redeten die Mädchen auch in fremden Sprachen, während sie in Trance waren, oder sie rezitierten Gebete in Griechisch oder Latein. Als einfache Bauernkinder sprachen sie normalerweise nur Spanisch.

Die Jungfrau teilte den Kindern mit, daß sie gekommen sei, um die Menschheit zu warnen. Sie sprach zu ihnen von drohendem Unheil; eine Flutkatastrophe würde über die Erde hereinbrechen, wenn sich die Menschheit nicht dem Frieden zuwenden würde. Vorher würde eine Kirchenspaltung in der katholischen Kirche stattfinden, in der »*Kardinäle gegen Kardinäle und Bischöfe gegen Bischöfe kämpfen*« würden. Den Mädchen wurde an einem Juniabend 1962 eine Vision des Unheils vorgeführt. Sie kehrten schockiert und entsetzt aus der Trance zurück. In ihrer Vision hatten sie gesehen, wie die Erde brannte.

Die Jungfrau von Garabandal machte noch zwei weitere Vorhersagen. Die erste betraf einen übernatürlichen Vorfall, bei dem alles in der Welt für eine kurze Zeitspanne Licht aussenden würde. Dieses »Lichtereignis« würde keinen Schaden anrichten, aber es würde ein Vorzeichen drohenden Unheils sein. Es sollte, sagte sie, das Bewußtsein der Menschen aufrütteln.

Die zweite Prophezeiung kündigte ein »Wunder« in Garabandal an, das im Jahr des Lichtereignisses stattfinden würde. Das Datum dieses Ereignisses wurde nur Conchita mitgeteilt, und sie wurde gebeten, es acht Tage vorher zu enthüllen. Conchita sagte, daß das Wunder von jedem in Garabandal oder in den umliegenden Bergen gesehen werden würde. Conchita wurde auch mitgeteilt, daß in dem Piniengehölz ein übernatürliches Zeichen als eine dauerhafte Mahnung zurückgelassen werden würde. Es würde gesehen, fotografiert und gefilmt werden können, jedoch nicht in irgendeiner Weise berührt oder gemessen.

Die Vorhersagen von Garabandal wurden von vielen Menschen mit Skepsis aufgenommen.

Sie ähneln aber anderen Prophezeiungen für das letzte Jahrzehnt des 20. Jahrhunderts. Propheten wie Nostradamus, Edgar Cayce, Jean Dixon, Paul Solomon und viele andere haben für diesen Zeitabschnitt eine unvorstellbare Welle von Katastrophen vorhergesagt. Ihre Visionen schließen Krieg, Erdbeben und Vulkanausbrüche ein und die Überflutung großer Städte durch das Ansteigen der Ozeane. Teil dieses apokalyptischen Szenarios sind auch Hungersnöte, neue Seuchen und eine Flutkatastrophe, die durch einen Kometen ausgelöst werden soll. Manche Menschen meinen, daß sich diese vorhergesagten Ereignisse schon erfüllen, im Treibhauseffekt, mit AIDS und der zunehmenden Häufigkeit schwerer Erdbeben. Aber die Zukunft ist nicht unveränderlich. In allen Prophezeiungen wurde zusätzlich zu verstehen gegeben, daß die Katastrophen durch eine Veränderung des Bewußtseins der Menschheit in ihrem Ausmaß begrenzt oder sogar abgewendet werden könnten. Vielleicht ist es so, daß uns Propheten vor Gefahren auf dem Weg warnen, den wir nehmen, so daß wir die Möglichkeit haben, die Richtung zu ändern und so das Verhängnis abzuwenden. In der Vergangenheit haben sich Vorhersagen oft als falsch herausgestellt.

In Garabandal erschien die Jungfrau wie in Fatima nur einer kleinen Gruppe von Kindern und nicht den Umstehenden. Die nächste Reihe von Erscheinungen war ganz anders. In ihnen erschien die Jungfrau nicht ein paar ausgewählten Individuen, sondern Zehntausenden von Menschen. Diese dramatischen Ereignisse fanden 1968 in Ägypten statt. Sie sind einmalig in den Annalen des Paranormalen. Die außergewöhnlichen Vorfälle wurden fotografiert und sogar gefilmt und erschienen rund um den Erdball in den Nachrichtensendungen.

In der Nacht zum 2. April 1968 arbeiteten zwei Mechaniker in einer Garage in Zeitoun, einem nördlichen Vorort von Kairo. Die Legende sagt, daß Zeitoun an der Stelle steht, wo das Dorf war, in dem Joseph, Maria und Jesus Zuflucht fanden, als sie vor dem Zorn des Herodes flohen, wie es im Neuen Testament beschrieben ist.

Die beiden Mechaniker bemerkten etwas Seltsames auf dem Dach einer orthodoxen koptischen Kirche, die auf der anderen Straßenseite stand. Es schien ihnen, als ob eine Nonne in einem weißen Gewand auf der zentralen Kuppel der Kirche stehen würde und sich an dem Steinkreuz auf ihrer Spitze festhielte. Weil sie dachten, daß sie einen Selbstmordversuch vorhätte, telefonierte einer der Mechaniker nach der Feuerwehr, die sie herunterholen sollte; der andere holte den Priester, der sie überzeugen sollte, nicht zu springen.

Der Priester bemerkte bei seiner Ankunft schnell, daß dies nicht eine Nonne war, die einen Selbstmordversuch vorhatte, sondern etwas ganz anderes. Dann erschien die Polizei, und eine Menschenmenge sammelte sich an. Die Frau in der leuchtendweißen Robe war jetzt in so viel Licht gehüllt, daß es den Nachthimmel erleuchtete.

Nacht für Nacht wiederholte sich die Erscheinung. Menschen pilgerten nach Zeitoun, erst an die Hundert, dann zu Tausenden. Im Laufe der Zeit kamen Hunderttausende von Menschen und wurden Zeugen des Phänomens; die meisten von ihnen Moslems und koptische ChristInnen.

Beobachter stimmten darin überein, daß die Form die einer Frau war. Aber das Licht, das von ihr ausstrahlte, war meistens zu hell, um ihre Züge klar zu erkennen. Ihre Erscheinungen kündigten sich regelmäßig durch rätselhafte Lichter und glühende Wolken an.

Oft glitten große leuchtende Figuren mit Flügeln plötzlich von Osten heran. Bis zu einem Dutzend dieser Objekte wurden gese-

Abb. 18: Erscheinung der Jungfrau Maria auf dem Dach der Kirche in Zeitoun, Ägypten, 1968

hen, die in der Formation eines Kreuzes oder Triangels flogen. Sie verschwanden so abrupt, als wenn jemand das Licht ausknipst. Sehr oft wurde ein leuchtender Vogel beobachtet, der über dem Kopf der Frau schwebte.

Eines Nachts rieselte eine seltsame nebelartige Substanz von der Unterseite einer der kleineren Kuppeln der Kirche herunter. Sie strömte Licht aus und kroch über das ganze Dach, bis der Bau und die Luft um ihn herum aussahen wie in Flammen.

Bei einer anderen Gelegenheit stiegen dicke Schwaden von glühend rotem Weihrauch von der großen Zentralkuppel der Kirche auf. Von irgendwoher erschienen Wolken dieses leuchtenden Weihrauchs und trieben in die gewaltige Menschenmenge herunter, die rund um die Kirche versammelt war. Von Zeit zu Zeit erschien die Frau mit einem deutlich erkennbaren Baby auf einem Arm und einem Olivenzweig im anderen. Manchmal wurde sie von einem Jungen begleitet. Manchmal erschien auch die Gestalt eines Mannes. Diese Gestalten strahlten wie die Frau bläulichweißes Licht aus und waren schwer zu erkennen. Die paranormalen Ereignisse dauerten oft mehrere Stunden. Zum Beispiel begannen sie am 8. Juni 1968 um 9 Uhr abends und dauerten bis 4.30 Uhr morgens.

Es gab viele Berichte über wundersame Heilungen. Im Verlauf der drei Jahre der Erscheinungen wurden Tausende von Menschen spontan von Krankheiten geheilt, darunter Krebs, Arthritis, Blindheit, Lähmung und Brand. Selbst Menschen, die keine Besserung ihrer Krankheiten erwartet hatten, wurden kuriert. Viele dieser Fälle spontaner Heilung wurden von einem Medizinprofessor der Ain Sham Universität dokumentiert; er stand einer Kommission von sieben Ärzten zur Untersuchung der Heilungen vor. Andere Wissenschaftler von ägyptischen Universitäten wurden von ihrer Regierung angewiesen, das Phänomen zu erforschen. Sie entschieden, daß die Erscheinungen echt seien und einen paranormalen Ursprung hätten.

Nach diesen Ergebnissen ordnete die Regierung den Abriß von Gebäuden rund um die Kirche an, um Platz für die anwachsenden großen Besuchermengen zu schaffen, die von überall in der Welt heranströmten. Kurz danach beschlossen einige geschäftstüchtige Bürokraten, die Erscheinungen als Touristenattraktion zu behandeln. Sie riegelten den Bereich rund um die Kirche ab und fingen an, den Leuten Eintrittsgeld abzunehmen. Als das passierte, wurden die Erscheinungen erst blaß und undeutlich, dann hörten sie ganz auf.

Die Erscheinungen von Zeitoun sind außergewöhnlich reich an übernatürlichen Phänomenen. Der Vorgang selbst könnte als Transsubstantiation von Super-Energie in Energie aufgefaßt werden. Diese Kondensation durch die Licht-Grenze könnte die Figuren erklären, die erschienen und auch die mysteriösen Lichter, leuchtenden Nebel und glühenden Weihrauchschwaden. Diese Effekte ähneln den Manifestationen von *Ektoplasma*, die in Séancen des 19. Jahrhunderts üblich waren.

Das herausragende Merkmal dieser Erscheinungen ist natürlich, daß die Jungfrau Maria in unsere Welt einzutreten schien. Sie war in Fatima und Garabandal nur von »VisionärInnen« in Trance gesehen worden. Dagegen war sie in Zeitoun für jeden sichtbar, der zufällig da war. Wie wir bereits gesehen haben, kann auch dieses Phänomen anhand der Transsubstantiation erklärt werden. Die Jungfrau konnte auf der Erde erscheinen, indem sich in jedem Wirbel ihres »angenommenen« Körpers die Energie durch die Licht-Grenze verlangsamte. So gesehen könnte sie, wo immer und wann immer sie wollte, unmittelbar und lautlos erscheinen.

Die Jungfrau kehrte fast auf den Tag 20 Jahre nach dem Beginn der Ereignisse von Garabandal von sich aus und unerwartet zur Erde zurück. Diese neueste Erscheinung der Jungfrau Maria ereignete sich im Außenbezirk von Medjugorje in Jugoslawien. Mehr als 15 Millionen Menschen aus aller Welt sind bis heute zu diesem entlegenen jugoslawischen Dorf gepilgert. Die Erscheinungen dauerten fast ein Jahrzehnt an und stellen damit die längste Serie dar, die je dokumentiert wurde.

Auch die Erscheinungen von Medjugorje wurden von paranormalen Phänomenen begleitet. Es gab 150 dokumentierte Heilungen. Rund um ein Steinkreuz auf der Spitze eines nahegelegenen Hügels erschienen des öfteren starke Lichter, manchmal erschienen nachts seltsame Lichter am Himmel, die die Form des Wortes »Mir« annahmen, was Frieden heißt.

Viele PilgerInnen behaupteten, sie hätten die Sonne tanzen sehen, andere berichteten, daß sich ihre Rosenkränze auf wundersame Weise in Gold verwandelt hätten.

Wie in Fatima und Garabandal erschien Maria in Medjugorje hauptsächlich einer kleinen Gruppe junger Leute. Es heißt, sie habe zu ihnen von Himmel und Hölle gesprochen und ihnen Visionen dieser Zustände vorgeführt. Sie habe ihnen aber versichert, daß »*Gott niemals irgend jemanden zur Hölle schickt*«. Gott ist kein Richter, der Sünder zur Hölle verdammt; die Menschen wählen sich die Hölle selbst. Ihre wesentliche Botschaft war ein Aufruf zum Frieden. Wieder gab es Prophezeiungen. Sie teilte den VisionärInnen zehn Vorhersagen großer Weltereignisse mit, die öffentlich gemacht werden sollen, kurz bevor jedes der Ereignisse stattfindet. Sie sollen dazu dienen, die Erscheinungen zu belegen und den Menschen helfen, an das Übersinnliche zu glauben. Außerdem wird ein übernatürliches Zeichen auf dem Berg erscheinen, wo sie das erste Mal erschienen war.

Im 20. Jahrhundert wurden erstaunlich viele Erscheinungen von Maria aufgezeichnet. Außer denen, die wir beschrieben haben, gab es andere in Frankreich, im Libanon, in der Ukraine und in Irland.

Wie wir im nächsten Kapitel sehen werden, erlebt das 20. Jahrhundert darüber hinaus die Wiederkehr übernatürlicher Wesen aus der heidnischen Tradition.

KAPITEL 9

Die Rückkehr von Pan

In heidnischen Religionen glaubten die Menschen an viele Göttinnen und Götter, die unterschiedliche Rollen hatten. Von einigen wurde angenommen, daß sie auf uns herabsehen, uns von hoch oben beurteilen und manchmal auf spektakuläre Weise herabkommen, um in menschliche Angelegenheiten einzugreifen. Anderen wurde nachgesagt, daß sie hinter den Kulissen arbeiten und auf subtile Weise unsichtbar Anteil an unserer Welt nehmen.

Viele heidnische Traditionen gingen davon aus, daß die natürliche Ordnung das Werk der Götter sei. Die Welt der Natur, hieß es, befinde sich unter der Herrschaft eines bedeutenden Gottes, der als Pan bekannt war. Die Vorstellung war, daß er einer Schar von Naturgeistern vorstand, die für die Einzelheiten zuständig waren.

Die Legende weiß, daß in der Antike Männer und Frauen regelmäßig mit diesen Naturgeistern in Kontakt standen. Heute werden Leute, die behaupten, Gnome, Elfen und Feen zu sehen, im allgemeinen nicht ernst genommen. Es gibt trotzdem Menschen, die behaupten, solche Wesen nicht nur gesehen zu haben, sondern auch, über viele Jahre mit ihnen zusammengearbeitet zu haben. Eine solche Gruppe von Menschen gibt es in Schottland. Sie sind durch ihre dramatischen und fortgesetzten Begegnungen mit Naturgeistern weltberühmt geworden. Diese Ereignisse begannen plötzlich und unerwartet in den frühen 60er Jahren.

Peter Caddy war ein perfekter englischer Gentleman, ein ehemaliger Offizier der Royal Air Force. 1960 hatte er einen guten Posten als Manager eines Luxushotels, mit Blick auf die Moray-Förde in Schottland. Daneben, in der Bay of Findhorn, gab es einen Wohnwagenpark, durch den der Wind pfiff. Wenn er daran vorbeifuhr, kam ihm mehr als einmal der Gedanke in den Sinn: »Komisch, an einem solchen Ort zu leben, dicht an dicht in diesen winzigen Wohnwagen.«

Es war ein schauriger, bitterkalter Tag im November 1962. Mitten durch eisige Windstöße und Schneeböen war Peter Caddy auf dem Weg zum Wohnwagenpark.

Mit seiner Frau Eileen, ihren drei kleinen Söhnen und einer Kollegin vom Hotel, Dorothy Maclean, manövrierte er einen Wohnwagen von neun Metern Länge zu dem trostlosen Platz. Er und seine Familie waren plötzlich und unerwartet von einem doppelten Schicksalsschlag getroffen worden: Arbeitslosigkeit und Obdachlosigkeit.

Die Wochen der Beschäftigungslosigkeit verwandelten sich in Monate und die Monate in Jahre.

Peter bewarb sich um einen Job nach dem anderen, aber ohne Erfolg. Er besaß gute Empfehlungen und Erfahrungen, aber irgend etwas schien ihm immer im Weg zu sein. Er gab seine Versuche nie auf und verlor auch nie die Hoffnung. Er glaubte fest daran, daß sein Schicksal in Gottes Hand lag.

Beamte des örtlichen Arbeitsamtes schienen dieses Gefühl zu teilen. Ein Inspektor, der mit Peter sprach, gab seiner Skepsis Ausdruck. Warum war Peter Caddy mit seinen erstklassigen Referenzen so lange auf staatliche Unterstützung angewiesen? Peter erklärte, er setze volles Vertrauen in Gott und habe in seinen An-

Abb. 19: Peter und Eileen Caddy

strengungen, Arbeit zu finden, niemals nachgelassen, aber irgend etwas scheine seinen Weg zu blockieren.

Der Beamte fragte daraufhin: »Würden Sie sagen, daß Gott Sie daran hindert, einen Job zu finden?«

Peter war verblüfft von dieser unerwarteten Frage. Er hörte sich antworten: »Natürlich, ja, das stimmt.«

»In Ordnung«, sagte der Beamte, »wenn wir Ihnen Ihre Unterstützung streichen, wird vermutlich Gott für Sie sorgen.« Peter mußte zugeben, daß er darauf vertraute, und erhielt von da an keine Arbeitslosenunterstützung mehr.

Peter hatte sich in seinem ersten Frühling in dem Wohnwagenpark entschlossen, mit dem Anbau von Gemüse sein Glück zu versuchen, um sich zu beschäftigen und seine verarmte Familie zu ernähren. Er sah sich einer Aufgabe gegenüber, die ihm unerfüllbar erschien. Er brütete über Gartenbüchern, die aber für fruchtbare Gärten im milden englischen Klima geschrieben waren. Es gab kaum Ratschläge, wie auf einer Sanddüne im kalten, feuchten Klima von Schottland Gemüse angebaut werden könnte. Der Boden um seinen Wohnwagen herum bestand aus Queckengestrüpp, Sand, Kies und Sträuchern, und ständig bliesen salzhaltige Winde von der Nordsee herüber. Schon die Idee, hier Gemüse anzubauen, war bizarr.

Peter kämpfte mit den Quecken in seinem anscheinend hoffnungslosen Versuch, einen Garten anzulegen, Eileen versuchte, durch Meditation eine »Führung« zu erhalten.

Ihr wurde mitgeteilt, daß sie ihre besondere Aufgabe finden würden. Ihr Ehemann solle sich weiter um Jobs bemühen, aber der Zeitpunkt sei noch nicht gekommen.

Peter erschien es am wichtigsten, am Garten weiterzuarbeiten. Er zäunte ein großes Stück Land ein, um es vor Wind und Kaninchen zu schützen. Mit Hilfe von Eileen, Dorothy und den Jungen sammelte er Pferdemist von den umliegenden Feldern. Durch das Anhäufen von Stroh, Seetang und Gemüseabfällen als Kompost errichtete er im Sand eine dürftige Lage Humus und begann zu pflanzen.

Eileen und Dorothy erhielten jetzt Hinweise für den Garten.

Stück für Stück dämmerte ihnen, daß sie an einem bahnbrechenden Experiment teilnahmen. Bei ihrer Arbeit im Garten wurden sie immer mehr von Naturgeistern unterstützt. Die übernatürlichen Wesen hinter der Natur verbanden ihre Kräfte mit ihnen. Die Caddys konnten mit der Hilfe der »kleinen Wesen« – Gnome, Elfen und Feen – etwas schaffen, das für die Welt von Bedeutung war.

Als sie begannen, die Anweisungen zu befolgen, die sie erhielten, verwandelten sich die Dünen. Auf dem Findhorn-Sand, der eigentlich unfruchtbar war wie eine Wüste, wuchsen jetzt Blumen und saftiges grünes Gemüse, die in ihrem Ertrag und ihrer Lebenskraft einmalig waren. Jede Pflanze im Garten gedieh. Innerhalb weniger Monate blühten überall Blumen. Besucher kamen und schüttelten ungläubig die Köpfe; wie konnte es dort so viel Grün und Vitalität geben, wenn rundherum alles trocken und tot war? Später wuchs das Gemüse zu beeindruckender Größe heran. Findhorn wurde für riesige Kohlköpfe berühmt, die annähernd 40 Pfund wogen. Es gab nicht nur genug, um die Caddys zu ernähren, der Garten brachte sogar einen Überschuß hervor, der in der Nachbarschaft verkauft werden konnte.

In den folgenden Jahren wuchs das Ansehen des Gartens, und von weit und breit kamen Menschen, um ihn zu besichtigen. Gartenbauexperten waren völlig sprachlos. Professor R. Lindsay Robb, ein ehemaliger landwirtschaftlicher Berater bei den Vereinten Nationen, berichtete über den Garten:

> Kraft, Gesundheit und Blühen der Pflanzen in diesem Garten mitten im Winter auf fast unfruchtbarem Sand sind weder zu erklären durch die mäßige Kompostbedeckung, noch durch irgendeine andere bekannte biologische Anbaumethode. Da sind andere Faktoren im Spiele. Grundlegende, lebendige Faktoren.

Zu Beginn der Entwicklung des Gartens hatte Dorothy Maclean mit übernatürlichen Wesen kommuniziert, die *Devas* genannt werden – das sind die Geister ganzer Pflanzengattungen. Dorothy stellte eine direkte Verbindung her zwischen der Caddy-Familie und den *Devas*, die sie in ihrer täglichen Arbeit, beim Pflanzen, Pflegen und Ernten anleiteten. Die Devas gaben Ratschläge, wie und wo spezielle Gemüsesorten gepflanzt werden konnten, um die besten Resultate zu erzielen und wo sie besser weggelassen werden sollten.

Dorothy beschreibt die *Devas* in *Der Findhorn-Garten* als Teil einer ganzen Hierarchie von spirituellen Wesen, die mit der natürlichen Welt befaßt sind, »vom erdhaftesten Gnom zum höchsten Erzengel«. Sie erläutert, daß die *Devas* als Architekten gesehen werden könnten, die die Arbeit des Aufbaus von Erdreich, Gemüse und tierischen Formen überwachen.

Abb. 20: Dorothy Maclean

> Die Devas besitzen für alle Formen um uns herum das archetypische Muster, und sie steuern die Energie, die gebraucht wird, um sie zu materialisieren... Während die Devas als »Architekten« der Pflanzenarten gelten können, könnten die Naturgeister oder Urwesen wie Gnome und Feen als Kraftwesen gesehen werden, die den Entwurfsplan umsetzen und die Energie anwenden, die ihnen von den Devas übermittelt wird.

Diese übernatürlichen Wesen arbeiten, so wie Dorothy es darstellt, direkt mit Energie. Sie fassen den Garten nicht als Materie auf, sondern als Energieformen hinter der physikalischen Struktur, die wir sehen. Sie zitiert sie:

> Wir sehen die Dinge nicht wie du sie siehst, als feste, äußerliche Materialisationen, sondern in ihrer inneren, lebensspendenden Bedeutung. Wir arbeiten mit dem, was sich hinter dem befindet, was du siehst oder anfaßt. Aber beides ist miteinander verbunden, wie unterschiedliche Oktaven derselben Melodie.

Für sie war der Garten nicht eine Ansammlung unterschiedlicher Formen und Farben,

> ... sondern eher Linien von Energie, die sich bewegen ... innerhalb dieses Energiefeldes war jede Pflanze ein individueller Wirbel von Aktivität.

Zwischen dieser Hierarchie von Geistern und den Menschen ergab sich eine weitere unschätzbare Verbindung durch einen Schotten, R. Ogilvie Crombie, der in enge Verbindung mit Findhorn kam. Crombie, der liebevoll »Roc« genannt wurde, kommunizierte direkt mit einzelnen Naturgeistern. Roc konnte spezielle Botschaften an die Caddys übermitteln, die im Garten arbeiteten. Zum Beispiel informierte er Peter Caddy, der dabei war, einige Stechginsterbüsche zu beschneiden, darüber, daß er die Gnome störte!

Roc widerstrebte es zuerst, öffentlich über seine außergewöhnlichen Erfahrungen zu sprechen. Wie die meisten Leute neigte er dazu, den Glauben an Gnome, Elfen und Feen als Aberglauben abzutun. Aber mit der Zeit wurde er von der Realität dieser Wesen überzeugt und sprach ganz offen über sie. Der folgende Bericht ist seiner Beschreibung einer Reihe spektakulärer Erfahrungen entnommen. Wir geben ihm hier Raum, weil er auf die Möglichkeit hindeutet, daß nicht nur Naturgeister, sondern auch die Götter der altertümlichen Mythologie mehr als bloße Fantasieprodukte sind.

Eines Nachmittags im März 1966 ging Roc in den Royal Botanic Gardens of Edinburgh spazieren. Er setzte sich unter eine ausladende Buche. Plötzlich bemerkte er eine kleine Figur, die in gut 20 Metern Entfernung vor ihm tanzte. Sie war etwa 1 Meter groß. Er stellte erstaunt fest, daß es sich um einen Faun handelte, so wie

Abb. 21: R.Ogilvie Crombie – »Roc«

er in der Mythologie beschrieben ist. Er war halb Mensch, halb Tier. Er hatte spitze Ohren, ein spitzes Kinn und zwei kleine Hörner auf seiner Stirn. Seine zotteligen Beine endeten in gespaltenen Hufen, und seine Haut war honigfarben. Die Kreatur schien ganz real und körperlich zu sein – Roc hatte erst vermutet, es wäre ein Schuljunge, der für eine Aufführung kostümiert war. Er beobachtete ihn erstaunt und mochte kaum seinen Augen trauen.

Der Faun tanzte zu Roc hinüber und setzte sich vor ihn hin. Roc beugte sich vor und sagte: »Hallo!«

Der Faun sprang verblüfft auf seine Füße. »Kannst du mich sehen?« fragte er.

»Ja«, antwortete Roc.

Der Faun erwiderte: »Das glaube ich nicht. Menschen können uns nicht sehen!« Er bat Roc, sein Aussehen zu beschreiben und das, was er tat. Dann tanzte der Faun in kleinen Kreisen und fragte ihn, was er täte. Roc beschrieb seine Possen, woraufhin der Faun entgegnete: »Du mußt mich sehen!«

Der Faun, dessen Name Kurmos war, setzte sich dann neben Roc und fragte: »Warum sind menschliche Wesen so dumm?« Viele Naturgeister, sagte er, hätten das Interesse an der menschlichen Rasse verloren, seit sie das Gefühl bekommen hätten, daß nicht an sie geglaubt würde und daß sie unerwünscht seien. »Wenn Ihr denkt, Ihr kommt ohne uns klar, versucht es doch!«

Kurmos erzählte, daß er in den Gärten lebte und daß seine Arbeit darin bestand, den Bäumen beim Wachsen zu helfen. Roc lud ihn ein, mit in seine Wohnung zu kommen. Der Faun war vorher noch nie in einer menschlichen Wohnung gewesen und nahm die Einladung entzückt an. Als Roc mit Kurmos an seiner Seite durch Edinburghs Straßen wanderte, fragte er sich, wie die geschäftigen Passanten wohl reagieren würden, wenn sie sehen könnten, was er sah.

In Rocs Wohnung war Kurmos von den Buchreihen in den Bücherregalen fasziniert. Roc erklärte ihm, wofür sie da sind, was Kurmos verblüffte. »Warum?« rief er aus. »Du kannst doch bestimmt alles Wissen bekommen, das du haben willst, einfach indem du es willst!« Als Kurmos die Wohnung verließ, rannte er leichtfüßig die Treppen hinunter, verschwand aber, bevor er die Haustür erreicht hatte.

Das nächste Mal, als Roc den Botanischen Garten besuchte, rief er den Namen des Fauns und Kurmos erschien. Aus diesen ungewöhnlichen Treffen zog Roc tiefe Befriedigung. Sie stellten sich aber als das Vorspiel für noch erstaunlichere Vorfälle heraus.

Einmal im April ging Roc spätabends die Princes Street in Edinburgh entlang.

Plötzlich trat er in eine außergewöhnliche Atmosphäre ein. Sie war dichter als Luft und verschaffte ihm ein Gefühl von Wärme und ein Kribbeln, wie eine Mischung aus Nadelstichen und kleinen elektrischen Schlägen. Gleichzeitig war seine Aufmerksamkeit erhöht, und er hatte ein großartiges Gefühl der Erwartung.

Dann bemerkte er, daß er nicht allein war. Ein Faun, der größer war als er, wanderte an seiner Seite. Er strahlte enorme Kraft aus. Ruhig gingen sie noch ein bißchen weiter. Plötzlich drehte er sich zu Roc und wisperte: »Nun, hast du keine Angst vor mir?«

»Nein«, entgegnete Roc.

»Warum nicht? Alle menschlichen Wesen haben vor mir Angst!« rief die außergewöhnliche Figur.

»Ich fühle nichts Böses in deiner Gegenwart«, erklärte Roc. »Ich sehe keinen Grund, warum du mir etwas antun solltest.«

»Weißt du, wer ich bin?« fragte er.

In diesem Augenblick wurde ihm plötzlich klar, wer die Figur war. »Du bist der große Gott Pan!«

»Dann solltest du Angst haben«, antwortete Pan. »Euer Wort Panik kommt von der Furcht, die meine Anwesenheit auslöst.«

»Nicht immer«, sagte Roc ruhig und leise, »ich habe keine Angst.«

»Kannst du mir einen Grund dafür nennen?« fragte Pan.

»Es liegt vielleicht daran, daß ich mich zu deinen Untertanen hingezogen fühle, den Erdgeistern und Waldwesen«, erklärte Roc.

»Glaubst du an meine Untertanen?«

»Ja!«

»Liebst du meine Untertanen?«

»Ja, das tue ich.«

»Wenn das so ist, liebst du mich?«

»Warum nicht?«

»Liebst du mich?«

»Ja!«

Pan blickte Roc an, mit einem seltsamen Lächeln und einem tiefen Glitzern in seinen geheimnisvollen braunen Augen. »Du weißt natürlich, daß ich der Teufel bin!« wisperte er. »Gerade hast du gesagt, du liebst den Teufel!«

»Nein, du bist nicht der Teufel«, erwiderte Roc. »Du bist der Gott der Wälder, Weiden und Felder. In dir ist kein Teufel, du bist Pan.«

»Hat mich die frühe christliche Kirche nicht als Modell für den Teufel genommen?« ereiferte sich Pan. »Sieh dir meine gespaltenen Hufe an, meine zotteligen Beine und die Hörner auf meiner Stirn!«

»Das stimmt! Aber die Kirche hat alle heidnischen Götter und Geister zu Teufeln, Unholden und Kobolden gemacht«, antwortete Roc.

»Hat sich die Kirche denn geirrt?« drängte Pan.

»Die Kirche handelte mit den besten Absichten«, erklärte Roc, »aber es war falsch. Die althergebrachten Götter sind nicht unbedingt Teufel.«

Pan ging jetzt sehr dicht neben Roc. »Dir macht es nichts aus, daß ich neben dir gehe?« fragte er. »Du fühlst wirklich nicht Widerwillen oder Furcht?«

»Überhaupt nicht.«

»Ausgezeichnet!« rief Pan aus.

Roc fragte Pan dann, ob er seine Flöten dabei hätte. Pan lächelte über die Frage und erwiderte: »Du weißt, daß ich sie habe.« Und da waren sie, zwischen seinen Händen.

Pan spielte eine seltsame Melodie. Roc stellte fest, daß er sie schon früher in den Wäldern gehört hatte, sie war aber so unfaßbar gewesen, daß er sich hinterher nie an sie erinnern konnte. Unterdessen hatten sie Rocs Zuhause erreicht. Als Roc auf die Eingangstür zuging, verschwand Pan.

Im Mai besuchten Roc und Peter Caddy die kleine Insel Iona vor der schottischen Küste. Sie standen in einem Steinring, dem Ort einer Einsiedlerzelle. Es heißt, daß sich St. Columba an diesen Ort zurückgezogen hatte.

Plötzlich entdeckte Roc eine große Gestalt, die vor ihm auf dem Boden lag. Es schien ein Mönch in einem braunen Gewand zu sein, der eine Kapuze über dem Kopf hatte.

Die Figur erhob sich leise vom Boden und schob die Kapuze zurück. Es war Pan.

Er lächelte und erklärte:

> Ich bin der Diener des allmächtigen Gottes. Ich und meine Untertanen sind bereit, dem Menschen zu Hilfe zu kommen – trotz der Art, wie er uns behandelt und die Natur mißbraucht – wenn er an uns glaubt und uns um unsere Hilfe bittet.

Roc traf Pan im September wieder. Roc hatte an einem Wochenendkurs teilgenommen, den Sir George Trevelyan in Attingham Park leitete, einem Erwachsenenbildungs- und Versammlungszentrum in einem staatlichen Haus in Shropshire. Was dann geschah, schildert Roc so:

> Bevor ich am Montagmorgen heimfuhr, hatte ich noch das Bedürfnis, den sogenannten »Mile Walk« in den ausgedehnten und schönen Parkanlagen von Attingham zu gehen. Ich folgte dem Mile Walk, bis ich zu dem Rhododendron Walk kam, der von manchen als Ort großer spiritueller Kraft angesehen wird. An seinem Eingang steht eine große Zeder mit einer Bank daneben. Ich setzte mich einige Zeit und erfreute mich an der Schönheit des Platzes. Nach einer Weile stand ich wieder auf und nahm den Rhododendron Walk. Als ich den Weg ging, fühlte ich eine sehr starke Konzentration von Kraft, und meine Wahrnehmung wuchs wieder in hohem Grade an. Farben und Formen wurden leuchtender und klarer. Ich nahm jedes einzelne Blatt an Büschen und Bäumen bewußt wahr, jeden Grashalm am Wege, in unvorstellbarer Deutlichkeit. Die physische Wirklichkeit mußte noch klarer gewesen sein; eine seltsame Schärfung meines Sehvermögens ließ es so erscheinen. Das ist ein so überwältigendes Erlebnis, daß man es unmöglich in Worte fassen kann. Alles war ungeheuer lebendig und wirklich, Innen und Außen fast bedrohlich nahe Realität. Es war ein so klares Gefühl, in vollkommener Weise eins zu sein mit der Natur, wie auch eins mit dem Göttlichen; ein tiefes Glücksgefühl erfüllte mich.
>
> Ich fühlte daß Pan an meiner Seite ging; da war eine sehr starke Verbindung zwischen uns. Er trat hinter mich und dann in mich hinein. Wir wurden eins, und ich sah alles um mich herum mit seinen Augen. Gleichzeitig war ein Teil von mir – der aufnehmende, beobachtende Teil – beiseite getreten. Dieses Erlebnis war nicht eine Form der Besitzergreifung, sondern Identifizierung.
>
> Im dem Moment, als er in mich trat, füllten sich die Wälder mit Myriaden von Lebewesen – Elementargeister, Nymphen, Dryaden, Faune, Elfen, Gnome, Feen – viel zu zahlreich, als daß ich sie hätte

> einordnen können. Sie unterschieden sich schon durch die Größe: Da waren ganz kleine Wesen, die ein Bruchteil eines Zentimeters groß waren; sie schwärmten über eine Gruppe von Giftpilzen. Am größten waren wunderschöne Elfenwesen, etwa einen Meter hoch. Alle begrüßten mich voller Freude, einige von ihnen umtanzten mich im Kreise. Die Naturgeister lieben ihre Arbeit und haben ihre Freude daran, der sie in der Bewegung, im Tanz Ausdruck geben.
>
> Ich hatte das Gefühl, außerhalb von Zeit und Raum zu sein. Alles geschah im Jetzt. Es ist unmöglich, mehr als einen schwachen Eindruck von der Unmittelbarkeit dieses Erlebnisses weiterzugeben, aber ich möchte dieses Gefühl des Entzückens, der Freude und Begeisterung, die ich dabei empfand, betonen. Trotz der intensiven Fröhlichkeit herrschte ein tiefer Frieden, ein Wohlgefühl und ein volles geistiges Bewußtsein.

Die Ereignisse und Vorstellungen, die mit dem Findhorn-Garten in Verbindung gebracht werden, mögen von vielen Leuten als weit hergeholt angesehen werden. Diese ungewöhnlichen Erfahrungen des Übernatürlichen sind leicht von der Hand zu weisen oder als absurd abzutun. Vielleicht behandeln Skeptiker diese Vorgänge als Wunschdenken; es kann leicht gesagt werden, daß diese Erlebnisse eben nur im Geist stattfanden. Es wird oft angenommen, daß Pan und die Naturgeister nicht real sind, daß sie reine Halluzinationen oder Fantasieprodukte sind.

Viele Leute halten Engel, Feen und dergleichen für pure psychische Phänomene und unterstellen, daß sie nur in den Köpfen von denjenigen existieren, die behaupten, sie zu sehen. Wir sind dagegen der Meinung, daß diese übernatürlichen Wesenheiten nicht rein »geistige« Fantasien sind, sondern reale Energieformen, die mit Fähigkeiten wahrgenommen werden können, die die meisten von uns offenbar verloren haben. Wir glauben nicht an sie, weil wir für diese Realität blind sind.

Roc war als Wissenschaftler geschult und räumt ein, daß das Bewußtsein bei seinen »Gesprächen« eine wesentliche Rolle spielt. Er sieht dabei nicht mit seinen Augen und hört nicht mit seinen Ohren. Wesen wie Kurmos, die in den Gärten »leben«, sind Bewohner einer anderen Existenzebene. Die Worte, die er in seinem Kopf hört, sagt Roc, tauchen möglicherweise als Gedanken auf, die in seinen Geist projiziert und dann von seinem Bewußtsein übersetzt werden.

Das Bewußtsein ist bei diesen Erlebnissen offenbar beteiligt. Seine Rolle könnte darin bestehen, Energiefeldern, die ansonsten formlos sind, eine Form zu geben. Es ist nicht so, daß diese Wesen nur Mythen sind, wir kleiden sie in ein vertrautes mythologisches Gewand, das vielleicht aus dem kollektiven Unbewußten stammt.

Diese Ideen werden gestützt durch Dorothy Macleans Wahrnehmung der Naturgeister. Nach ihr haben diese Wesen keine besondere Form. Ihre Form verändert sich, wenn sie sich von einem Reich zum andern bewegen. Im Kontakt mit Menschen werden sie in einer Form sichtbar, die für uns *verständlich* ist:

> Ihre Formen spiegeln ihre Funktionen wider. Ein Zwerg wird zum Beispiel normalerweise mit einer Spitzhacke dargestellt, was auf unsere menschliche Vorstellung seiner Arbeit mit dem mineralischen Reich hindeutet. Engel werden andererseits mit Flügeln gemalt und oft so, als würden sie etwas tragen...

Mit anderen Worten, diese Wesen scheinen eine bestimmte Form zu haben, aber sie sind nicht wirklich auf eine Gestalt oder einen Ort beschränkt. Pan ist zum Beispiel eine »universelle Energie«.

Die meisten von uns nehmen heute keine Naturgeister oder anderen übernatürlichen Wesen mehr wahr. Wir haben nicht die nötige Empfindsamkeit, um sie zu sehen; Kurmos, der Faun, war sehr überrascht, daß er von Roc gesehen wurde; er war es gewohnt, unsichtbar zu sein.

Trotzdem scheint es so zu sein, daß übernatürliche Wesen uns genau im Blick haben. Kurmos, Pan und die Gnome im Garten von Findhorn waren alle sehr mit Menschen vertraut.

Übernatürliche Wesen können unsere Welt wahrnehmen, weil sie in ihre umfassendere Domäne fällt; unsere Welt ist Teil der größeren, übernatürlichen Umgebung. Es ist, als ob diese Naturgeister eben nur außerhalb unserer Raum-Zeit sind und uns von hinter der Lichtgrenze beobachten. Die Lichtgrenze könnte mit einem Einweg-Spiegel verglichen werden. Für die meisten von uns ist er völlig undurchsichtig. Wir können nicht durch ihn in andere Welten »sehen«. Übernatürliche Wesen sind aber offenbar in der Lage, durch ihn hindurch auf uns zu blicken.

Wir nehmen die physikalische Welt durch unsere Sinne wahr, die Energieformen in unserer Umwelt entdecken, in Nervensignale umwandeln und diese Informationen als Schwingungen an unser

Gehirn weiterleiten. In den höheren Bereichen müssen intelligente Wesen in der Lage sein, Super-Energie direkt wahrzunehmen, um ihre Welt zu erleben. Sie könnten darüber hinaus in der Lage sein, sich auf die Schwingungen der langsameren Energie in unserem physikalischen Bereich einzustellen. Auf diese Weise könnten sie Licht und Materie wahrnehmen.

Als Menschen haben wir nur ein begrenztes Wahrnehmungsvermögen für Energie. Unser Sehsinn ist zum Beispiel auf das sichtbare Spektrum begrenzt. Könnten wir Röntgenstrahlen sehen, hätten wir ein völlig anderes Weltbild. Selbst in der physikalischen Welt gibt es vieles, demgegenüber wir blind sind.

Wesen in den höheren Bereichen könnten in ähnlicher Weise begrenzt sein. Sie würden in unserem Bereich nicht alles in genau derselben Weise oder genau demselben Umfang wahrnehmen, wie wir es tun. Manche Bewohner höherer Bereiche »sehen« unsere Welt vielleicht so wie wir. Andere dagegen, die auf einem anderen Frequenzband operieren, könnten die Energiemuster wahrnehmen, die hinter den physikalischen Formen in unserer Welt liegen und die für uns unsichtbar sind. Noch andere nehmen uns vielleicht überhaupt nicht wahr.

Diese Vorstellung wird durch die Erfahrungen von Findhorn bestätigt. Durch Dorothy Macleans Bericht wird stark nahegelegt, daß Naturgeister mit Energie arbeiten, die jenseits der physikalischen Formen unserer Welt ist, nicht mit Materie selbst. Sie nehmen mehr die Energie hinter den Pflanzen wahr, als die Pflanzen selbst.

Der Gedanke, daß hinter den Kulissen Naturgeister am Werk sind, hat bei manchen Leuten zu einem neuen Herangehen an die Probleme der Umweltverschmutzung und des Treibhauseffekts geführt. Traditionellerweise wird angenommen, daß jedes Element speziell dafür zuständigen »Elementargeistern« unterstellt ist: die Luft den *Sylphen*, das Wasser den *Undinen*, *Gnomen* die Erde und *Salamandern* das Feuer; manche Menschen glauben, daß wir viele unserer ökologischen Probleme wirksam angehen könnten, wenn wir die Zusammenarbeit mit diesen Wesen suchen würden. Eine solche Form der Kooperation war letztlich der Kern des Findhorn-Experimentes. Diese Wesen werden aber nicht einfach von sich aus die Probleme lösen, die der Mensch geschaffen hat. Die Initiative muß vom Menschen ausgehen.

Es wäre irreführend, dies Kapitel abzuschließen, ohne über die heutige Rolle von Findhorn zu berichten. Findhorn ist aus den Anfängen zu einer spirituellen Gemeinschaft mit breiten Grundlagen angewachsen, die rund 200 Mitglieder hat. Der Garten spielt immer noch eine große Rolle, aber die Gemeinschaft hat ihre Vision der Kooperation auf andere Aktivitätsbereiche ausgedehnt und genießt in der ganzen Welt hohes Ansehen als einer der Brennpunkte des »New Age«-Bewußtseins.

Einige Menschen nehmen an, daß das übersinnliche Bewußtsein, das früher viele Menschen hatten, eines Tages zurückkehren wird. Dann könnten sich die außergewöhnlichen Ereignisse, die die Anfänge von Findhorn umgeben, als ein Anfang neuer menschlicher Erfahrungen herausstellen. Diejenigen, die behaupten, Feen, Elfen und Gnome zu sehen, wie sie in der Natur arbeiten, erkennen unter Umständen eine Realität, die in der Zukunft viele Menschen erfahren werden.

Zum Beispiel könnte das rätselhafte Phänomen der Kornkreise auf diese verborgene Realität hinweisen. Kornkreise, die sich auszubreiten scheinen, könnten eine Art sein, auf die Naturgeister mit den Menschen wechselwirken. Je größer das Interesse der Menschen ist, desto reichlicher und komplexer scheinen die Muster zu werden. Es könnte sein, daß wir bei den Kornkreisen die Naturgeister am Werk sehen, die mit der Menschheit spielen. Wenn beispielsweise zwei führende Forscher zueinander sagen, daß sie jetzt »das Phänomen am Schwanz gepackt« hätten, könnte ihnen das einige Tage später durch das Auftauchen eines gewaltigen Kreises mit einem prächtigen Schwanz heimgezahlt werden. Es erschienen keine Kreise, als eine Kornwache eingerichtet wurde; sowie sich die Wächter aber zerstreuten, stellten sie fest, daß in einem Feld hinter ihnen auf mysteriöse Weise ein Kreis erschienen war. Dieses spielerische Verhalten ist typisch für manche Naturgeister, die wie kleine Kinder aufblühen, wenn sie beachtet werden, und sich über ihre Streiche freuen.

Wir denken oft, daß eine Atmosphäre von Furcht das Übernatürliche umgibt. Übernatürliche Wesen haben sicher Macht, aber sie sind nicht unbedingt böswillig. Wir könnten sie weitgehend so betrachten wie Menschen auf der Erde. Sie sind einfach Wesen ohne physikalische Körper, und sie unterscheiden sich untereinander

ander genauso, wie wir es tun. Einige können manchmal mutwillig sein, aber es wäre lächerlich, sich prinzipiell vor Faunen, Feen und Gnomen zu fürchten. In der Vergangenheit wurden viele übernatürliche Wesen als bösartig verurteilt. In Wirklichkeit könnte es sein, daß das Böse seinen Ursprung zum größten Teil im Schatten des menschlichen Geistes hat, aus dem heraus es auf die höheren Bereiche projiziert wird.

Ist die Erde wirklich ein Garten, in dem die Naturgeister arbeiten? Wenn hinter der Natur wirklich übernatürliche Wesen am Werk sind, wie gehen sie vor? Wenn sie im Leben auf der Erde eine wichtige Rolle spielen, welchen Sinn ergibt das im Licht der modernen Biologie? Wir werden es im nächsten Kapitel sehen.

KAPITEL 10

Das Geheimnis des Lebens

Früher wurde das Leben als etwas Heiliges angesehen, das von Gottes Hand geschaffen ist. Für die meisten Menschen spielt heute in der Natur das Göttliche keine Rolle mehr; sie erwarten statt dessen, daß ihnen das Geheimnis des Lebens von der Wissenschaft erklärt wird. Auf Universitäten und in biologischen Forschungslabors ist für Pan kein Platz. Die meisten BiologInnen würden die Vorstellung als völlig absurd bezeichnen, daß Naturgeister für die Ordnung des Lebens auf der Erde zuständig sind. Selbst die Vorstellung von Gott als Schöpfer ist überflüssig geworden.

Die moderne Biologie hat das Leben auf das Wechselspiel von Atomen und Molekülen, auf pure Biochemie reduziert. BiologInnen gestehen wohl zu, daß noch große Probleme zu lösen sind. Insgesamt glauben sie aber, daß das Leben am Ende vollständig erklärt sein wird, und zwar mit den vorhandenen biologischen Prinzipien. Einige nehmen sogar an, daß die Biologie kurz vor der Erfüllung dieser Aufgabe steht.

Die wissenschaftliche Anschauung vom Leben kreist um die Evolutionstheorie, die von Charles Darwin (1809–1882) entwickelt wurde. Darwins Theorie scheint die Vorstellung eines göttlichen Schöpfers und Planers völlig überflüssig zu machen. Sie erklärt den Ursprung und die Vielfalt des Lebens ohne Bezug auf irgend etwas Übernatürliches.

Darwins Idee war, daß sich das Leben auf der Erde ganz spontan entwickelte; das erste Aufflackern des Lebens entstand danach als ein Resultat der zufälligen Verbindung chemischer Substanzen. Darwin stellte sich den Schmelztiegel des Lebens, in dem diese Reaktionen zum erstenmal stattfanden, als »irgendeinen warmen kleinen Tümpel« vor. Heute sprechen die WissenschaftlerInnen von der »Ursuppe« in den frühen Meeren. Sie nehmen an, daß hier Chemikalien wie Stickstoff, Kohlenstoff, Sauerstoff und Wasserstoff miteinander reagierten und die Grundbausteine des Lebens bildeten. Im Lauf der Zeit verbanden sie sich und bildeten die ersten primitiven Zellen, die dann wieder zusammenkamen und vielzellige Organismen hervorbrachten. Im Verlauf von Millionen von Jahren entwickelten aufeinanderfolgende Generationen von Organismen winzige Veränderungen. Durch einen Prozeß »natürlicher Auslese« gelang es Nachkommen mit solchen Eigenschaften, die sie in ihrem Überlebenskampf begünstigten, ihre Art zu reproduzieren; diejenigen mit nachteiligen Merkmalen gingen unter. In dieser unbarmherzigen natürlichen Auslese überlebten nur günstige Variationen. Es wird angenommen, daß dieser allmähliche Prozeß über Millionen und Abermillionen Jahre alle unterschiedlichen Pflanzen- und Tierarten selektiert hat. In Charles Darwins eigenen Worten:

> Die natürliche Auslese überprüft täglich und stündlich allüberall in der ganzen Welt still und unsichtbar die geringsten Veränderungen und verwirft sie, sobald sie schlecht sind und erhält und vermehrt sie, sobald sie gut sind.

Darwins Vorstellungen waren für FreidenkerInnen des 19. und 20. Jahrhunderts eine großartige Quelle der Inspiration. Die Evolutionstheorie war eine bedeutende Erkenntnis. In der Botanik und Zoologie existieren heute Beweise von enormem Gewicht, die sie stützen. Nur wenige WissenschaftlerInnen bezweifeln, daß auf der Erde ein Evolutionsprozeß vor sich geht.

Es gibt unzählige Beispiele für die Arbeit des Evolutionsprozesses und der natürlichen Auslese. Die Entwicklung der Würmer ist ein gutes Beispiel dafür. Die ersten vielzelligen Tiere hatten zwischen ihrer äußeren Hautoberfläche und der inneren Wand ihrer Gedärme nur eine zellenlose Stützlamelle. Die Korallen und Quallen sind Beispiele für diese primitiven zweischichtigen Tierarten. Ihrer bescheidenen kleinen Repräsentantin, der *Hydra*, sind viele in den Biologielabors der Schulen oder Universitäten begegnet.

Diese Organismen waren sehr erfolgreich, wenn sie fest auf einer Stelle wurzelten. Sie saßen dann, wie die Seeanemone, im Wasser, wedelten mit ihren Fangarmen und waren bereit, winzige Nahrungsteilchen einzufangen, die an ihnen vorbeikamen. Es ergaben sich aber Probleme, wenn sich diese einfachen zweischichtigen Tiere bewegten.

Die frühesten Wurmarten basierten auf dem zweilagigen Modell. Die Fortbewegung der Würmer beruht auf Kontraktionswellen, die sich durch ihren Körper fortsetzen. Aber genau diesen Prozeß, der als Peristaltik bekannt ist, benutzt der Darm, um Nahrung aufzunehmen.

Diese frühen Würmer hatten ein echtes Problem. Weil es zwischen ihrer Haut und ihrem Darm keine Trennung gab, setzte ihre Bewegung zur Nahrung hin andrerseits Nahrung voraus, die schon aufgenommen worden war und verdaut wurde. Sobald sie irgendeine Nahrung gefunden hatten, bewegten sie sich durch die Aktion des Hinunterschluckens in dem Moment von ihr weg, wo sie zu essen anfingen. Sie hatten einen Konstruktionsfehler, der ihnen das »Leben in freier Wildbahn« sehr schwer machte. Um zu essen, mußten sie sich bewegen, aber sie konnten nicht essen, ohne sich zu bewegen.

Der strenge Prozeß natürlicher Auslese hatte diese unglücklichen Kreaturen vielleicht schon zum Untergang verurteilt. Aber sie überlisteten ihren Scharfrichter und paßten sich statt dessen an. Sie fanden eine Nische, in der sie essen konnten, ohne sich zu bewegen: sie wurden zu Parasiten. Ihre modernen Nachkommen sind die Plattwürmer, die die schreckliche Krankheit Bilharzose übertragen, an der Millionen Menschen in Afrika und Asien leiden, und die Leberegel, die Schafe und anderes Vieh befallen, ganz zu schweigen von den ekelhaften Bandwürmern.

Plötzlich erschien auf der Bildfläche ein Wurm mit einem Spalt zwischen seinem Darm und seiner Haut. Diese Kreatur konnte sich bewegen, ohne ihre Verdauung durcheinanderzubringen, und essen, ohne die Tafel zwischen jedem Bissen zu verlassen. Der Regenwurm ist ein Beispiel dieses verbesserten Wurmmodells. Alle Tiere, die sich fortbewegen, uns eingeschlossen, haben seitdem diese »Design-Verbesserung« eingebaut. Wir alle haben zwischen Darm und Haut eine Höhle in einer dritten Gewebelage.

Nach Darwin erfolgte diese Art der Entwicklung durch zufällige genetische Abweichungen.

Unter Millionen früher Würmer, die sich abmühten, zu essen, ohne sich zu bewegen und sich zu bewegen, ohne auszuscheiden, mußte dieser Theorie nach irgendwann eine solche Veränderung auftreten. Eine glückliche Variante mußte herauskommen, bei der zwischen dem Darm und der Haut eines Wurms ein Hohlraum vorhanden war. Diese Kreatur, die essen konnte, ohne sich gleichzeitig zu bewegen, wäre gegenüber ihren Gefährtinnen im Vorteil gewesen. Sie hätte diese vorteilhafte Eigenschaft dann zukünftigen Generationen weitergegeben.

In unserem Jahrhundert hat die Entdeckung der DNA ein Verständnis innerer Mechanismen ermöglicht, das Darwin fehlte. Das DNA-Molekül wurde als das genetische Material identifiziert, durch das charakteristische Merkmale von Generation zu Generation weitervererbt werden. Das grundlegende Darwinsche Konzept zufälliger Variation wurde neu formuliert als zufällige Veränderung in der DNA.

So wuchs eine Schule des Neodarwinismus heran, die Darwins ursprüngliche Theorie verfeinert hat. Die eigentliche Darwinsche Anschauung, daß die Evolution grundsätzlich auf Zufall beruht, besteht aber unverändert weiter.

Trotzdem gibt es immer noch Widerstand gegen die Evolutionstheorie. Viele Menschen können einfach nicht glauben, daß zufällige Veränderungen in der chemischen Struktur der DNA ausreichen, um die Evolution zu erklären. Sie weigern sich, zu akzeptieren, daß die erstaunliche Vielfalt des Lebens nur auf blindem Zufall beruhen soll, ohne Intelligenz oder Plan dahinter.

Ein Argument gegen die Darwinsche Evolutionstheorie bezieht sich auf die mangelnde Häufigkeit günstiger Variationen. Moderne BiologInnen sind davon überzeugt, daß alle Veränderungen in der DNA auf Fehlern in ihrer Übertragung beruhen. Aber die Struktur der DNA ist bemerkenswert stabil. Es erstaunt selbst die WissenschaftlerInnen, wie selten in den unzähligen Kopien der DNA Fehler auftreten. Wenn Fehler auftreten, sind sie darüber hinaus nur sehr selten vorteilhaft. Wie wahrscheinlich ist es, daß allein durch Zufall ausreichend viele günstige Variationen auftreten können? Die Jahrmillionen in der Geschichte des Planeten reichen nach diesem Argument nicht aus, um durch diesen zufälligen Prozeß die erstaunliche Vielfalt und Komplexität des Lebens zu produzieren.

Andere Zweifel betreffen die Rolle der DNA. Es ist nicht erwiesen, daß für die großen Unterschiede der Arten einzig die Unterschiede in der DNA verantwortlich sind. Es gibt zum Beispiel nur einen kleinen Unterschied zwischen der DNA von Menschen und der von Schimpansen; eng verwandte Mäusearten unterscheiden sich in ihrer DNA mehr als Menschen und Schimpansen. Außerdem scheint nur ungefähr 1% der DNA genetisch genutzt zu werden. Für manche Menschen scheint die DNA einen umfassenden »Pool der Möglichkeiten« darzustellen. In einem Schimpansen schaltet vielleicht irgend etwas eine Gruppe von Genen anders ein als im Menschen. Vielleicht wählt irgendein äußerer Faktor besondere genetische Muster aus dem Pool aus, während andere ungenutzt brachliegen. Ein Wissenschaftler, der lautstark gegen Darwins Evolutionstheorie zu Felde zieht, ist der Astronom Sir Fred Hoyle. In seinem Buch *The Intelligent Universe* [Das intelligente Universum] gelangt er zu dem Schluß, daß die Evolution von Intelligenz gesteuert sein muß. Er spekuliert sogar über »Gottheiten« – unsichtbare intelligente Mächte, die als »Manager« der Evolution handeln. Hoyle hält es für sehr unwahrscheinlich, daß sich Leben ohne den Eingriff von Intelligenz aus nichtlebender Materie entwickelt haben könnte. Wie er sagt,

> ... ist der Ursprung des Lebens offensichtlich ganz überwiegend eine Frage des Arrangements; ganz gewöhnliche Atome werden zu sehr speziellen Strukturen und Abfolgen angeordnet. Aus der Physik können wir lernen, daß unbelebte Prozesse dazu tendieren, die Ordnung zu zerstören; intelligente Steuerung ist besonders erfolgreich darin, Ordnung im Chaos zu schaffen. Sie könnten sogar sagen, daß sich Intelligenz am effektivsten im Ordnen von Dingen erweist, also in genau dem, was der Ursprung des Lebens erfordert.

Neodarwinisten leugnen vehement, daß bei Ursprung und Evolution des Lebens Intelligenz oder irgendein anderer äußerer Faktor beteiligt ist. In seinem berühmten Buch *Der blinde Uhrmacher* besteht der Oxforder Biologe Richard Dawkins ausdrücklich auf diesem Punkt. In der Natur existiert komplexe Organisation – aber es gibt keinen übergeordneten Sinn in der Richtung und ganz sicher keinen Designer. Der Prozeß natürlicher Auslese, der die Evolution vorantreibt, ist völlig blind. Dawkins gesteht zu, daß Ursprung und Evolution des Lebens eine ganze Reihe sehr unwahrscheinlicher Vorgänge nötig machen. Über Millionen und Abermillionen von Jahren können aus seiner Sicht aber »geradezu Wunder« geschehen sein. Evolution ist kumulativ. Jeder winzige Schritt baut auf alle anderen auf. Der Prozeß könnte mit ein paar »glücklichen Durchbrüchen« eine weite Strecke zurücklegen.

Weil es denkbar ist, daß Evolution auf diese Weise stattgefunden haben könnte, argumentieren Biologen wie Dawkins, daß äußere Faktoren nicht notwendig sind. Sie glauben, daß allein der Zufall für die Variationen verantwortlich ist, die durch natürliche Auslese selektiert worden sind – und daß die Variationen selbst nur Kopierfehler der DNA sind, die vielleicht von kosmischen Strahlen verursacht wurden. Sie nehmen es hin, daß die fantastische Vielfalt des Lebens nichts ist als die Anhäufung einer Reihe solcher Zufallsfehler und halten jede weitere Erklärung für überflüssig.

In der modernen Biologie hat dieses Konzept eine zentrale Bedeutung. Wie der Nobelpreisträger Jacques Monod sagt:

> Der reine Zufall, nichts als der Zufall, die absolute, blinde Freiheit als Grundlage des wunderbaren Gebäudes der Evolution – diese zentrale Erkenntnis der modernen Biologie ist heute nicht mehr nur eine unter anderen möglichen oder wenigstens denkbaren Hypothesen; sie ist die einzig vorstellbare…

Ist aber diese Feststellung wirklich »die einzig denkbare Hypothese?« Die Ereignisse der Evolution fanden vor Hunderten Millionen Jahren statt, und fast jeder Beweis ist verschwunden. Der Biologe Rupert Sheldrake erkennt das an:

> Wir wissen im Grunde sehr wenig darüber, wie die Evolution in der Vergangenheit aussah, und vielleicht sind uns hier auch für immer Grenzen gesetzt. Dazu kommt, daß wir Evolution nicht direkt beobachten können… Bei so magerem Beweismaterial und einem so begrenzten Spielraum für experimentelle Untersuchungen muß jede Deutung der Evolutionsmechanismen spekulativ bleiben.

Hängt das ganze Gebäude der Evolution wirklich vom Zufall ab? Das ist die Schlüsselfrage. Der Grundsatz, daß die Evolution auf den Zufall baut, schließt anscheinend jede Möglichkeit von Intelligenz oder Plan aus. Tut er das aber wirklich? Es kommt darauf an, wie wir den Zufall sehen. WissenschaftlerInnen legen großen Nachdruck auf den Zufall. Sie sehen viele Vorgänge als völlig blindlings und beliebig an. Die meisten WissenschaftlerInnen glauben, daß in Physik und Biologie offensichtlicher Zufall und völlige Beliebigkeit die Idee der Schöpfung gänzlich überflüssig machen. Könnte dies aber nicht ein zu begrenztes Verständnis von Zufall widerspiegeln?

Stellen Sie sich einmal vor, in der Natur wären hinter den Kulissen wirklich übernatürliche Kräfte am Werk. Ihre Eingriffe könnten uns als blinde Zufälle erscheinen. Weil wir nichts Materielles sehen, das die Handlung verursacht, schlußfolgern wir vielleicht, daß solche Vorgänge pure Zufälle sind, ohne Muster dahinter. Es ist wieder die Geschichte von den Hühnern im Garten. Für die Hühner würde es vieles geben, das mehr oder weniger wahllos passieren würde. Sie wissen, daß zu irgendeinem Zeitpunkt das Futter auftaucht, aber sie haben keine Möglichkeit, den Zeitpunkt genau vorherzusagen. Ihre Eier verschwinden, aber sie wissen nicht warum. Die Philosophen unter ihnen könnten sagen, daß das alles eine sehr mißliche Angelegenheit sei. Der Bauer weiß natürlich, wann er die Hühner füttern geht und weshalb er ihnen die Eier wegnimmt. Für ihn gibt es kein Zufallselement – abgesehen davon, daß er nicht genau weiß, wieviele Eier er einsammeln wird.

Was wir für Zufall halten, beruht auf unserer Perspektive. Im Westen werden viele Dinge auf reinen Zufall zurückgeführt. Im Osten glauben dagegen viele Menschen, daß sich durch das, was Zufall zu sein scheint, das Werk einer größeren Ordnung im Universum zeigt.

Die östliche Haltung zur Weissagung ist dafür ein gutes Beispiel. In der antiken Welt wurde Weissagung mit größtem Respekt behandelt. Sie wurde überall in den Zivilisationen des alten Griechenland und Rom praktiziert; durch sie, so glaubten die Menschen, zeige sich das Übernatürliche in unserer Welt.

China ist berühmt für ein Weissagungsbuch, das *I Ging* genannt wird. In seinem Vorwort zu einer Übersetzung schrieb Carl Jung:

> Die chinesische Geisteshaltung, wie ich sie im I Ging am Werk sehe, scheint ausschließlich voreingenommen zu sein für den Zufallsaspekt der Ereignisse. Die hauptsächliche Bestrebung dieses eigentümlichen Geistes scheint das zu sein, was wir Übereinstimmung nennen, und was wir als Kausalität anbeten, bleibt nahezu unbeachtet.

Das *I Ging* besteht wie viele andere Formen der Weissagung in der Interpretation einer zufälligen Reihe von Ereignissen. Die alten ChinesInnen glaubten, sagte Carl Jung, daß hinter dem *I Ging* in rätselhafter Weise spirituelle Vorgänge wirken. Dieses uralte

Orakel, das wegen seiner großen Kraft weithin respektiert ist, arbeitet gleichwohl mit dem Zufall.

Im Westen wurde es als selbstverständlich angenommen, daß der Zufall die Vorhersage ausschließt. In anderen Kulturen ist das aber durchaus nicht immer der Fall. Indianer und Naturvölker sind dafür bekannt, daß sie dem Zufall Bedeutung beimessen. Sie erkennen durch ihn in den unbedeutendsten Umständen das Wirken des Übernatürlichen.

Möglicherweise ist das, was wir als Zufall einordnen, gar kein Zufall. Könnten es die Spuren einer höheren Intelligenz sein, die in unserer Welt tätig ist? Wenn Einstein sagte, »Gott würfelt nicht«, hatte er vielleicht unrecht. Es könnte durchaus sein, daß Gott würfelt.

Es liegt nahe, etwas dem Zufall zuzuschreiben, wenn wir den zugrundeliegenden Mechanismus nicht erkennen. Evolution ist eine Tatsache. Die Frage ist, welcher Mechanismus der Evolution zugrundeliegt – und ob dahinter Intelligenz am Werk ist oder nicht.

BiologInnen gehen davon aus, daß die Evolution von Mutationen vorangetrieben wird. Sie glauben, daß der Kern der evolutionären Veränderungen in zufälligen Veränderungen der DNA liegt. Diese scheinbare Wahllosigkeit schließt offenbar jede Vorstellung von Zweck oder Richtung der Evolution aus.

Denn wie könnten Mutationen gesteuert werden? Es müßte eine Möglichkeit geben, wie Intelligenz auf die Mutation einwirken könnte. Wie würde sie vorgehen? Es müßte irgendeinen Mechanismus geben, durch den der DNA beabsichtigte Veränderungen mitgeteilt werden könnten. Worin könnten diese Mechanismen bestehen? Die Vorstellung von Vorsatz setzt Intelligenz voraus. Die meisten BiologInnen glauben aber, daß sich Intelligenz erst durch Evolution herausgebildet hat. Sie sehen sie als eine Folge des Lebens, nicht als seine Ursache. Wenn hinter der Evolution Intelligenz steckt, ist alles auf den Kopf gestellt. Wir müßten die Beziehung zwischen Intelligenz, Leben und Geist völlig neu überdenken, damit eine »Plan«-Theorie der Evolution sinnvoll wird.

Der erste Hinweis, der ein Verständnis dafür ermöglicht, wie Intelligenz auf die DNA einwirken könnte, findet sich in einigen bemerkenswerten Forschungsergebnissen aus den USA. Diese Arbeit, die kurz vor und nach dem zweiten Weltkrieg durchgeführt wurde, deckte bei pflanzlichen und tierischen Gestalten rätselhafte und ganz unerwartete Muster elektrischer Aktivität auf.

Dr. Harold Saxton Burr, Professor der Anatomie an der Yale University, führte ein umfangreiches Forschungsprogramm durch, um dieses Phänomen zu untersuchen. Über einen Zeitraum von zwanzig Jahren, von der Mitte der 30er bis zu den späten 50ern, stellte Burr genaue Beobachtungen an und veröffentlichte über 50 Schriften zu diesem Thema in amerikanischen medizinischen und naturwissenschaftlichen Fachzeitschriften.

Burr fand winzige elektrische Muster in und auf jedem lebenden Objekt, das er untersuchte, von Sporen bis zu Wassermolcheiern, von menschlichen Körpern bis zu keimenden Samen. Er mußte sehr empfindliche Instrumente verwenden, weil die elektrischen Muster sehr schwer zu entdecken waren. Es war, als würde er den Schatten von etwas nicht Faßbarem messen. Burr nannte es das elektrodynamische Feld des Lebens, das Lebensfeld oder einfach das L-Feld.

Burr erklärte dies »unsichtbare und unfaßbare« Feld so:

> Die meisten Menschen mit High-School-Ausbildung werden sich erinnern, daß sich auf einem Blatt Papier ausgestreute Eisenfeilspäne, unter das ein Magnet gehalten wird, in Mustern anordnen, die den »Kraftlinien« des Magnetfeldes entsprechen. Und daß, wenn sie entfernt und neue Späne auf das Papier gestreut werden, die neuen Späne die gleiche Anordnung annehmen wie die alten.
>
> Etwas Ähnliches – aber unendlich komplizierter – geschieht im menschlichen Körper. Seine Moleküle und Zellen werden immer wieder entfernt und mit frischem Material aus der Nahrung, die wir essen, neu aufgebaut. Aber dank dem steuernden L-Feld werden die neuen Moleküle genauso gebaut wie die alten und ordnen sich im selben Muster an... Wenn wir einen Freund treffen, den wir seit sechs Monaten nicht gesehen haben, ist in seinem Gesicht nicht ein Molekül, das schon da war, als wir ihn das letzte Mal sahen. Aber dank seines steuernden L-Feldes haben seine neuen Moleküle das gewohnte alte Muster angenommen, und wir können sein Gesicht wiedererkennen.
>
> Bis moderne Meßinstrumente die Existenz des steuernden L-Feldes enthüllten, konnten die Biologen nicht erklären, wie unsere Körper durch den andauernden Stoffwechsel und alle Veränderungen des Materials hindurch »in Form bleiben«. Jetzt ist das Rätsel gelöst:

> Das elektrodynamische Feld des Körpers stellt eine Matrize oder Schablone dar, die ihre »Form« oder Anordnung mit jedem Material, das in sie eingespeist wird, aufrechterhält, wie oft das Material auch wechseln mag.

Der aufregendste Aspekt von Burrs Arbeit betrifft einen Prozeß, der zelluläre Differenzierung genannt wird. Es ist ein Geheimnis der Biologie, wie aus einer einzelnen Zelle, die bei der Empfängnis befruchtet wird, ein Organismus heranwachsen und sich entwickeln kann. Die Zelle teilt sich immer wieder, Millionen und

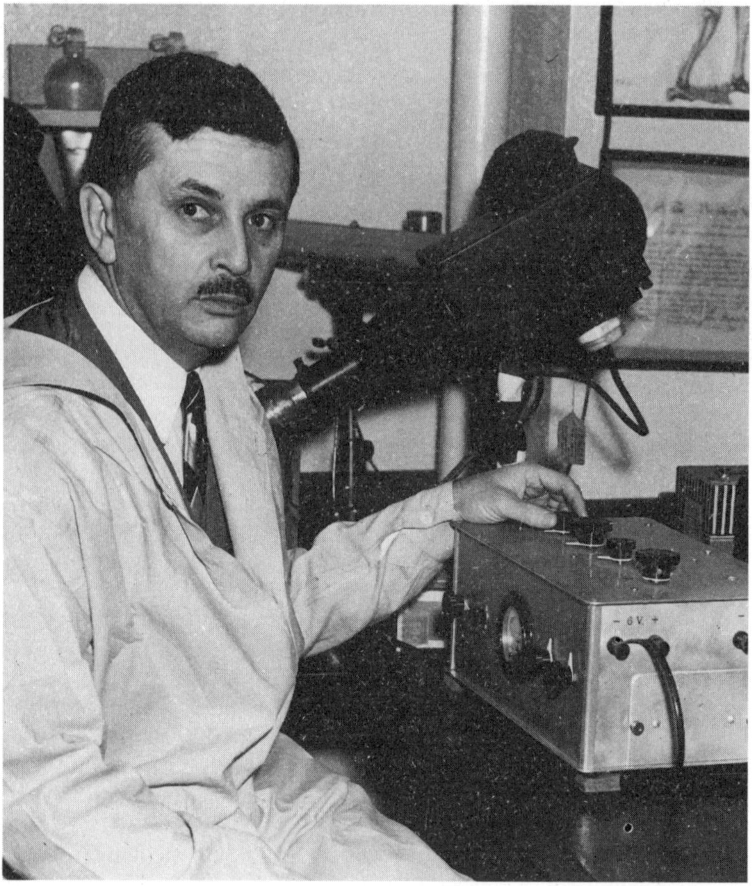

Abb. 22: Professor Harold Saxton Burr mit dem Vakuum-Röhren-Mikrovoltmeter, das er zur Messung des L-Feldes entwickelt hat

Abermillionen Male, und das genetische Material jeder Tochterzelle ist mit dem des befruchteten Eies identisch. Es ist ein Geheimnis, auf welche Weise eine Zellgruppe die Anweisung erhält, beispielsweise ein Auge zu bilden und eine andere Gruppe, ein Bein zu bilden. Das Phänomen, daß Zellen in unterschiedlicher Weise wachsen, um spezialisiertes Körpergewebe zu formen, wird Differenzierung genannt.

Burr benutzte das L-Feld, um eine Lösung des Rätsels der Differenzierung vorzuschlagen. Er zog das Bild einer Puddingform heran, um die Differenzierung zu erklären.

> Wenn eine Köchin eine Puddingform ansieht, kennt sie die Form des Puddings, den sie herausbekommen wird. Wenn wir das L-Feld in seinem Anfangsstadium mit Instrumenten untersuchen, können wir fast genauso die zukünftige Gestalt oder Anordnung des Materials erkennen, das es formen wird. Wenn zum Beispiel das L-Feld in einem Froschei elektronisch untersucht wird, ist es möglich, die zukünftige Lage des Nervensystems des Frosches zu zeigen, weil das L-Feld des Frosches die Matrize ist und die Form bestimmen wird, die sich aus dem Ei entwickelt.

Ein guter Freund von Burr kommentierte:

> Das Wachstum und die Entwicklung eines Embryos scheint das Ergebnis der Tatsache zu sein, daß auf dem Embryo während seiner ganzen Entwicklung irgendein Faktor sitzt und ihr die Richtung gibt.

Die Lage einer Zelle im L-Feld ist nach Burr genauso wichtig wie die genetische Information, die sie enthält. Das L-Feld ist wie ein Energie-Entwurfsplan, der jede Zelle in ihrer Entwicklung zu einem spezifischen Gewebetyp hin lenkt.

Burr glaubte, mit dem L-Feld das Rätsel des biologischen Lebens gelöst zu haben. Die meisten WissenschaftlerInnen lehnten diese Schlußfolgerung aber ab. Burrs Interpretation seiner Ergebnisse ist höchst umstritten, weil sie bedeutet, daß das Leben noch mehr ist als pure Biochemie. Sie stellt die geheiligsten Doktrinen moderner Biologie in Frage, weil sie die Existenz einer unabhängigen Lebensenergie nahelegt, die den lebenden Organismus beseelt.

Schon viele andere WissenschaftlerInnen und PhilosophInnen haben mit der Idee eines Lebensfeldes gespielt, das mit lebenden Organismen verbunden ist. In den zwanziger Jahren wurde von den sogenannten »vitalistischen« Philosophen der Begriff *élan vital* eingeführt, um das belebende Prinzip hinter dem Leben zu benennen. Später prägte ein Biologe namens Hans Driesch den Begriff »Entelechie« zur Bezeichnung des steuernden Prinzips, das die Entwicklung eines Embryos kontrolliert. Zwei russische WissenschaftlerInnen, Semyon und Valentina Kirlian, entwickelten in den sechziger und siebziger Jahren eine Technik, um ausdrucksstarke, farbige Fotografien von den Energiemustern des Lebens aufzunehmen.

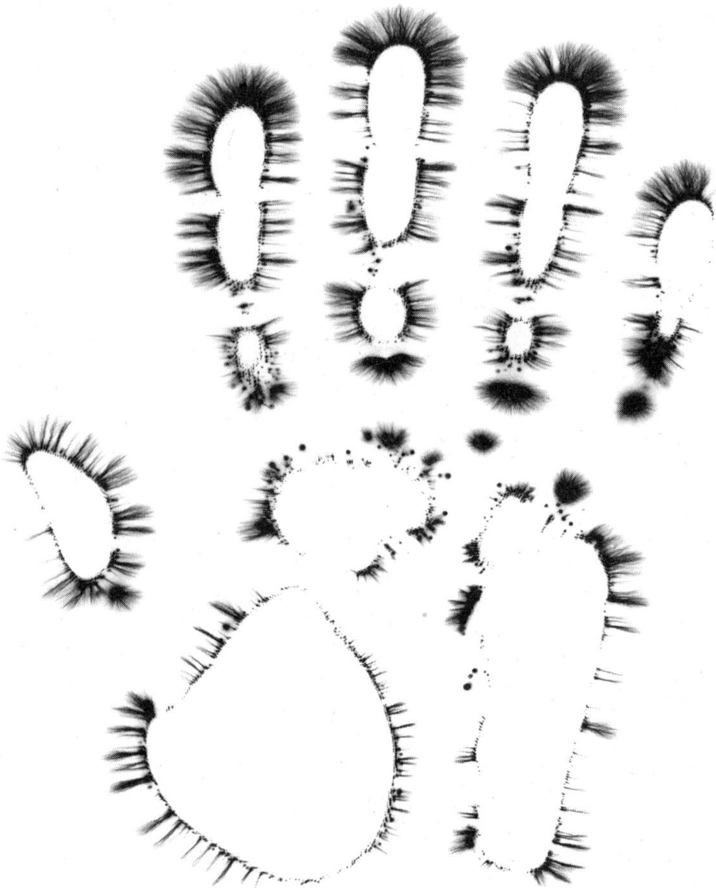

Abb. 23: Kirlian-Fotografie von dem Energiefeld, das die menschliche Hand umgibt

Durch die Kirlian-Fotografie wird nahegelegt, daß das Lebensfeld selbst dann weiterbesteht, wenn das Gewebe entfernt ist. Wenn zum Beispiel ein Blatt fotografiert wird, ist auch da weiterhin ein Energiemuster nachweisbar, wo ein Stückchen des Blattes entfernt wurde. Das Gewebe ist fort, aber das dazugehörige Lebensfeld scheint zurückzubleiben.

Vor kurzem hat Rupert Sheldrake die Vorstellung wieder aufgegriffen, daß für die Form und Entwicklung lebender Organismen ein »morphogenetisches« Feld verantwortlich sei.

Sheldrake zieht das Konzept des morphogenetischen Feldes heran, um viele Fragen zu beantworten, die lebende Dinge betreffen und für die die biologische Wissenschaft keine angemessene Erklärung hat. Jedenfalls reicht das Konzept des morphogenetischen Feldes über das des L-Feldes hinaus; es wirkt jenseits von Zeit und Raum und kann mit wissenschaftlichen Meßinstrumenten nicht erfaßt werden.

Sheldrake benutzt es darüber hinaus, um das Wesen aller belebten und unbelebten Organisation in der Welt zu erklären. Er stellt sich eine aufsteigende Hierarchie miteinander verbundener morphogenetischer Felder vor, die sich von subatomaren Teilchen über einzelne Zellen bis zu vollständigen Organismen erstreckt – und noch weiter bis zu den »Entwurfsplänen« ganzer Arten.

Die Forschung von Burr, die Beweiskraft der Kirlian-Fotografie und Sheldrakes Hypothese sind alle mit der Vorstellung vereinbar, daß es eine Form von Energie gibt, die lebende Dinge umhüllt und durchdringt. Für Burr ist diese Energie auf elektromagnetische Felder bezogen, für Sheldrake sind die Felder, die an der Anordnung und Organisation lebender Organismen beteiligt sind, keine materielle Energieform, und sie liegen jenseits von Zeit und Raum. Das Konzept von Super-Energie kann all diesen Vorstellungen eine neue Perspektive verschaffen.

Wir könnten annehmen, daß die »Lebensfelder« einfach Felder von *Super-Energie* sind. Physikalische Körper sind immer durch Raum, Zeit oder Größenordnung voneinander getrennt. Aber Energie und Super-Energie werden durch diese Dimensionen nicht getrennt. Deshalb wäre es möglich, daß ein Feld oder ein Körper von Super-Energie mit einem physikalischen Körper zusammenfällt – das heißt, es könnte mit uns in unserer Welt *koexistieren.*

Der höhere Energiekörper könnte sich über den physikalischen Körper stülpen, »auf ihm sitzen« und ihn genau so durchdringen, wie es Burrs Kollege beschrieb.

Jeder lebende Organismus könnte mit einem Körper oder Feld von Super-Energie verbunden sein, durch das seine Lebensprozesse eingerichtet werden. Ein solches Super-Energiefeld, das eine andere Substanz hätte als Materie und Raum und Zeit überschreiten würde, würde in vieler Hinsicht mit Sheldrakes morphogenetischem Feld übereinstimmen. Es könnte in seiner Wechselwirkung mit lebenden Organismen für die elektrischen Effekte verantwortlich sein, die Burr in den L-Feldern entdeckte.

Mit dem Wirbelkonzept könnte eine physikalische Basis für eine neue Wissenschaft des Lebens geschaffen werden. Moderne Biologie basiert auf einer beschränkten Sicht des Lebens. Sie lehrt, daß das Leben lediglich ein Ergebnis komplexer biochemikalischer Reaktionen ist, die in lebenden Zellen vor sich gehen. Aber diese materialistische Doktrin läßt viele Fragen offen, die lebende Dinge betreffen. Die hauptsächliche Frage lautet, was ist das Leben selbst? Moderne »System«-Theoretiker wollen uns glauben machen, daß Leben nur das Ergebnis eines Ablaufs von Prozessen ist. Mit der neuen Grundlage der Biologie, die hier vorgeschlagen wird, können wir das Leben statt dessen als Ergebnis einer unabhängigen Realität begreifen, die sich durch diese Prozesse zeigt.

Diesem Verständnis liegt eine völlig neue Voraussetzung für die Biologie zugrunde – daß sich das Leben aus Feldern von Super-Energie entwickelt. Biologisches Leben wäre danach das Ergebnis eines Super-Energiefeldes, das über einen physikalischen Körper in unserer Welt gestülpt ist und so eine sehr spezielle Form der Wechselwirkung zwischen ihnen ermöglicht. Diese Prämisse bietet neue Erklärungen für die Organisation lebender Dinge. Mit ihr kann auch erklärt werden, wie Intelligenz vorgehen könnte, um den evolutionären Prozeß voranzubringen.

Wie könnte Super-Energie mit lebenden Organismen wechselwirken? Wie könnte sie an der Evolution beteiligt sein? Wie wir gesehen haben, unterscheidet sich Materie von Super-Energie durch ihre Substanz. Normalerweise würde Super-Energie nicht mit Materie wechselwirken. Sie ist wie Radiowellen von anderem »Stoff« als

Materie. Üblicherweise dringen Radiowellen direkt durch die Objekte unserer Welt hindurch. Aber Radiowellen wechselwirken mit besonderen Formen von Materie durch einen Vorgang, der *Resonanz* genannt wird. Durch Resonanz könnte Super-Energie in Wechselwirkung mit Materie treten.

Resonanz beruht auf einem sehr einfachen Prinzip. Wenn in einem Raum, in dem ein Klavier steht, eine Stimmgabel ertönt, beginnt jede Saite des Klaviers zu schwingen, die auf dieselbe Tonhöhe gestimmt ist. Das ist Resonanz. Alle anderen Saiten, die auf andere Töne gestimmt sind, bleiben bewegungslos. Durch Resonanz wird Energie von der Stimmgabel zur Saite übertragen und bringt sie dadurch zum Schwingen.

Resonanz ist der Schlüssel zum Zusammenwirken von Super-Energie mit Materie. Sehen Sie sich ein Radio an. Radiowellen durchdringen Materie, sie wechselwirken nicht mit Ziegelsteinen und Mörtel. Wenn ein Radio aber auf Radiowellen eingestellt wird, hören wir in der Wohnung plötzlich Stimmen und Musik. Auf die Materie des Bauwerks haben Radiowellen kaum Auswirkungen, aber auf die Materie in einem Radiogerät haben sie eine beachtliche Auswirkung. Das Radio enthält eine passende Spule, die mit den Radiowellen, die durch sie hindurchrauschen, resonant ist. Sowie diese Resonanz herrscht, werden die Schwingungen der Radiowellen auf die Spule übertragen. Diese Schwingungen werden dann verstärkt und im Lautsprecher in Klang umgewandelt.

In der Natur gibt es eine ganz ähnliche Form von Resonanz. In allen lebenden Organismen existiert eine Struktur, von der gut vorstellbar ist, daß sie Schwingungen von den feinen Feldern von Super-Energie empfangen könnte. Diese Resonanzform existiert im Kern jeder Zelle. Es ist die DNA selbst.

Crick und Watson haben gezeigt, daß die DNA-Moleküle die Struktur einer Doppelhelix besitzen. Diese Doppelhelix ist dann wiederholt um sich selbst gewickelt – und formt so eine Spule, die an die Spule in einem Fernsehgerät oder Radio erinnert. Das DNA-Molekül, das sich wie eine resonante Spule verhält, könnte Schwingungen von Super-Energie empfangen. So könnte die DNA die Kluft zwischen der super-physikalischen Welt und unserer eigenen Welt überbrücken.

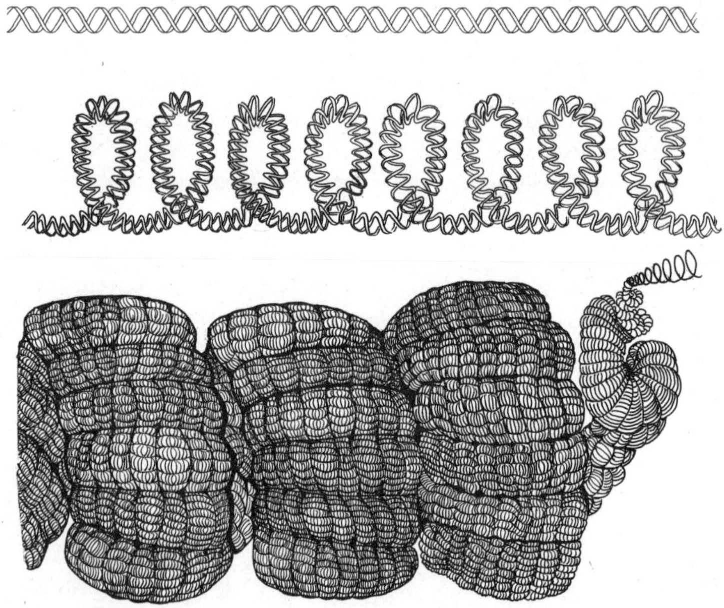

Abb. 24: Das DNA-Molekül ist eine Doppelhelix, die wiederholt um sich selbst gewickelt ist; ihre komplexe Struktur erinnert sehr an eine elektrische Spule

Dieses Modell macht deutlich, auf welche Weise Super-Energie an der Evolution und den wesentlichen Lebensprozessen beteiligt gewesen sein könnte. Bislang haben die Biologen die Chemie der DNA untersucht, ohne die volle Bedeutung ihrer physikalischen Struktur zu beachten. Wenn wir die DNA als einen Resonanzkörper begreifen, könnte in der Biologie eine ganz neue Betrachtungsweise möglich werden. Sie würde auf einem Prinzip basieren, das *DNA-Resonanz* genannt werden könnte. In der Wechselwirkung zwischen Super-Energie und lebenden Organismen könnte das Geheimnis des Lebens bestehen.

Die BiologInnen glauben, daß die DNA das Geheimnis des Lebens enthält. Aber bisher haben sie sich nur auf ihre chemische Struktur konzentriert. Wir gehen davon aus, daß die physikalische Struktur der DNA vielleicht genauso wichtig ist. Die physikalischen Eigenschaften der DNA könnten genauso wesentlich sein wie ihre Chemie. In ihrer chemischen Struktur könnte die DNA die Funktion haben, den genetischen Code zu transportieren, und in ihrer physikalischen Struktur könnte sie für die Schwingungen im Super-Energiefeld resonant sein.

TheoretikerInnen wie Sheldrake sind davon überzeugt, daß der hohe Organisationsgrad in Organismen nicht auf die Eigenschaften ihrer einzelnen Zellen reduziert werden kann. Daß das Ganze eben nicht nur die Summe seiner Bestandteile ist.

Aber sie konnten nicht auf ein physikalisches Prinzip oder einen physikalischen Mechanismus verweisen. DNA-Resonanz ist ein physikalischer Prozeß, mit dem Informationen für die Anordnung des biologischen Lebens in das Herz jeder Zelle übermittelt werden können.

Stellen Sie sich zum Beispiel vor, wie durch DNA-Resonanz der rätselhafte Prozeß der Differenzierung gesteuert werden könnte. Dieser Prozeß ist für lebende Organismen unabdingbar. Er ist entscheidend für die Entwicklung eines vielzelligen Tieres aus einem Embryo.

Unmittelbar nach der Befruchtung sind alle Zellen identisch; der Embryo ist erst ein undifferenziertes Bündel von Zellen. Aber sehr bald beginnen die Zellen, sich zu verändern. Eine Gruppe von Zellen entwickelt sich zu einem Auge, eine andere zu einem Gehirn und wieder andere zu Körpergliedern, Herz und anderen lebenswichtigen Organen. Die Frage ist, wodurch diese Veränderungen eingeleitet werden. In jeder Zelle ist die DNA identisch; auf dieser Stufe hat jede einzelne Zelle noch die Fähigkeit, zu einem beliebigen Zelltyp im Körper zu werden.

Wie kann sich dann aber jede Zelle zu einer differenzierten, speziellen Struktur entwickeln?

Wir sind schon davon ausgegangen, daß das Super-Energiefeld Energie auf das DNA-Molekül übertragen kann, so ähnlich wie bei einem Radio. Das Programm, das über DNA-Resonanz übertragen werden würde, bestünde logischerweise nicht aus Tönen und Musik. Vielleicht ist es mehr wie ein Computerprogramm? Ein Computerprogramm ist eine Abfolge von Instruktionen. Es könnte Informationen für die Steuerung von Lebensprozessen übermitteln. Im Prozeß der Differenzierung könnte jede Zelle wie ein »Radio-Computer« funktionieren, sie würde Instruktionen empfangen und befolgen, die ihr vom Super-Energiefeld übertragen werden. Auf jeder Stufe der Entwicklung des Embryos könnten unterschiedliche Instruktionen übertragen werden. Die Zellen würden in jeder Phase des Programms die Instruktion befolgen, bis ihre Entwicklung abgeschlossen ist. Wir könnten diese Abfolge von Instruktionen als *Lebensprogramm* bezeichnen.

In dieser Analogie entspricht das Lebens-Programm der Computer-Software; die Zellen sind wie die Computer-Hardware. Ohne Software ist diese Hardware nur ein Haufen undifferenzierten Gewebes. Unter der Anleitung der Software können die Zellen in ihrer eigenen spezifischen Weise wachsen.

Vielleicht empfängt jede Zelle ein Lebensprogramm, das die Richtung ihrer Entwicklung in dem Gewebe steuert, zu dem sie gehört. Umgekehrt wäre dies ein Teil des Lebensprogramms für den Organismus in seiner Gesamtheit. Es wäre wie die Konstruktion einer großen, höchst komplexen Maschine, die mit einer Serie von Entwurfsplänen gebaut wird, wobei jeder Entwurfsplan einem steigenden Organisationsniveau entspricht.

Das macht es uns leicht, nachzuvollziehen, wie das Lebensprogramm die Entwicklung einer Zelle steuern könnte. Die DNA ist letztlich für alles verantwortlich, was mit der Zelle geschieht – eingeschlossen ihre Struktur, Differenzierung und Reproduktion. Jede Basisinformation ist in der DNA jeder Zelle enthalten. Welche Gruppe von Genen ein- oder ausgeschaltet ist, entscheidet sich danach, welcher Abschnitt des DNA-Moleküls abgelesen wird. Es ist wie die Überarbeitung eines Videos. Wenn ein Video überarbeitet wird, werden für die überarbeitete Kopie einzelne Abschnitte entweder benutzt oder übergangen. In der Zelle findet ein ähnlicher Prozeß statt. Ihre Entwicklung hängt davon ab, welche Abschnitte ihrer DNA benutzt und welche übergangen werden. Das Lebensprogramm – das im Super-Energiefeld hervorgebracht und via DNA-Resonanz zum Herz der Zelle übertragen wird – würde diesen Prozeß steuern.

Diese neuen Konzepte zeigen einen Mechanismus, mit dem die Evolution durch Intelligenz gelenkt werden könnte. Der Schlüssel liegt in der neuen Rolle, die wir der DNA gegeben haben. Eine Veränderung im Lebensprogramm könnte die chemische Struktur der DNA abändern und so die genetischen Codes umbauen. Die Änderungen der Entwurfspläne in den Genen eines Organismus würden sich als Abwandlungen in der Nachkommenschaft auswirken. So könnte das Lebensprogramm benutzt werden, um die Evolution zu lenken.

Alternativ könnte die evolutionäre Veränderung auch durch die Auswahl der Abschnitte der vorhandenen DNA vor sich gehen, die abgelesen werden. Mit dem Lebensprogramm wäre auch dafür ein nachvollziehbarer Mechanismus vorhanden. Es kann gut sein, daß für die Schaffung neuer Arten beide Prozesse eine Bedeutung haben. In einigen Fällen könnte es notwendig sein, neues genetisches Material herzustellen. In anderen Fällen reicht es vielleicht aus, den Pool des existierenden Materials weiter auszuschöpfen, und das, was bereits vorhanden ist, in neuer Weise auszunutzen. In beiden Fällen könnte durch das Lebensprogramm gesteuert werden, was geschieht.

Das Lebensprogramm wird vielleicht auch eingesetzt, um die chemische Struktur der DNA im Verlauf ihrer Vervielfältigung zu erhalten. Es ist bemerkenswert, daß der DNA im Verlauf von Milliarden von Nachbildungen nur ein oder zwei Irrtümer unterlaufen. Das Lebensprogramm könnte eine Rolle spielen beim Nachprüfen und Korrigieren der Mechanismen, die für die bemerkenswerte Genauigkeit in der Handhabung der Information zuständig sind. Zu genau dieser Art von Aufgabe eignet sich ein Computerprogramm besonders.

Wenn die DNA für die Lebensprozesse entscheidend ist, könnte die Frage auftauchen, wie die DNA selbst entstanden ist. Wie konnte das Lebensprogramm ohne DNA in Gang kommen? Die Antwort kann vielleicht bei den Kristallen gefunden werden. BiologInnen vermuten, daß sich komplexe, sich selbst nachbildende organische Moleküle wie die DNA aus einfachen Kristallen entwickelt haben könnten.

Kristalle sind zur Selbstnachbildung fähig. Darüber hinaus sind sie resonante Formen, und sie würden möglicherweise auf Schwingungen der sie durchdringenden Super-Energiefelder reagieren. Kristalle – mit ihrer doppelten Fähigkeit zur Selbstnachbildung und Resonanz – sind offensichtlich Anwärter dafür, Vorläufer des Lebens zu sein.

Die BiologInnen haben sich abgeschottet gegen die Vorstellung von Vorsatz und Intelligenz hinter der Evolution. Das Nicht-Vorhandensein von Mechanismen zur Steuerung genetischer Variation hat sie nur noch entschlossener daran festhalten lassen, daß Mutation ein völlig zufälliger Prozeß ist. Dagegen zeigt das Bild, das wir ausgemalt haben, wie Mutationen planmäßig herbeigeführt worden sein könnten. Schöpferische Hände könnten via DNA-Resonanz das Leben auf der Erde formen.

Intelligente Kräfte könnten in unsere Welt hineinwirken – und zum Herz jeder lebenden Zelle vordringen, um genetische Codes zu verändern. Sie könnten zielstrebig Spezies an veränderte Umstände anpassen, indem sie ihre Nachkommen dafür ausrüsten, neue Möglichkeiten auszuschöpfen.

Die Vorstellung der DNA-Resonanz bietet einen grundlegenden Mechanismus, durch den die Evolution von außen durch Intelligenz gesteuert werden könnte. Was aber könnte diese Intelligenz sein?

Die meisten BiologInnen argumentieren, daß Intelligenz und Geist Resultate der Neurophysiologie sind, Nebenprodukte der komplexen chemischen Reaktionen, die in jedem lebenden Organismus ablaufen. Sie glauben, daß sich Leben, Geist und Intelligenz nur mit Hilfe des blinden Zufalls, der bei dem Prozeß natürlicher Auslese wirkt, aus dem Chaos herausgebildet haben.

Die alternative Sichtweise ist, daß Geist und Intelligenz universelle Prinzipien sind, die unabhängig von der Neurochemie existieren – daß sie sich durch biologisches Leben manifestieren und nicht daraus entstehen. Das bedeutet, daß sie die Ursache und nicht die Folge des Lebens sind. Geist und Intelligenz hätten sich als zugrundeliegende Prinzipien die Träger geschaffen, in denen sie jetzt auf der Erde verkörpert sind.

Es könnte sein, daß ein »universeller Geist« überall in der lebenden Welt arbeitet und den Fortgang des Lebens auf der Erde lenkt. Die Lebensprogramme könnten Gedanken sein, die in diesem universellen Geist entstanden sind. Lebende Zellen, die wie Radiogeräte funktionieren, könnten Signale von intelligenten Quellen aus den höheren Reichen des Universums empfangen. Diese gedankenförmigen Signale, die mit DNA-Molekülen resonant sind, würden in genetische Codes übersetzt werden, die sich laufend verändern könnten. Universelles Bewußtsein könnte so den Prozeß biologischer Evolution in Richtung auf zunehmende Ordnung und Vielfalt steuern.

In den höheren Reichen könnte es eine ganze Hierarchie von intelligenten Wesen geben, die wie Manager der Evolution handeln und sozusagen einen »himmlischen Verwaltungsdienst« bilden.

Wer sagt, daß dazu nicht auch der legendäre Pan gehört – zusammen mit Heerscharen von Naturgeistern, Devas und ähnlichen Wesen, die alle im Einklang mit dem universellen Geist arbeiten?

In Pan können wir das Bild eines Gottes sehen, der die Evolution durch Resonanz lenkt. Pan wird als Flötenspieler geschildert. Die Melodie, die er erklingen läßt, könnten wir uns als das Lebensprogramm vorstellen. Die Noten, die er durch seine Flöten zum Schwingen bringt, könnten wir als Abfolge genetischer Codes der DNA ansehen. Solange Pan dieselbe Melodie spielt, bleibt die DNA gleich und die Art unverändert. Wenn Pan aber eine neue Melodie flötet, werden die DNA-Codes geändert, und eine neue Art entsteht.

Evolution, wie wir sie sehen, könnte ein Werkzeug der Schöpfung sein. Es könnte sein, daß Intelligenz nicht einem festgelegten Plan folgt. Vielleicht lernt sie aus der Vielfalt der Lebenserfahrungen. Vielleicht experimentiert das Verstandeswesen mit neuen Lebensformen. Die Erde wäre das Testgelände für neue biologische Modelle, auf dem Entwürfe überprüft und immer wieder verbessert werden. Das Ganze wäre zu vergleichen mit der Entwicklung elektronischer Geräte durch menschliche Ingenieure. Radiogeräte haben sich im Laufe der Jahre von einfachen Röhrenempfängern zu modernen HiFi-Stereotunern entwickelt. Natürliche Auslese könnte mit dem freien Markt verglichen werden, auf dem neue Erfindungen ausprobiert und getestet werden; die guten haben Erfolg, und die schlechten fallen durch.

Die »Götter« könnten WissenschaftlerInnen sein. Wenn sie mit Versuch, Irrtum und Experiment arbeiten, könnte es sein, daß sie das Leben weitgehend so entwickeln, wie wir Technologie entwickeln. Es existiert nicht notwendigerweise ein Konflikt zwischen Schöpfung und Evolution. Es könnte sein, daß die Götter das Leben auf der Erde durch Evolution geschaffen haben. Die natürliche Welt ist vielleicht eine Handwerksarbeit der Götter und als solche ein Meisterstück genetischen Ingenieurwesens.

KAPITEL 11

Die vielen Körper des Menschen

Stellen Sie sich vor, in Ihrem Haus ist ein Feuer ausgebrochen. Der Feueralarm schrillt los, der Lärm ist unerträglich. Sie rufen die Feuerwehr an, und innerhalb weniger Minuten erscheinen die Feuerwehrleute. Aber zu Ihrem Entsetzen stürmen sie nur mit ihren Äxten herein, kappen die Kabel zum Feueralarm und bringen ihn zum Schweigen. Sie klopfen Ihnen auf den Rücken, schütteln Ihnen die Hand und sagen: »Jetzt geht es Ihnen bestimmt besser, wo dieser schreckliche Lärm aufgehört hat!« Dann verschwinden sie in der Nacht und lassen Sie mit dem tobenden Feuer zurück.

Jeder würde solche Feuerwehrleute für völlig unverantwortlich halten. Trotzdem verhalten wir selbst uns oft genauso. Wir finden es normal, die Symptome einer Krankheit zu behandeln, statt der Wurzel, die sie verursacht. Wenn wir zum Beispiel Migräne oder einen Anfall von Arthritis haben, nehmen wir wahrscheinlich einige Aspirin, oder wir bitten den Arzt, uns ein anderes schmerzstillendes Medikament zu verschreiben. Schmerz ist ein Symptom von Krankheit. Er entspricht einer Alarmglocke, die uns warnt, daß im Körper etwas nicht in Ordnung ist. Die Symptome einer Krankheit zu unterdrücken, ohne die Ursache festzustellen und zu behandeln, ist genauso dumm, wie den Feueralarm abzuschalten, ohne das Feuer zu löschen.

Dieses symptomorientierte Herangehen kann nicht nur den Ärzten zur Last gelegt werden. Wir setzen sie oft unter großen Druck, wenn wir die sofortige Linderung von Symptomen verlangen – eine schnelle Lösung, die von uns keine Anstrengung erfordert.

Heute erkennen immer mehr Menschen die Begrenztheit dieser symptomorientierten Herangehensweise in der orthodoxen Medizin. Viele weitverbreitete Leiden sind als unheilbar abgestempelt worden, und ihre Symptome werden mit Arzneien unterdrückt, die ein Spektrum von unangenehmen Nebenwirkungen nach sich ziehen. Überarbeitete Ärzte haben sehr wenig Zeit, und das bereitet ihnen genausoviel Kummer wie ihren PatientInnen.

Die Zahl der Ärzte, die den Wert komplementärer Therapien erkennen, nimmt derzeit rapide zu. Es fällt aber vielen normalen Menschen noch schwer, alternative Medizin zu akzeptieren. Zunächst erfordert sie meistens, daß wir einiges an Anstrengungen unternehmen, um uns selbst zu heilen; außerdem müssen wir unsere Gewohnheiten, unseren Lebensstil und unsere Ernährung überprüfen und ändern, wenn es notwendig ist. Die meisten Leute akzeptieren, daß alternative Medizin Wirkungen zeigt, aber niemand scheint zu verstehen, warum.

Die Prinzipien, die komplementären Therapien zugrundeliegen, sind für die westliche medizinische Wissenschaft oft verwirrend. Dies ist vom medizinischen Berufsstand selbst deutlich ausgesprochen worden. In England veranlaßte die wachsende Beliebtheit alternativer Medizin die British Medical Association dazu, ein Komitee zu ihrer Erforschung einzusetzen. Der Sekretär des Komitees erläuterte seine Schwierigkeiten in einem Statement, das herausgegeben wurde, bevor das Komitee zu arbeiten begann. Er kommentierte zwei Beispiele alternativer Praxis, Osteopathie und Reflexzonenmassage und sagte unter anderem dazu:

> Während in der Osteopathie offenbar bestimmte Anwendungen vorgenommen werden, um Krankheitszustände zu lindern, was wir nachvollziehen können, habe ich viel größere Schwierigkeiten, die philosophische Grundlage anderer Therapien zu akzeptieren. Die Reflexzonenmassage scheint dafür ein gutes Beispiel zu sein... Ich denke, es ist unwahrscheinlich, daß die Arbeitsgruppe in der Lage sein wird, den Vorstellungen große Glaubwürdigkeit abzugewinnen, die der Reflexzonentherapie der Füße zugrundeliegen. Ich glaube in der Tat, daß wir die philosophische Grundlage dieser Therapie ausdrücklich ablehnen.

Viele Menschen, Ärzte eingeschlossen, empfinden diese Situation als sehr frustrierend. Medizin ist schließlich eine Praxis, die stark auf Erfahrung beruht. Warum sollte sie eine Therapieform wegen der zugrundeliegenden Philosophie ablehnen – weil die Ideen, die hinter ihr stehen, nicht mit den aktuellen Theorien der medizinischen Wissenschaft übereinstimmen? Sollte eine Therapieform nicht eher auf der Grundlage ihrer Resultate akzeptiert oder abgelehnt werden?

Wer als MedizinerIn Experimente durchführt, durch deren Ergebnisse die komplementäre Medizin gestützt wird, sieht sich manchmal mit großen Schwierigkeiten konfrontiert. Nehmen Sie zum Beispiel den berühmten Fall von Professor Benveniste, einem medizinischen Forscher in Frankreich. Er ersann ein Laborexperiment, das zu zeigen schien, daß Homöopathie tatsächlich wirkt. Daraufhin begann eine wissenschaftliche Hexenjagd. Ein Gespann wissenschaftlicher »Ghostbuster«, zu dem auch ein Bühnenzauberer gehörte, fiel in sein Labor in der Nähe von Paris ein. Für Benveniste war es wie ein Besuch der Inquisition. In seinem Labor wurde das Unterste zuoberst gekehrt, und seine Aufzeichnungen wurden durchwühlt. Die Gruppe war entschlossen, zu zeigen, daß seine Ergebnisse Schwindel waren. Wie konnte es möglich sein, daß die mit Homöopathie erzielten Wirkungen echt waren, wenn sie aller physikalischen Theorie zuwiderliefen?

Es gibt einen echten Bedarf für die Erklärung alternativer oder komplementärer Medizin, damit wir verstehen können, warum und wie sie wirkt. Viele Praktiken sind deshalb noch sehr schwer zu akzeptieren, weil sie nicht wissenschaftlich erklärt werden können. Durch eine zusammenhängende und vereinheitlichte Theorie könnte die alternative Medizin sehr viel akzeptabler werden, für die orthodoxe medizinische Wissenschaft und für uns alle.

In der komplementären Medizin gibt es viele unterschiedliche Therapien, die auf der Grundlage einer großen Spannbreite von Techniken. Es gibt dabei aber ein Schlüsselprinzip, das für die meisten von ihnen gilt – die Anerkennung einer unsichtbaren Energie im Körper und um den Körper herum, die sein Wohlbefinden und seine Unversehrtheit wesentlich bestimmt. Alternative Praktiker sprechen von einem »Energie«-Körper, der den physikalischen Körper umgibt und durchdringt. Einige von ihnen beziehen sich auf einen »ätherischen« Körper, andere nennen ihn »feinstofflichen« oder »feinfühligen« Körper.

In der alternativen Medizin wird davon ausgegangen, daß viele Behandlungen, die unverständlich und manchmal absurd erscheinen, an diesem Energiekörper vorgenommen werden.

Danach fungiert der Energiekörper als Gestaltvorlage für die physische Form und beeinflußt ihre Abläufe und Funktionen. Alternative Praktiker gehen davon aus, daß sich der physische Körper selbst heilt, wenn der Energiekörper behandelt wird.

Die *Akupunktur* beruht auf der Annahme, daß es im Energiekörper bestimmte Flußlinien gibt, die Meridiane. Jedes Organ im Körper ist danach von einer Schicht feiner Energie umgeben. Die Meridiane verhalten sich wie Ströme, die die Energiehüllen tief im Inneren des Körpers mit den peripheren Bereichen der Haut verbinden. Eine Akupunkteurin behandelt die Organe über die Meridiane.

Sie stimuliert oder beruhigt den Energiefluß im Meridian entsprechend ihrer Diagnose des Energiezustands der betreffenden Organe. Die Akupunktur scheint auf diese Weise den Energiekörper zu harmonisieren und auszubalancieren und damit den physischen Körper anzuregen, sich selbst zu heilen.

Reflexzonenmassage basiert auf dem Prinzip, daß Blockierungen im Energiekörper durch Massage der Fußsohlen aufgehoben werden können. Spezifische Punkte am Fuß stehen nach dieser Theorie in Verbindung mit einzelnen Organen. Wenn die richtigen Stellen massiert werden, will der Reflexologe damit die Energie ausbalancieren und die Heilung in dem entsprechenden Organ anregen. Bei der *metamorphischen Technik* soll Massage, die an der Seite des Fußes vorgenommen wird, das Energiemuster des Körpers als Gesamtheit harmonisieren.

Die *Homöopathie* hat ihre Wurzeln in den Lehren von Hippokrates; als modernes Behandlungssystem wurde sie am Ende des 18. Jahrhunderts von dem Deutschen Dr. Hahnemann eingeführt. Wie die Akupunktur betrachtet die Homöopathie Krankheit als eine Unausgeglichenheit in den zugrundeliegenden Energiemustern oder Lebenskräften einer Person.

Die von den HomöopathInnen verabreichten Medikamente sollen mit der Grundenergie mitschwingen, sie so harmonisieren und die Heilung anregen.

Die Homöopathie bezieht ihren Namen aus der Vorstellung, daß »Gleiches Gleiches heilt«. Nach Hahnemann kann eine Substanz, die bei einer gesunden Person eine Reihe von Symptomen hervorbringt, bei einer kranken Person dieselben Symptome lindern. Jemandem mit Magenstörungen könnte ein Homöopath zum Beispiel eine Substanz auf der Grundlage von Arsen verabreichen; dahinter steht die Erkenntnis, daß Arsen bei einer gesunden Person Magenbeschwerden hervorruft.

Natürlich würden dabei keine größeren Mengen Arsen verabreicht.

Homöopathische Heilmittel werden durch eine Prozedur des Schüttelns und Verdünnens hergestellt, die als »Potenzierung« bekannt ist. In diesem Prozeß wird eine kleine Menge der Originalsubstanz verdünnt, indem sie mit einem großen Teil eines Trägermaterials, beispielsweise Fructosepulver, gemischt wird. Die resultierende Mixtur wird geschlagen oder »geschüttelt«. Dieser Prozeß wird wiederholt, und Schritt für Schritt werden größere »Potenzen« hergestellt. In sehr wirkungsvollen Heilmitteln ist von der ursprünglichen chemischen Substanz so gut wie nichts mehr übrig. Eine wirksame Arsenpotenzierung enthält unter Umständen kaum ein einziges Atom Arsen.

Dieses Beispiel ist natürlich eine starke Vereinfachung. Ein Homöopath behandelt die ganze Person, nicht nur einzelne Symptome. Das richtige homöopathische Heilmittel zu finden, ist eine schwierigere Aufgabe, als eine Arznei zu verschreiben. In der konventionellen Medizin werden Symptome mit einer geeigneten Arznei bekämpft. Eine gute Homöopathin berücksichtigt Persönlichkeit, Gefühle und den Zustand des ganzen Körpers genauso wie die offensichtlich vorhandenen Symptome. Sie wird dies alles als Hinweise auf das zugrundeliegende Energiemuster des Patienten nehmen und Heilmittel verschreiben, die darauf abgestimmt sind, Ungleichgewichte und Blockaden des Gesamtmusters zu korrigieren. Alle Alternativ-MedizinerInnen sind sich darin einig, daß eine Art feiner Energie existiert, die eine tiefe Auswirkung auf den physischen Körper hat. Wenn es aber feine Energien gibt, die mit dem physischen Körper assoziiert sind, was könnten das für Energien sein?

Im Licht der vorangegangenen Kapitel ist es naheliegend, anzunehmen, daß diese feinen Energien Felder von *Super-Energie* sind. Der Energiekörper, auf den sich Alternativ-MedizinerInnen beziehen, könnte ein Körper von Super-Energie sein, der den physischen Körper durchdringt. Die Vorstellung von Super-Energie könnte der alternativen Medizin, als einem wesentlichen Teil einer neuen Weltsicht, eine rationale Basis verschaffen.

Frühere Anstrengungen der Wissenschaft, die alternative Medizin zu verstehen, sind an ihrem Energiebegriff gescheitert. Alternative HeilerInnen sprechen von »Lebensenergie«, als ob das eine reale Substanz wäre, die lebende Organismen durchdringt. Andererseits definiert die Wissenschaft Energie als ein Maß von Aktivität und Veränderung. Einige Wissenschaftler haben versucht, diesen Widerspruch aufzulösen und den »Energiekörper« als eine nur metaphorische Beschreibung der dynamischen Muster der Selbstorganisation innerhalb eines Organismus behandelt. Mit modernen Denk»systemen« haben sie versucht, den Energiekörper als einen Begriff wegzuerklären, dem keine Wirklichkeit zugrundeliegt.

Durch das Wirbelkonzept wird die alternative Auffassung unterstützt, daß Energie eine unabhängige Realität besitzt. Der Energiekörper hat unabhängig von lebendigen Systemen eine Realität, und er könnte die erste Ursache des Lebens sein. Seit Einstein erkennt die Physik immer mehr an, daß Energie die einzige grundlegende Realität in unserer Welt ist. Mit dem Wirbel kann gezeigt werden, *wie* Materie eine Form von Energie ist. Damit wird deutlich, daß die Substanz von Materie bloße Bewegung ist, also Aktivität und Veränderung. Materie erscheint uns realer als ein nicht faßbares Energiefeld, aber in Wirklichkeit könnten die flüchtigen Felder von Lebensenergie, die für unsere Sinne nicht wahrnehmbar sind, genauso real sein wie Materie. Alternative HeilerInnen könnten völlig recht damit haben, sie auch so zu behandeln.

Mit dem Konzept der Super-Energie ist das unfaßbare Lebensfeld kein Stein des Anstoßes mehr. Mit diesem Konzept werden Energieformen denkbar, die jenseits der physikalischen Welt existieren. Es erklärt auch, wie eine Art Lebensenergiefeld einen physischen Körper durchdringen und mit ihm wechselwirken kann. Ein Super-Energiefeld könnte mit einem physischen Körper »zusammenfallen«, weil es zwischen Energie und Super-Energie keine Raum-Zeit Trennung gibt.

Durch das Konzept von Super-Energie kann die alternative Medizin eine theoretische Grundlage erhalten. Alternative Medizin wurde bisher als unwissenschaftlich abgelehnt. Aus der neuen Perspektive heraus sollten aber eigentlich die materialistischen Grundlagen der Schulmedizin verworfen werden, nicht die hinter der alternativen Medizin stehende Philosophie. Alternative HeilerInnen könnten tatsächlich an einem mit unseren normalen Sinnen nicht wahrnehmbaren Energiekörper arbeiten, so wie sie es behaupten. Alternative Medizin wird weithin als »Energie-Medizin« betrachtet, aber wir können diese Ansicht nur verstehen, wenn wir die Bedeutung von Energie vollständig erfassen. Es erfordert eine Revolution in der Physik, damit es der Wissenschaft möglich wird, die Realität alternativer Medizin anzuerkennen.

Die neuen Vorstellungen von Energie führen nicht nur zu einem tieferen Verständnis der Prinzipien, auf denen alternative Medizin beruht, sie erklären auch viele ihrer Praktiken. Nehmen Sie zum Beispiel die Homöopathie. Wenn erkannt wird, daß ihre Heilmittel mehr auf den Energiekörper einwirken als auf die Körperchemie, könnte sie besser verstanden werden. Der Prozeß der Potenzierung, durch den die homöopathischen Heilmittel hergestellt werden, kann mit dem Prozeß der Anfertigung eines Abdrucks verglichen werden. Stellen Sie sich vor, Sie setzen Ihren Fuß in einen Gipskübel. Nehmen Sie ihn heraus, so hinterläßt er im Gips einen Abdruck. Ihren Fuß könnten wir als ein Positiv bezeichnen und den Abdruck als das Negativ. In der Homöopathie repräsentiert das Energiemuster, das mit der eigentlichen Chemie verbunden ist, das »Positiv«, von dem ein Abdruck gemacht werden soll. Das mit der Chemie verbundene Energiemuster wird im Prozeß des Verdünnens und Schüttelns auf das zugrundeliegende Trägermaterial »abgedrückt«, es wird ein »Negativ« hergestellt. Mit fortschreitender Potenzierung wird das Energiepositiv in dem Ausmaß »vergrößert«, wie die ursprüngliche Chemikalie, das Positiv, ungeheuer »verkleinert« wird. Es ist so, als ob der Eindruck des Fußes im Gips millionenfach reproduziert werden würde, während der Fuß entfernt wurde.

Wenn das Heilmittel eingenommen wird, überträgt sich das vergrößerte Negativbild auf den Energiekörper des Patienten, es hellt die trüben Flecken auf und tönt die Glanzlichter ab. In einem physikalischen Sinn könnte dies wie zwei Wellenbewegungen verstanden werden, die sich in einem Prozeß, der in der Physik als Interferenz bekannt ist, gegenseitig aufheben. Das Resultat wäre die Reduzierung von Überschüssen und das Ausgleichen von Defiziten im Energiemuster des Patienten. Die Homöopathie wird erst dann für die Denkweise der Chemie verständlich, wenn sie in der Denkweise der Physik einen Sinn bekommen hat.

Homöopathie soll auf dem grundlegenden Prinzip beruhen, daß »Gleiches Gleiches heilt«. Mit der neuen Herangehensweise wird dagegen ein etwas anderes Bild gemalt. Bei der Potenzierung handelt es sich um die Herstellung und Verstärkung eines Energienegativs.

Es ist vorstellbar, daß das Heilmittel einen Schlüssel enthält, der eine Blockade in der Super-Energie des Körpers aufschließt. Diese neue Auffassung der Homöopathie liegt mehr auf einer Linie mit der orthodoxen biologischen Wissenschaft. Die Biochemie erkennt diesen Typ von »Schloß-und-Schlüssel« Mechanismus an, der in vielen Lebensprozessen, von der Wechselwirkung zwischen Antikörpern und Viren bis zur Nachbildung von Proteinen durch die RNA, eine Rolle spielt.

Die Homöopathie ist nur eine von einer Vielzahl alternativer Praktiken, die in Begriffen der Super-Energiephysik verstanden werden können. Nehmen Sie zum Beispiel die *Radonie*. PraktikerInnen der Radonie benutzen für die Diagnose und Behandlung ihrer Patienten Instrumente mit elektrischen Spulen und Kondensatoren. Es könnte sein, daß es durch diese Instrumente möglich ist, sich auf die resonanten Frequenzen des Super-Energiefeldes eines Patienten einzustellen. PraktikerInnen behaupten, daß sie spezifische Frequenzen feststellen können, die einzelnen Krankheiten entsprechen und diese Krankheiten durch Harmonisierung und Korrektur der unpassenden Schwingungen behandeln. Es heißt, daß manche Radonie-Instrumente Wellenmuster »aussenden«, die die Muster einer speziellen Krankheit aufheben. Dies könnte das Ergebnis eines Interferenzprozesses sein, der dem vergleichbar ist, den wir bei der Homöopathie beschrieben haben. In Radonie-Instrumenten sind die Spulen und Kondensatoren nicht zu einem normalen elektrischen Stromkreis verbunden; sie wechselwirken unmittelbar durch Resonanz mit dem Super-Energiefeld.

Medizinisches Wünschelrutengehen, auch *Radiästhesie* genannt, kann ebenfalls in Resonanzbegriffen verstanden werden. In der Radiästhesie wird ein Pendel benutzt, um Hinweise auf Veränderungen im Energiefeld des Patienten zu erhalten. Es besteht eine Wechselwirkung zwischen dem Super-Energiefeld der HeilerIn und dem des Patienten. Das Energiefeld der HeilerIn tritt in Resonanz mit dem des Patienten. Es ist, als würde sie als *Meßgerät* für Lebensenergie fungieren; das Pendel könnte als Nadel des Meßgeräts aufgefaßt werden.

Veränderungen im Energiekörper können auch über Veränderungen im Muskeltonus entdeckt werden. Dies ist die Grundlage der *angewandten Kinesiologie* – des Diagnosesystems, das auf Muskeluntersuchung beruht.

Medizinisches Auspendeln und Muskeluntersuchung sind in erster Linie Diagnosemethoden. Sie können auch dazu benutzt werden, für den einzelnen Patienten die beste Therapie herauszufinden, zum Beispiel das beste pflanzliche oder homöopathische Heilmittel und die optimale Dosis.

Manche Leute behaupten, daß auch die Erde einen Energiekörper hat, mit Energieflußlinien, die mit den Meridianen im menschlichen Körper verwandt sind. Das könnte solche Phänomene wie die Ley-Linien erklären, die als unterirdische Kraftlinien den ganzen Globus als eine Art Netzwerk umspannen sollen. WünschelrutengängerInnen können Abweichungen in diesem System herausfinden, möglicherweise, indem ihr eigener Super-Energiekörper in Wechselwirkung mit dem der Erde tritt. WünschelrutengängerInnen fanden auch heraus, daß »negative Kreuzungen« in diesem Netzwerk mit dem Auftreten von Krankheiten bei Menschen in Wechselbeziehung stehen, die über diesen Kreuzpunkten leben, wobei mit Krebs die stärkste Wechselbeziehung besteht. Es könnte sein, daß solch »geopathischer Streß« sich in der Entleerung des menschlichen Energiekörpers auswirkt.

Heilkraft ist eine der am wenigsten verstandenen und doch eine machtvolle Form alternativer Therapie. HeilerInnen scheinen nicht viel mehr zu tun, als ihre Hände auf die PatientInnen zu legen oder sie dicht über ihnen zu bewegen. Sie haben selten irgendeine medizinische Ausbildung genossen und verblüffen die medizinische Wissenschaft, wenn sie Krebs und andere chronische Krankheiten heilen, obwohl sie manchmal über die Krankheit nicht viel wissen.

Heilkraft ist eine therapeutische Interaktion zwischen dem Super-Energiekörper der Therapeutin und dem des Patienten, ohne das Dazwischentreten irgendwelcher Instrumente oder Heilmittel. Heilkraft könnte durch einen Resonanzprozeß wirken, durch den der Entwurfsplan der Energie im Körper wieder in Kraft gesetzt wird. Durch den Prozeß des Ausbalancierens und den Abbau von Blockaden würde »Heilungs«energie fließen und damit die Erneuerung der Zellen und die Bildung von neuem und gesundem Gewebe unterstützt werden. Auf diese Weise könnte die Heilkraft Krankheiten entgegenwirken, egal wo sie im Körper auftreten. Selbstheilung ist ein Charakteristikum aller lebenden Systeme, Heilkraft fördert diesen natürlichen Prozeß nur.

HeilerInnen reden nicht von einem Energiekörper, sondern von einer Aura. Menschen, die behaupten, sie sehen zu können, beschreiben sie als farbenprächtig; sie soll den physischen Körper umgeben und durchdringen. HeilerInnen messen der Aura große Bedeutung bei; manche sagen, daß sie fast unmittelbar auf Veränderungen im Denken oder Fühlen und auf Veränderungen in der Umgebung reagiert. Sie behaupten auch, daß Schäden sich an der Aura schon Monate zeigen, bevor sie im physischen Körper als Krankheit auftreten.

Das entspricht dem, was Professor Burr in seiner Erforschung des L-Feldes herausfand. Burr benutzte zur Untersuchung elektrischer Muster an unterschiedlichen Körperteilen spezielle Voltmeter und Elektroden. Er fand heraus, daß Verzerrungen in diesen elektrischen Mustern frühe Anzeichen vom Ausbruch einer Krankheit ankündigten, insbesondere vom Ausbruch von Krebs.

Burr stellte sich das L-Feld als Puddingform vor, die den physischen Körper formt und enthält. Er erklärte die Frühdiagnose in diesem Bild.

> Wenn [die Köchin] eine angeschlagene Form benutzt, erwartet sie, im Pudding einige Beulen oder Ausbuchtungen vorzufinden. Ähnlich kann ein »angeschlagenes« L-Feld – das ist eines mit abnormalen Spannungsmustern – vor etwas warnen, das im Körper »aus der Form« geraten ist, manchmal noch vor spürbaren Symptomen.
>
> Durch L-Feld-Messungen wurde zum Beispiel Krebs in Eierstöcken (und Gebärmutterhals) entdeckt, bevor irgendein klinisches Anzeichen festgestellt werden konnte. Solche Messungen können somit Ärzten helfen, Krebs frühzeitig zu erkennen, wenn es noch bessere Heilungschancen gibt.

Um Krebs zu verstehen, müssen wir die Rolle der Super-Energie im Vitalprozeß lebender Organismen stärker berücksichtigen.

Der vorrangigste dieser Prozesse ist in einem vielzelligen Organismus die zelluläre Differenzierung.

Dieser Differenzierungsprozeß ist bei Krebszellen gestört. Tumorzellen verlieren ihre gewebetypischen Eigenschaften, in welchem Teil des Körpers sie sich auch entwickeln.

Es sieht so aus, als ob Zellen ohne den Einfluß des Super-Energiekörpers keinen Plan für die Differenzierung hätten. Dies könnte der Schlüssel zum Verständnis von Krebs sein.

Eine Schwächung im Plan des Körpers würde einige Zellen dazu bringen, zu entarten und zu einer undifferenzierten Masse heranzuwachsen, einem Krebstumor. Es könnte sein, daß Burrs L-Feld das physikalische Spiegelbild des unzugänglichen Super-Energiefeldes ist. Vielleicht gibt es einen Resonanzeffekt, in der Weise, daß sich eine Schwächung des Energiefeldes im elektrischen Muster des Körpers zeigt. Dies würde erklären, warum Burr in Fällen von Krebs dramatische Veränderungen im L-Feld feststellte.

Wenn sich Abnormitäten im Super-Energiefeld durch Verzerrungen in elektrischen Mustern zeigen, dann könnten Messungen der Körperelektrizität zu einem Durchbruch in der Früherkennung von Krebs führen. Burrs Entdeckung dramatischer Feldveränderungen vor dem Auftreten klinischer Symptome in Fällen von Krebs wurde durch wissenschaftliche Forschung bestätigt, die später und von anderen WissenschaftlerInnen durchgeführt wurde. Ein Team der Abteilung für Geburtshilfe und Gynäkologie des New York University College für Medizin untersuchte in Fällen von Gebärmutterhals-Krebs Veränderungen im L-Feld und bestätigte, daß diese Veränderungen ein frühes Anzeichen für den Ausbruch der Krankheit sind. Hiervon abgesehen wurde Burrs umfangreiche Arbeit vom medizinischen Establishment nie allgemein akzeptiert. Diese kostengünstige elektronische Methode zur Früherkennung von Gebärmutterhals-Krebs ist seit dem Krieg bekannt. Sie ist aber noch immer nicht in Krankenhäusern verfügbar, weil die Prinzipien, auf denen sie beruht, nicht zu der materialistischen Weltsicht der medizinischen Wissenschaft passen.

Wodurch wird das Lebensfeld geschwächt und der Körper anfällig für Krebs? Im klassischen Indien und in China existierte traditionell der Glaube, daß die natürliche Umwelt, einschließlich der Luft, die wir atmen und der Nahrung, die wir essen, mit Lebensenergie geladen ist – *Prana* in Indien und *Ch'i* in China. Es könnte sein, daß wir Lebensenergie aus diesen Quellen brauchen, um gesund zu bleiben. Vielleicht werden wir auf irgendeine Weise von unserer Umwelt, von unserer Nahrung und der Luft, die wir atmen, mit Lebensenergie ernährt. Krebs ist in ursprünglich gebliebenen Gesellschaften, in denen die Menschen in enger Verbindung mit der Natur lebten, kaum verbreitet. Erst in der modernen Industriegesellschaft ist er zu einer Epidemie geworden.

Heute sind viele Menschen ernsthaft beunruhigt über die Zerstörung der natürlichen Umwelt. Das rasante Abholzen der Regenwälder, das Ersetzen grüner Wiesen durch Industrieanlagen, Städte und Autobahnen, und die anhaltenden Auswirkungen von Umweltverschmutzung lösen Alarm aus. Die Menschen nehmen die schädlichen Auswirkungen unserer Industriegesellschaft auf einer physikalischen Ebene durchaus wahr. Es könnte aber sein, daß Industrialisierung, Umweltzerstörung und zunehmende Verstädterung uns auf viel heimtückischere Weise bedrohen, als wir bisher erkennen.

Wir könnten durch die Zerstörung der natürlichen Umwelt vor allem wichtige Quellen von Lebensenergie zerstören. Wir würden uns auf diese Weise selbst der Lebenskraft berauben, die wir sonst von der natürlichen Umwelt erhalten haben. Es wurde zum Beispiel nachgewiesen, daß bearbeiteter Nahrung die Lebensenergie fehlt; wenn sie der Kirlian-Fotografie unterzogen wird, zeigt sie praktisch kein Lebensfeldmuster.

Aufgrund des physikalischen Prinzips, daß Energie immer vom höheren zum niedrigeren Niveau fließt, könnte es sein, daß die entkräftete Umwelt und Nahrung uns geradezu aussaugen, indem sie sich auf unsere Kosten mit Lebensenergie aufladen. Der menschliche Energiekörper scheint außerdem durch elektromagnetische Umweltverschmutzung geschwächt zu werden. Ist es ein Wunder, daß es in der Industriegesellschaft eine Krebsepidemie gibt?

All diese Faktoren verursachen wahrscheinlich nicht direkt Krebs. Es ist wahrscheinlicher, daß sie unsere Anfälligkeit für ihn erhöhen. Krebs könnte häufig eine Folge der vielen Karzinogene sein, denen wir heute ausgesetzt sind. Der physische Körper könnte in einem niedrigen Energiezustand viel angreifbarer sein für Gifte, Viren und Krankheiten jeder Art, er scheint sie geradezu anzuziehen. Im Gegensatz dazu ist der physische Körper in einem hohen Energiezustand, wenn der Super-Energiekörper stark und gut im Gleichgewicht ist, vermutlich sehr viel unempfindlicher und besser geschützt gegen die Auswirkungen von Umweltverschmutzung, Karzinogenen und schädlichen Bakterien.

HeilerInnen und PraktikerInnen der Radonie und Radiästhesie behaupten oft, Krebs und andere Krankheiten aus der Distanz diagnostizieren und behandeln zu können. Wenn sie nicht direkt am physischen Körper arbeiten, sondern am Super-Energiekörper, der unseren Raum und unsere Zeit überschreitet, könnte diese Heilung aus der Entfernung, die üblicherweise *Heilung auf Distanz* oder *geistiges Heilen* genannt wird, erklärlich werden. Normale MedizinerInnen müssen mit dem Auto losfahren, um ihre PatientInnen zu behandeln, aber die superphysikalischen Wechselbeziehungen scheinen von anderen Gesetzen beherrscht zu werden. Viele Indizien legen nahe, daß Trennung durch Willenskraft oder Konzentration überwunden werden kann. Auch wenn die Heilerin und ihr Patient Tausende von Kilometern voneinander getrennt sind, können sie durch Gedanken direkt Verbindung aufnehmen.

Wenn zwei Menschen in der physikalischen Welt getrennt sind, bedeutet das nicht, daß sie auch auf super-physikalischer Ebene ohne Kontakt sind. Ihre Super-Energiefelder können, selbst wenn sie weit voneinander entfernt sind, auf der Ebene von Geist und Gefühlen durch ihre Liebe und ständiges Aneinanderdenken aufeinander abgestimmt sein. Umgekehrt bedeutet physische Nähe zwischen zwei Menschen nicht unbedingt, daß ihre Energiefelder verbunden sind. Fremde, die in einem überfüllten Eisenbahnabteil nebeneinander sitzen und keinen geistigen oder emotionalen Kontakt haben, können im Bereich von Super-Energie völlig getrennt sein. Es ist, als ob sie sich auf einer ganz anderen Wellenlänge befänden.

HeilerInnen und PraktikerInnen von Radonie und Radiästhesie nutzen sehr oft einen »Zeugen«, um diesen Verbindungsvorgang zu fördern. Als Zeuge kann irgendein Objekt fungieren, das mit der Lebensenergie eines Patienten erfüllt ist. Zeugen können Blutflecken und Haarproben sein, Fotografien, Kleidungsstücke oder Gegenstände, die gewöhnlich von dem Patienten benutzt werden. In der *Psychometrie*, auch *Objektlesen* genannt, stellt sich eine Person durch den Kontakt mit einem derartigen Zeugen vollständig auf die Vergangenheits- und Gegenwartserfahrung einer anderen Person ein.

Bestimmte Gegenstände und Plätze scheinen eine spezielle Prägung von Super-Energie zu haben, die aus ihrer außergewöhnlichen Geschichte herrührt. Ein herausragendes Beispiel für dieses Phänomen ist der römische Speer von Longinus, der zum Schatz der Habsburger in Wien gehört und von dem überliefert ist, daß er benutzt wurde, um die Seite von Christus am Kreuz zu durchbohren. Es wird vielen weltbeherrschenden Persönlichkeiten im Verlauf der Geschichte nachgesagt, daß sie dies Objekt als Talisman der Macht in ihrem Besitz hatten. Trevor Ravenscroft behauptet in seinem Bericht über den okkulten Hintergrund des Zweiten Weltkriegs, daß Hitler Österreich auch deshalb annektierte, um in Besitz dieses Gegenstandes zu gelangen. Es heißt, daß er sich auf die Energien dieses Speers einstellte und aus dessen außergewöhnlicher Geschichte Kraft bezog.

Auf der Fähigkeit, sich auf das Super-Energiemuster einzustimmen, das mit einem Gegenstand oder einer Person assoziiert ist, beruht Hellsichtigkeit. *HellseherInnen* sind Menschen, die diese Fähigkeit in hohem Ausmaß besitzen. Sie sind intuitiv in der Lage, Raum und Zeit zu überschreiten und die Energiemuster von Vergangenheit, Gegenwart und Zukunft zu lesen, die mit einem Gegenstand, einer Person oder einem Ort verbunden sind. Die Zukunft ist nicht unabänderlich, aber durch das Energiemuster, das in der Vergangenheit aufgebaut wurde, entsteht ein Muster, das zukünftige Ereignisse möglich macht. Dies Muster ist keine Gewißheit, es ist mehr eine Tendenz. Die Zukunft in dieser Weise zu erspähen, ähnelt dem Vorgehen der Heilerin, die eine Unausgewogenheit in der Aura erkennt und daraus auf den bevorstehenden Ausbruch einer Krankheit schließt.

Hellsichtigkeit ist nicht auf einige begabte Individuen beschränkt. In Wirklichkeit besitzen wir alle diese Fähigkeit mehr oder weniger. Wir stellen zum Beispiel auf einem Energielevel mit irgend jemandem eine Verbindung her, indem wir ihn im Geist rufen. Wir sollten nicht überrascht sein, wenn wir immer wieder feststellen, daß wir gerade an jemanden gedacht haben, bevor er anruft. In solchen Fällen hat einfach zuerst unser Bewußtsein die Verbindung hergestellt.

Das Bewußtsein ist in Wahrheit weit größer, als wir normalerweise glauben. Viele WissenschaftlerInnen gehen davon aus, daß der Geist ein bloßer Ausfluß des Gehirns ist. Sie stellen sich das Gehirn gerne als Computer vor und Gedanken als Ergebnis seiner Aktivität. Mit dieser Vorstellung sind Hellsichtigkeit, ESP und Telepathie sehr schwer zu verstehen.

Die Evidenz von Hellsichtigkeit und anderen parapsychologischen Phänomenen legt nahe, daß unser Bewußtsein weit über das Gehirn hinausgeht. Es scheint bei einigen Menschen bis in Dimensionen des Universums zu reichen, die von den meisten von uns nicht wahrgenommen werden können.

Aldous Huxley nahm an, daß das Gehirn als eine Art Reduktionsfilter für den Geist funktioniert. Auf diese Idee kam er durch seine eigenen Erfahrungen und den Einfluß des Philosophen C. D. Broad. In seinem Buch *Die Pforten der Wahrnehmung* zitiert Huxley Broad:

> Jeder Mensch ist in jedem Augenblick fähig, sich all dessen zu erinnern, was ihm je widerfahren ist und alles wahrzunehmen, was irgendwo im Universum geschieht.

Broad glaubte, daß es die Aufgabe des Gehirns sei, uns davor zu schützen, von dieser Masse an Wissen überwältigt und verwirrt zu werden, das meiste davon auszuschließen und nur das zuzulassen, was für unser praktisches Alltagsleben auf der Erde notwendig ist. Er sah die Funktion des Gehirns hauptsächlich darin, Dinge wegzulassen und nicht darin, produktiv zu sein. Huxley stimmte dieser Ansicht zu, als er sagte, »das Gehirn *produziert* nicht den Geist, es *reduziert* den Geist«. Wie er es ausdrückte,

> ... verfügt potentiell jeder von uns über das größtmögliche Bewußtsein. Aber da wir lebende Wesen sind, ist es unsere Aufgabe, um jeden Preis am Leben zu bleiben. Um ein biologisches Überleben zu ermöglichen, muß das größtmögliche Bewußtsein durch den

> Reduktionsfilter des Gehirns und des Nervensystems hindurchfließen. Was am anderen Ende herauskommt, ist ein spärliches Rinnsal von Bewußtsein, das es uns ermöglicht, auf eben diesem unserem Planeten am Leben zu bleiben... Die verschiedenartigen »anderen Welten«, mit denen der Mensch hie und da einmal in Berührung gerät, stellen ebenso viele Elemente des totalen Bewußtseins dar, das seinerseits im größtmöglichen Bewußtsein enthalten ist. Die meisten Menschen erfahren häufig nur das, was durch den Reduktionsfilter gelangt und von der in ihrem Land gebräuchlichen Sprache als wirklich und wahrhaftig anerkannt wird. Manche Menschen jedoch scheinen mit einer Art von Umgehungsvorrichtung geboren worden zu sein, welche den Reduktionsfilter umgeht.

Oft wird davon gesprochen, daß die Menschen aus einem Körper und einem Geist bestehen – zwei getrennten, irgendwie zusammengefügten Wesenheiten. Körper und Geist werden als persönliche Eigenheiten des Individuums betrachtet. Jeder von uns hat einen physischen Körper, der nur zu ihm persönlich gehört. Das Gehäuse von Knochen und Blut, das durch die Haut zusammengehalten wird, ist uns vertraut. Wir denken gerne, daß der Geist ähnlich gebunden und eingepfercht ist. Wir stellen ihn uns als einen Körper von Gedanken, Erinnerungen und Gefühlen vor, die so wie der physische Körper persönlich zum Individuum gehören.

Huxley dagegen sprach nicht von einem individuellen Geist. Er sah den Geist eher als etwas Universelles an, zu dem uns das Gehirn Zugang verschafft. Das Gehirn könnte mit einem Fernsehapparat verglichen werden. Ein Fernseher braucht zwei Dinge, um zu funktionieren: elektrische Energie und Programme. Keins von beiden gehört zu dem individuellen Gerät. Die elektrische Energie ist mehr etwas Universelles, das vom Stromnetz eingespeist wird. Die Programme existieren ebenfalls außerhalb des Geräts. Sie gelangen von draußen als Sendungen oder als vorher aufgenommene Videos hinein. Das Gerät ermöglicht uns nur, zu wählen, welche Programme gezeigt werden.

Geist ist die Verbindung von Bewußtsein und Gedanken. Das Bewußtsein wird in der Fernseher-Analogie von der Energie aus dem Stromnetz repräsentiert. So wie der Netzstrom allen Empfängern zugänglich ist, die dem Netz angeschlossen sind, könnte es ein allgemeines Bewußtsein geben, das alle Gehirne speist. Die Gedanken würden den Fernsehprogrammen entsprechen. Manche sind öffentlich – Sendungen oder Aufnahmen, die aus einer Videothek ausgeliehen wurden. Andere sind privat – Produktionen der heimischen Videokamera. In gleicher Weise könnten manche Gedanken im Gehirn entstehen, wie heimische Videoproduktionen, während andere von außerhalb empfangen werden würden, wie externe Programme.

Diese Analogie legt nahe, daß für bewußte Erfahrung zwei Dinge wesentlich sind: Bewußtsein und Gegenstände der Erfahrung – Gedanken, Emotionen und Sinneseindrücke. Individuelle Erfahrung würde entstehen durch die Verbindung von Bewußtsein und Denken – Energie und Programm.

Was aber ist Denken, und wie kann es außerhalb des Gehirns existieren? Denken Sie wieder an das Bild mit dem Fernsehgerät. Fernsehprogramme existieren als elektrische Impulse in Fernsehgeräten. Sie können aber auch unabhängig existieren, als elektromagnetische Wellen, die durch den Raum schwirren. Könnte dasselbe für das Denken zutreffen? Wir wissen, daß Denken an elektrische Impulse im Gehirn gebunden ist. Könnten Gedanken auch unabhängig existieren, zum Beispiel als Schwingungen im Super-Energiefeld?

Wenn das so wäre, hätten Gedanken physikalische Realität; sie wären so real wie Materie oder Licht. Außerdem wäre damit klar, daß Denken außerhalb des Gehirns existieren könnte; wie elektromagnetische Wellen wären Gedanken in der Lage, über das ganze Universum auszustrahlen.

Diese Annahmen sind nicht absurd. Es gibt viele Hinweise darauf, daß das Denken die Grenzen der physikalischen Welt überschreitet. Wir sprechen oft von der »Welt der Gedanken« als einer Welt, die sich von der materiellen Welt unterscheidet. Manche Leute sagen sogar, daß sich Gedanken schneller bewegen als Licht. Wenn Gedanken in einem anderen Bereich von Raum und Zeit mit Super-Energieschwingungen verbunden wären, würden alle diese Vorstellungen einen Sinn ergeben.

Vielleicht ist das Gehirn ein Instrument, das in der Lage ist, mit diesen Schwingungen in Resonanz zu treten. Das Gehirn kann vielleicht durch eine resonante Struktur in seiner Neurophysiologie zwischen Super-Energie und der physikalischen Welt vermitteln. Wenn das stimmt, ist das Gehirn vielleicht ein »Gedanken-Überträger« – ein Apparat, der Gedanken empfängt und übermittelt und sie in die physikalische Welt hinein übersetzt.

Wenn Gedanken Schwingungen im Super-Energiefeld sind, könnten sie via Resonanz direkt von einem Super-Energiefeld in ein anderes übermittelt werden. Gedankenformen könnten auf diese Weise überallhin ins Universum gesendet werden, genau wie Radio- und Fernsehwellen. Wie Signale eines Radiosenders könnten Gedanken direkt zwischen Menschen ausgetauscht werden. Telepathie wäre die Übermittlung von Denken auf diesem Weg.

Einige unserer Gedanken scheinen in unseren eigenen Köpfen zu entstehen, aber andere tauchen plötzlich auf, sie »fallen vom Himmel«. Wir stellen das fest, wenn wir sagen »es fiel mir eben ein« oder »es kam mir in den Kopf«. Wir bringen anscheinend nicht alle unsere Gedanken selbst hervor. Ohne die Erkenntnis, daß wir viele unserer Gedanken empfangen und nicht selbst hervorbringen, verfallen wir leicht in den Fehler, uns mit unserem Denken gleichzusetzen. Einige Gedanken werden möglicherweise von höheren Reichen des Universums in die menschliche Psychosphäre übermittelt; sie kommen als Quelle von Inspiration und Geist in Betracht.

Wenn wir in einer bestimmten Richtung denken, stellen wir fest, daß uns laufend ähnliche Gedanken kommen. Das könnte deshalb so sein, weil wir uns auf die Resonanz mit einem bestimmten Gedankengang »einschwingen«. Es wäre natürlich, daß wir auf dieser »Wellenlänge« dann Gedanken empfangen würden, die gerade in der Psychosphäre um uns herum ausstrahlen. Das könnte für das Phänomen verantwortlich sein, das Jung als das »kollektive Unbewußte« bezeichnete. Wenn Gedanken wirklich Teil eines anderen Bereichs sind, eines Bereichs von Super-Energie außerhalb von Zeit und Raum, könnten wir lernen, sie von anderen Plätzen und Zeiten aufzunehmen, indem wir uns in der richtigen Weise darauf einstimmen. Wenn wir Gedanken als Schwingungen verstehen, könnten wir besser nachvollziehen, auf welche Weise resonante Formen wie Kristalle diesen »Einstimm«-Vorgang unterstützen könnten. Sie könnten Schwingungen speichern und verstärken.

Viele Menschen beziehen Inspiration aus ihrem Schlaf, wie es in der allgemeinen Äußerung »ich will erstmal darüber schlafen«

zum Ausdruck kommt. Wenn der größere Teil des Geistes außerhalb des Gehirns existiert, kann unser Bewußtsein vielleicht im Schlaf diese größere Realität jenseits des physikalischen Bereichs wahrnehmen. Wir würden dann erfrischt aufwachen, bereichert um das Wissen anderer Welten. Einige unserer Träume könnten darauf zurückzuführen sein.

Phänomene wie Astralreisen und andere außerkörperliche Erfahrungen sind vielleicht ebenfalls darauf zurückzuführen, daß unser Bewußtsein zeitweise in diese höhere Realität von Super-Energie eintritt, nicht im Schlaf, sondern im wachen Zustand.

Diese Überlegungen werfen ein neues Licht auf das Gedächtnis. Wenn Denken außerhalb des Gehirns existieren kann, trifft dasselbe vielleicht für das Gedächtnis zu. Normalerweise wird angenommen, daß Erinnerungen nur im Gehirn gespeichert sind. Könnte aber nicht auch der größere Teil unseres Gedächtnisses außerhalb des Gehirns aufgehoben werden, als Muster im Super-Energiefeld?

Das Gehirn wird oft mit einem Computer verglichen. Jeder Computer hat ein begrenztes internes Gedächtnis, kann aber auf eine unbegrenzte Menge von Informationen zurückgreifen, die extern auf Disketten gespeichert sind. Vielleicht speichert das Gehirn in ähnlicher Weise nur die Informationen, die für die unmittelbare Tätigkeit des Bewußtseins gebraucht werden. Extern im Super-Energiefeld könnten weit mehr Informationen gespeichert sein, die dort für das Gehirn zugänglich wären.

Von der Hypnose her ist bekannt, welche phänomenale Informationsmenge in der menschlichen Psyche vorliegt. Vielleicht zapft das Gehirn eine potentiell unbegrenzte Erinnerungsbank im Super-Energiefeld an. Menschen scheinen in Trance und in Zuständen erweiterten Bewußtseins Zugang zu einem menschheitsumfassenden Gedächtnis zu haben – als ob sie die öffentliche Bücherei benutzen würden, während sie sonst auf ihr eigenes Bücherregal angewiesen sind.

Die Vorstellung, daß das Gehirn ein Werkzeug ist, durch das wir Zugang zu Erinnerungen erhalten, wird von der medizinischen Forschung gestützt. In Studien von Fällen, bei denen Teile des Gehirns geschädigt oder zerstört worden waren, konnte nicht gezeigt werden, daß Erinnerungen in einer bestimmten Region des Gehirns angesiedelt sind. Wenn das Gehirn beschädigt ist oder sich in hohem Alter verschlechtert, wird das gesamte Erinnerungsvermögen der Person wirr und unklar. Die Fähigkeit des Zugangs zu Information ist beeinträchtigt. Vielleicht sind noch alle Informationen intakt, aber der physikalische Prozeß, sich darauf einzustellen, funktioniert nicht mehr so gut wie vorher.

Wir stellen abschließend fest, daß Super-Energiefelder, die den physischen Körper umgeben und durchdringen, vielleicht einen höheren Energiekörper des Menschen bilden. Alternative Medizin erkennt die Existenz eines höheren Energiekörpers an, der als Matrize fungiert und damit tiefgehende Auswirkungen auf den physischen Körper hat. In vielen alternativen Therapieformen werden dadurch heilende Effekte erzielt, daß dieser Energiekörper gestärkt, harmonisiert und ausbalanciert wird, was die Arbeit an Bewußtsein und Gefühlen einschließen kann.

In der alternativen Medizin wird die physische Realität des Denkens und die enorme Rolle, die es für das umfassende Wohlbefinden des Menschen spielt, anerkannt. Negative Gedanken und unterdrückte Gefühle können als zerstörerische Schwingungen im Energiekörper nachteilige Auswirkungen auf den physischen Körper haben. Auch das Umgekehrte ist der Fall. Positive Gedanken und Emotionen, die das Super-Energiefeld harmonisieren, können den physischen Körper heilen. In der orthodoxen Medizin werden die Auswirkungen des Geistes auf den Körper bekanntlich unter dem Begriff »Psychosomatik« zusammengefaßt.

Viele der unterschiedlichen Arten alternativer medizinischer Praxis sind Verfeinerungen der traditionellen Heilkunst. Zu allen Zeiten gab es einfühlsame Männer und Frauen, deren Wissen mehr auf Intuition als auf Intellekt beruhte, mehr auf Erfahrung als auf Experimenten. Diese Menschen waren sehr oft natürliche HeilerInnen. Heilkraft ist ein Vermächtnis aus weiseren Zeiten, als der Mensch als ganze und einheitliche Person behandelt wurde und der physische Körper als ein Werkzeug angesehen wurde, das einem höheren Zweck dient. Die HeilerInnen behandelten die ganze Person und nicht nur die Symptome der Krankheit.

Jesus Christus war vielleicht der bedeutendste Heiler in der schriftlich überlieferten Geschichte. Christus, der sich in Resonanz mit den höheren Bereichen des Universums befand, könnte sich auf das Lebensfeld der kranken Person zu seinen Füßen eingestimmt haben. Deren Körper könnte unter seinem Blick durch eine intensive Stimulation des Entwurfsplans der Super-Energie völlig regeneriert worden sein.

Lehrer wie Christus befaßten sich natürlich mehr mit der Heilung der Seele als des Körpers. In alten Zeiten wurde der Seele größere Bedeutung beigemessen als dem Körper. Manche Menschen konnten die Seele buchstäblich sehen, als eine Aura voller Farben, die den Körper umgab. Auf Bildern wurde sie manchmal durch einen Heiligenschein wiedergegeben. Die Aura der Heiligen oder MystikerInnen, die mit der Energie der höchsten Bereiche des Universums aufgeladen ist, würde jemandem, der sie sehen könnte, wie glänzendes, goldenes Licht erscheinen.

Von der Seele wird im allgemeinen angenommen, daß sie als immaterieller Teil des Menschen nach dem Tod weiterexistiert. Sie könnte aus mehreren Super-Energiefeldern zusammengesetzt sein. Wir haben uns das Universum als Abfolge getrennter Bereiche von Energie vorgestellt, wobei in jedem Bereich eine Geschwindigkeit vorherrscht. Der menschliche Energiekörper könnte dieselbe Struktur besitzen. Er besteht möglicherweise aus einer Reihe von Körpern mit unterschiedlicher »Durchschnittsgeschwindigkeit«, die übereinander aufgebaut sind, und ist nicht ein einheitlicher Körper von Super-Energie. Mit anderen Worten, wir alle besitzen vielleicht eine aufsteigende Reihe von Super-Energiefeldern, die mit unseren physischen Körpern verbunden sind. Das wäre eine Erklärung für die traditionelle esoterische Vorstellung der vielen Körper des Menschen. Manche Lehrer, wie zum Beispiel Rudolf Steiner oder die TheosophInnen, ordnen den verschiedenen Körpern Namen zu wie *Ätherleib*, *Astralleib* und *Geistkörper*.

Wir könnten uns diese aufsteigende Reihe immaterieller Körper wie aufeinanderfolgende Schalen einer Zwiebel vorstellen; jede ist von der nächsten eingehüllt.

In den vielen Körpern des Menschen können wir einen Widerhall der Struktur des gesamten Universums als einer aufsteigenden

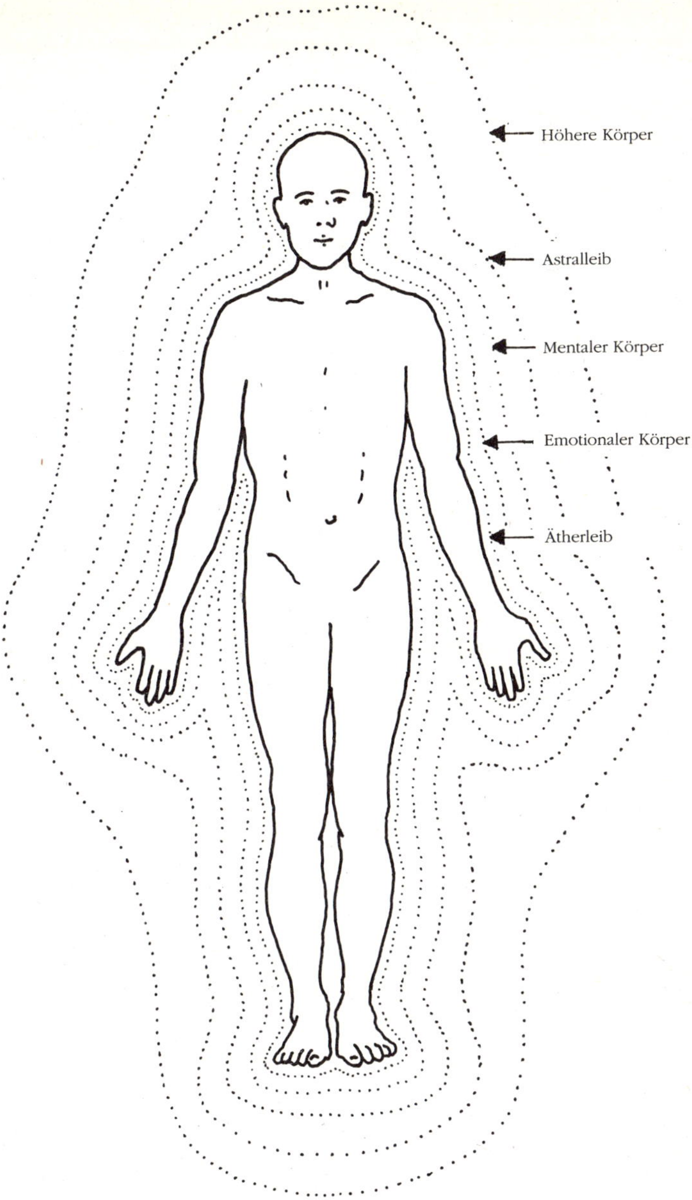

Abb. 25: Die höheren Energiefelder werden oft als eine Reihe höherer Körper geschildert, die den physischen Körper umgeben und durchdringen.

Reihe von Super-Energiebereichen sehen. Wir könnten den Ausspruch »Wie oben, so auch unten« als Ausdruck der Vorstellung auffassen, daß die Gestalt des Menschen auf diese Weise die des Universums widerspiegelt. Auch im Energiekörper stellt sich der Wirbel als ein universelles Muster dar. Menschen mit übersinnlichen Fähigkeiten sehen in den feinstofflichen Körpern Energiewirbel, die als *Chakren* bekannt sind.

Wenn jeder Organismus mit irgendeiner Ebene von Super-Energie verbunden ist, dann könnten wir sagen, daß nicht nur der Mensch, sondern jede Lebensform eine Seele besitzt. Eine Seele würde es überall da geben, wo ein Super-Energiefeld existiert. Deshalb könnte es sie auf jeder Stufe biologischen Lebens geben. Viele Menschen können akzeptieren, daß Tiere und Pflanzen über ein gewisses Bewußtsein verfügen. Wenn auch unbelebte Materie ein Super-Energiefeld hätte, das mit ihr verbunden ist – so wie es Sheldrake mit dem morphogenetischen Feld annimmt – dann haben vielleicht selbst Felsen und Steine ein gewisses Maß an Seelenbewußtheit, das mit ihnen verbunden ist. Viele esoterische Traditionen und Naturvölker nehmen dies an.

Aus diesem Verständnis heraus ist es leicht vorstellbar, daß unser persönliches Bewußtsein den Tod überleben kann und nicht mit dem Gehirn erlöschen muß, wie es uns viele moderne DenkerInnen einreden wollen. Wenn Gedanken und Erinnerungen Merkmale der Super-Energiekörper sind, dann ist die Idee ihrer Fortdauer über den Tod hinaus völlig plausibel. Beim Tod würden sich die Super-Energiekörper nur vom physischen Körper ablösen und aufhören, mit ihm gemeinsam zu existieren.

Diese Auffassung kann uns die Angst vor dem Tod nehmen, von der die Menschheit seit Urzeiten gequält wird. Eine positive Haltung zum Tod ist ein wesentlicher Aspekt einer ganzheitlichen Herangehensweise an das Leben.

KAPITEL 12

Leben nach dem Tod

Das Weiterleben nach dem Tod gehört zu den verbreitetsten menschlichen Glaubensvorstellungen. Seit undenklichen Zeiten sind die Menschen von der Vorstellung beseelt, daß es ein späteres Leben gibt, in einem anderen, ganz unterschiedlichen Reich. Dieser Glaube konzentrierte sich auf die Existenz einer ewig lebenden Seele, einem unsichtbaren Teil des menschlichen Wesens, der den Tod überlebt und das Bewußtsein des Menschen in eine andere Welt mitnimmt.

In den Kapiteln 10 und 11 haben wir ausgeführt, daß jeder lebende Organismus mit einem Energiekörper verbunden sein könnte. Dieser Energiekörper – der mehr einem Energiefeld gleicht als einem Körper aus Materie – verleiht ihm Leben. Der Super-Energiekörper, der möglicherweise aus einer aufsteigenden Reihe von Feldern besteht, überlagert den physischen Körper und durchdringt ihn vollständig. Ein Organismus wäre in dem Moment lebendig, wo dieser Super-Energiekörper synchron mit ihm existiert. Tod wäre gleichbedeutend mit dem Ende dieser Koexistenz.

Wenn die Gedanken und Erinnerungen des Menschen Eigenschaften des Super-Energiekörpers sind, gibt es keinen Grund anzunehmen, daß die Persönlichkeit nach dem Tod nicht weiterbesteht. Der höhere Körper des Menschen – den manche die Seele nennen – würde frei sein, zu seiner natürlichen Heimat in den höheren »himmlischen« Bereichen des Universums zurückzukehren, nachdem er vom physischen Körper befreit ist. Mit dieser Vorstellung wird die Idee von einem Leben nach dem Tod unterstützt und die Vorstellung hinfällig, daß wir beim Tod völlig ausgelöscht werden. Nur das Lebensprinzip, das den physischen Körper beseelte, verläßt ihn beim Tod, um eine getrennte Existenz zu führen.

Heutzutage gibt es eine Fülle empirischer Beweise für ein Leben nach dem Tod. Tausende von überlieferten nachtodlichen Kommunikationen fanden über sensitive Menschen und SpiritistInnen statt, wobei einige davon strengen Gegenproben unterzogen wurden, die ihre Richtigkeit zu erweisen scheinen. Für die Zwecke dieses Kapitels haben wir uns aber entschieden, uns nur auf die Berichte von Menschen zu stützen, die noch am Leben sind. Eine wichtige Quelle solcher Beweise ist die Erforschung von Erfahrungen aus der Nähe des Todes – die Berichte von Personen, die schon an der Schwelle zum Tod standen und wieder zurückgeholt wurden.

Die Zahl der Menschen, die ein Erlebnis der Todesnähe gehabt haben, ist dank der medizinischen Weiterentwicklung bei der Wiederbelebung enorm angestiegen. Die Ärzte »holen« heutzutage regelmäßig Menschen ins Leben zurück, die bereits klinisch tot waren.

Es ist eine gängige Praxis, Wiederbelebungsversuche zu starten, nachdem eine Person aufgehört hat zu atmen, selbst wenn das Herz aufgehört hat zu schlagen und keine Lebenszeichen mehr vorhanden sind. Im Ergebnis kehren viele Menschen mit außergewöhnlichen Berichten von einem Leben nach dem Tod zurück.

Einer der bahnbrechenden Forscher auf diesem Gebiet war der Amerikaner Dr. Raymond Moody. Moody sammelte bei Menschen, die wiederbelebt worden waren, Hunderte von Berichten über ihre Sterbeerlebnisse. Viele dieser Personen waren Menschen, die bei einem Unfall oder im Krankenhaus gestorben waren; Ärzte oder anderes medizinisches Personal waren zur Stelle gewesen oder waren mit Wiederbelebungsgerät auf dem Schauplatz erschienen und hatten sie erfolgreich ins Leben zurückgeholt. Die folgenden Berichte der Erfahrung von Todesnähe wurden Moodys Buch *Leben nach dem Tod* entnommen, in dem Moody seine Ergebnisse darstellt.

Dr. Moody stellte fest, daß jeder Einzelne eine unterschiedliche Erfahrung machte, die Berichte jedoch viele gemeinsame Elemente enthielten. Die Leute schienen über unterschiedliche Aspekte einer einzigen Grunderfahrung zu berichten. Moody beschreibt die ersten Stufen dieser archetypischen Sterbeerlebnisse wie folgt:

> Ein Mensch liegt im Sterben. Während seine körperliche Bedrängnis sich ihrem Höhepunkt nähert, hört er, wie der Arzt ihn für tot erklärt. Mit einem Mal nimmt er ein unangenehmes Geräusch wahr,

> ein durchdringendes Läuten oder Brummen, und zugleich hat er das Gefühl, daß er sich sehr rasch durch einen langen, dunklen Tunnel bewegt. Danach befindet er sich plötzlich außerhalb seines Körpers, jedoch in derselben Umgebung wie zuvor. Als ob er ein Beobachter wäre, blickt er nun aus einiger Entfernung auf seinen eigenen Körper.

Einige Personen waren sich bewußt, ihren physischen Leib verlassen zu haben und sahen ihn, wie er in einem Autowrack eingeklemmt oder von trauernden Verwandten oder medizinischem Personal umgeben war. Manche Personen bestürzte oder verwirrte der Zustand, in dem sie sich befanden. Andere waren sich ganz klar darüber, was passiert war, wie der folgende Bericht demonstriert.

> Ich dachte, jetzt bin ich tot. Nicht daß ich das bedauert hätte, doch ich konnte einfach nicht darauf kommen, wohin ich denn jetzt eigentlich gehen sollte. Mein Denken und Bewußtsein waren absolut dasselbe wie im Leben, aber ich konnte mir das Ganze einfach nicht erklären. Ich dachte nur in einem fort: »Wohin soll ich bloß gehen? Was soll ich denn bloß machen?« und »Mein Gott, ich bin tot! Ich kann es nicht glauben!« Weil man es doch wirklich nie für möglich hält, weil man nie voll und ganz daran glaubt, daß man sterben wird. Das ist doch immer etwas, was nur den anderen passieren kann. Man weiß es zwar schon, aber so richtig tief im Herzen, glaubt man's doch nie ...

Häufig versuchten die Menschen in einer solchen Situation, ihre Ärzte oder Verwandten zu beruhigen, daß sie nicht tot wären. Sie waren aber unfähig, mit den Menschen, die um ihren Körper herumstanden, in Verbindung zu treten; sie schienen nicht gehört zu werden. Einer erzählt:

> Ich sah zu, wie ich wiederbelebt wurde. Es war wirklich eigenartig. Ich schwebte keineswegs in besonderer Höhe; mir schien fast, als stünde ich auf einem Podest, aber nicht wesentlich höher als die anderen – vielleicht, daß ich so gerade eben über ihre Köpfe hinwegsah. Ich versuchte, mit ihnen zu reden, aber keiner konnte mich hören. Keiner hörte mir mehr zu.

Wenn sie sich über ihren seltsamen Zustand klar wurden, berichtet Moody, stellten die Leute normalerweise fest, daß sie noch einen Körper hatten, der aber überhaupt nicht dem physischen Körper glich, den sie zurückgelassen hatten. Er hatte eine Form, aber ohne klaren Umriß oder eine Farbe. Manche bezeichneten ihn als eine Wolke, andere als ein Energiefeld. Sie konnten durch die Menschen, die ihren toten Körper umringten und durch andere Gegenstände in ihrer Nähe einfach hindurchgehen. In diesem Zustand nahmen sie mehr die Gedanken der Menschen wahr, die um ihren physischen Körper standen, nicht so sehr ihre Stimmen und die gesprochenen Worte.

Eine Frau berichtet:

> Überall um mich herum sah ich Leute, und ich konnte auch verstehen, was sie sagten. Ich »hörte« sie jedoch nicht akustisch, so wie ich Sie jetzt höre. Es war eher so, daß ich wußte – ganz genau wußte, was sie dachten, und zwar nicht in ihrer jeweiligen Ausdrucksweise, sondern nur in meinem Bewußtsein. Ich erhaschte es jedesmal genau in dem Augenblick, bevor sie den Mund zum Sprechen aufmachten.

Offenbar treten Menschen beim Sterbeerlebnis in einen Bereich des Geistes ein, der nichts mehr mit dem physischen Körper zu tun hat. Daß sie ihre Erinnerung an Orte, Menschen und Dinge mitzunehmen scheinen, stützt die Auffassung, daß Bewußtsein und Erinnerung unabhängig vom Gehirn existieren können.

Eine andere Person berichtet:

> Viele Menschen rannten um den Unfallwagen herum, und überhaupt war eine Menge los. Und jedesmal, wenn ich den Blick auf eine bestimmte Person richtete, um herauszukriegen, was sie sich wohl so dachte, hatte ich ein Gefühl, als ob ich wie mit einem Zoom-Objektiv ganz dicht an sie heranfahren könnte, und schon war ich genau an der jeweiligen Stelle. Doch blieb anscheinend immer ein Teil von mir – ich nenne ihn jetzt einmal mein Bewußtsein – dort zurück, wo ich mich vorher befunden hatte, nämlich mehrere Meter von meinem Körper entfernt. Wenn ich in einiger Entfernung jemand sehen wollte, schien sich ein Teil von mir wie eine Art Fühler zu ihm hinzubewegen. Und mir kam es in dem Augenblick so vor, als ob ich überall in der Welt, wo immer auch etwas passieren mochte, zugegen sein könnte.

Dieser Bericht und andere legen nahe, daß wir uns außerhalb des Körpers frei von einer Stelle zur anderen bewegen können, einfach indem wir uns wünschen, dort zu sein. Durch die Erfahrung von Todesnähe wird so die Vorstellung unterstützt, daß Trennung in den Bereichen von Super-Energie einfach durch Willen oder Absicht überwunden werden kann.

Viele Personen haben berichtet, daß ihr Auffassungs- und Wahrnehmungsvermögen nach dem Tod erhöht waren. Es mag überraschend sein, daß Leute klarer »sehen« können, wenn sie außerhalb des Körpers sind. Während wir im menschlichen Körper leben, nehmen wir die physikalische Welt um uns herum durch unsere Sinnesorgane wahr. Aber wir lassen alle diese Organe zurück, wenn wir sterben, die Augen eingeschlossen. Eine Person, die sich außerhalb des Körpers befindet, kann offensichtlich nicht mit den Augen schauen und die Welt durch keinen der fünf Sinne erkennen.

In der esoterischen Tradition heißt es, daß der erste feinstoffliche Körper ein exaktes Gegenstück des physischen Körpers ist. Das ergibt einen Sinn, wenn er ein präziser Entwurfsplan für den physischen Körper ist. Wir könnten ihn uns wie eine ätherische Puddingform vorstellen, die genau die Form des Körpers hat. Das schließt ein, daß er Entsprechungen der physischen Körperorgane besitzen würde, also auch der Augen. Es könnte sein, daß wir mit diesem Körper Wellen von Super-Energie sehen können, der ätherischen Entsprechung zu Licht.

Menschen in diesem Übergangszustand würden nicht nur die physikalische Welt wahrnehmen, sondern auch die super-physikalische Welt.

Sie würden in ihrem klinisch toten Zustand den Super-Energiekörper neu wahrnehmen, ganz vom physischen Körper getrennt, der zurückgeblieben ist. Wenn sie jetzt einen Super-Energiekörper bewohnen, würden sie die frustrierende Erfahrung machen, für die Ärzte und zurückgebliebenden Verwandten unsichtbar zu sein, und sie würden unfähig sein, zu ihnen zu sprechen – zur selben Zeit könnten sie aber die Gedanken der Lebenden lesen. Sie würden die Gedankenformen ihrer Verwandten direkter erkennen können, weil sie näher am Bereich des Denkens wären. Das geht aus den Berichten hervor.

Das Sterbeerlebnis wurde häufig als zunächst quälend beschrieben. Manchmal wurde es begleitet von einem tiefen Gefühl der Einsamkeit und Depression.

Aber im weiteren Verlauf des Sterbeerlebnisses vergingen solche Gefühle schnell. Manche Menschen tröstete die Wahrnehmung von Freunden und Verwandten, die schon vorher gestorben waren. Diese Erfahrungen beruhen nicht auf Fantasie; in mehreren Fällen trafen Personen Verwandte, von denen sie nicht gewußt hatten, daß sie tot waren. Andere schritten gleich weiter zu dem, was Dr. Moody als den unglaublichsten Teil beschrieb, der den meisten Berichten, die er studierte, gemeinsam war, dem »Lichtwesen«. In Dr. Moodys Worten:

> Das wohl erstaunlichste Element, das mit Sicherheit den tiefsten Eindruck hinterließ, ist die Begegnung mit einem sehr hellen Licht. Bei seinem ersten Auftreten ist es in der Regel matt, worauf sich seine Helligkeit jedoch sehr rasch bis zu überirdischer Leuchtkraft steigert...
>
> Keiner der Beteiligten [hat] auch nur den leisesten Zweifel daran geäußert, daß dieses Licht ein lebendes Wesen sei, ein Lichtwesen. Und nicht nur das: es hat personalen Charakter und besitzt unverkennbar persönliches Gepräge. Unbeschreibliche Liebe und Wärme strömen dem Sterbenden von diesem Wesen her zu. Er fühlt sich davon vollkommen umschlossen und ganz darin aufgenommen, und in der Gegenwart dieses Wesens empfindet er vollkommene Bejahung und Geborgenheit.

Normalerweise beginnt dann das Lichtwesen, sich mit der sterbenden Person über deren Leben auszutauschen. Diese Kommunikation findet nicht über die Stimme oder Sprache statt, sondern durch direkte Gedankenübertragung. Moody faßte den typischen Ablauf dieser Kommunikation wie folgt zusammen:

> Die Personen, mit denen ich gesprochen habe, versuchen zumeist, diesen Gedanken als Frage zu formulieren. Dabei sind mir folgende Übersetzungen gegeben worden: »Bist du darauf vorbereitet zu sterben?«, »Bist du bereit zu sterben?«, »Was hast du in deinem Leben getan, das du mir jetzt vorweisen kannst?« und »Was hast du mit deinem Leben angefangen, das bestehen kann?«
>
> Alle Beteiligten versichern, daß diese Frage, so tiefgehend ihre elementare gefühlsmäßige Wirkung auch sein mag, keinesfalls vorwurfsvoll gestellt wird. Das Wesen, so berichten sie einmütig, richtet die Frage keineswegs anklagend oder drohend an sie, denn – gleichgültig, wie auch immer ihre Antwort ausfallen mag – fühlen sie doch nach wie vor dieselbe uneingeschränkte Liebe und Bejahung von ihm ausgehen. Der Sinn der Frage scheint vielmehr darin zu liegen, sie dazu anzuregen, ihr Leben offen und ehrlich zu durchdenken.

Dieser Kommunikation folgt oft die individuelle Erfahrung eines schnellen Rückblicks über das eigene Leben. Wie in einem Zeitraffer-Film, der an ihnen vorübergleitet, ist in einer schnellen Abfolge von aufflackernden Bildern alles wieder zum Leben erwacht. Ein paar Personen berichteten, daß die Eindrücke in lebendigen Farben vor sich gingen, dreidimensional und in gleichmäßiger Bewegung. Die Gemütsbewegungen und die Gefühle in den jeweiligen Zeiten werden von den wichtigsten bis zu den unwichtigsten Ereignissen gleichermaßen lebendig und in zeitlicher Reihenfolge erlebt, als ob jede winzige Einzelheit in irgendeiner riesigen Erinnerungsbank gespeichert worden wäre.

Eine Person beschrieb diesen Lebensrückblick in folgender Weise:

> Die Rückblende lief in Form von »geistigen Bildern« ab, die jedoch verglichen mit gewöhnlichen Bildern ungleich lebendiger waren. Ich erlebte nur die Höhepunkte, und zwar so rasend schnell, daß es mir vorkam, als durchblätterte ich im Lauf von Sekunden mühelos das ganze Buch meines Lebens. Es zog wie ein ungeheuer rasch ablaufender Film an mir vorüber, und doch war ich in der Lage, alles richtig aufzunehmen und zu verarbeiten.

Viele Personen stellten fest, daß das Lichtwesen ihnen an diesem Punkt anzeigte, daß ihre Zeit zum Sterben noch nicht gekommen sei und daß sie zum Körper zurückkehren sollten. Dann erlebten sie, wie sie in den Körper zurückgeführt wurden, und wachten auf. Andere erlebten etwas wie einen See oder Nebel, und sie begannen, ihn zu durchqueren. Auf der anderen Seite sahen sie Leute, die ihnen zuwinkten, aber sie beendeten die Durchquerung nie und fanden sich in den Körper zurückgekehrt wieder.

Kurz nachdem sie ihren Körper verlassen hatten, erlebten viele Personen einen starken Wunsch, zu ihm zurückzukehren, besonders während der Phase von Depression oder Einsamkeit. Aber nachdem sie dem Licht begegnet waren, verließ die meisten der Wunsch, zum Körper zurückzugehen. Sie wollten bei dem Licht bleiben. Einige faßten ausdrücklich einen Entschluß, zurückzukehren:

> Es war wunderschön dort drüben auf der anderen Seite, und eigentlich wäre ich gerne dort geblieben. Aber zu wissen, daß ich auf Erden eine lohnende Aufgabe hatte, war in gewisser Weise genauso schön. Deshalb kam ich zu dem Schluß: »Ja, ich kehre zurück und lebe« und ging zurück in meinen Körper. Fast kam es mir so vor, als ob ich selbst die Blutung zum Stillstand gebracht hätte. Jedenfalls besserte sich mein Zustand von da an fortschreitend.

Keiner empfand den Tod als erschreckende Erfahrung, ausgenommen diejenigen, die einen Selbstmordversuch unternommen hatten. Diese Menschen fanden, daß das Elend, dem sie zu entfliehen versucht hatten, mit ihnen weiterlebte. Für sie war der Tod eher eine Fortsetzung ihres Leidens als eine Erleichterung, und er war mit einem intensiven Bedauern darüber verbunden, daß sie sich ihr eigenes Leben genommen hatten.

Tod aus natürlichen Ursachen wurde im Gegensatz dazu als Befreiung erlebt. Manche Personen beschrieben ihn als Heimkommen oder Erwachen. Andere sprachen von einer Abschlußprüfung oder sogar von einem Entkommen aus dem Gefängnis. Viele waren traurig, wieder zurück im Körper zu sein.

Personen, die vom Tod zurückgebracht wurden, haben das Gefühl, daß sie eine tiefe Erleuchtung erfahren haben. Oft sagen sie aus, daß es ihnen geholfen hat, einen tieferen Sinn in ihrem Leben zu finden. Fast ohne Ausnahme verloren sie die Furcht vor dem Tod, die so viele Menschen verfolgt.

Durch Berichte von Todesnähe-Erfahrungen wird besonders nahegelegt, daß Bewußtsein, Gedanken, Erinnerungen und Gefühle den physischen Tod überdauern. Die Tatsache, daß diese Fähigkeiten den Tod zu überleben scheinen, könnte als Anzeichen dafür genommen werden, daß sie eher zum Super-Energiekörper gehören als zum physischen Körper. Das Sterbeerlebnis unterstützt die Auffassung, daß Bewußtsein und Denken unabhängig von Gehirn und Nervensystem eine Realität besitzen – daß sie also nicht, wie die Wissenschaft unterstellt, bloße Konsequenzen menschlicher Neurophysiologie sind, die beim Tod ausgelöscht werden.

Wenn der Tod das Ende der Koexistenz zwischen den Super-Energiefeldern und dem physischen Körper ist, wo liegt dann der Anfang? Wann steigen die Körper höherer Energie herab, um in Verbindung mit einem physischen Körper zu treten?

Es hat viele Auseinandersetzungen darüber gegeben, wann sich eine Seele mit dem Körper verbindet.

Nach der Auffassung mancher Menschen dringt die Seele mit der Empfängnis in den Körper ein. Andere sagen, daß die sich verkörpernde Seele frei ist, sich zu irgendeinem Zeitpunkt zwischen der Empfängnis und ein oder zwei Monaten nach der Geburt mit dem Körper zu vereinigen. Nach dieser letzten Ansicht wird sogar vermutet, daß die Seele während dieser Zeit kommen und gehen kann, wobei sie die endgültige Entscheidung hinauszögert, ob sie den Körper »akzeptiert« oder nicht. Das schreckliche Phänomen des plötzlichen Kindstodes wird von manchen auf die Folge einer frühen Entscheidung der sich bewußt verkörpernden Seele zurückgeführt, ihren neuen physischen Träger zu verlassen.

Der Vorgang der Verkörperung könnte auch fortschreitend vor sich gehen. Wenn der menschliche Energiekörper sich aus einer aufsteigenden Reihe von Super-Energiefeldern zusammensetzt, müßten sich nicht alle von ihnen zur selben Zeit mit dem physischen Körper verbinden. Die niedrigen Felder, die für die grundlegenden Lebensfunktionen zuständig sind, schließen sich vielleicht zuerst dem Körper an.

Die höheren Felder könnten später dazukommen. Diese Vorstellung könnte die relativ plötzlichen Fortschritte in den geistigen und anderen Fähigkeiten erklären, die in der Entwicklung von Kindern beobachtet werden können. Sie zeigt auch interessante Parallelen zu der Abfolge von Einweihungsriten in manchen Kulturen und zu den Sakramenten in der christlichen Tradition, die in ganz bestimmten Altersstufen dargereicht werden; vielleicht dienten sie ursprünglich dazu, die Integration höherer Funktionsstufen zu erleichtern, die dem Hinzukommen jeder höheren Stufe von Super-Energie»körper« entsprechen.

Die fortschreitende Verkörperung bekommt noch eine andere Perspektive, wenn wir bedenken, daß ein menschlicher Embryo während der Schwangerschaft in gewisser Weise alle Stufen der menschlichen Evolution durchläuft, von einem einzelligen Organismus über eine fischartige Kreatur bis zu einem Primaten mit einem Schwanz und schließlich zur vollen menschlichen Gestalt. Es könnte sein, daß auf jeder Stufe die Ebene von Super-Energie dazukommt, die den Tieren auf dieser Stufe entspricht, und sich mit dem sich entwickelnden Embryo verbindet. Der höchste Körper von Super-Energie, der vielleicht nicht mit dem physischen Körper in seinem unreifen Zustand koexistieren könnte, kommt erst zur Verkörperung, wenn der Körper die volle Reife der Erwachsenen erreicht.

Wenn die Essenz eines Individuums tatsächlich ein feiner Körper von Super-Energie ist, der sich für einen bestimmten Zeitabschnitt in einem physischen Körper verkörpert, ist es klar, daß nach dem Tod eine Reinkarnation in einem neuen Körper folgen kann.

Empfängnis und Geburt könnten mit dem Ein- und Aussteigen in ein Auto verglichen werden. Der Fahrer entspricht dem Super-Energiekörper und das Auto dem physischen Körper. Die Super-Energie belebt den Körper, so wie der Fahrer das Auto in Bewegung setzt. Ein neuer Körper würde der natürliche Bestimmungsort für ein Super-Energiefeld sein, das gerade einen alten verlassen hat, so wie sich ein Fahrer, der ein altes Auto abgeschafft hat, früher oder später ein anderes zulegen wird – außer natürlich, er hat das Autofahren aufgegeben oder ein fortschrittlicheres Fortbewegungsmittel gefunden.

In den meisten alten Religionen war Reinkarnation fraglos anerkannt. Heute ist das Interesse an diesem Thema neu erwacht, und zur Klärung wurden viele Beweise gesammelt.

Einer von denen, die eine sorgfältige wissenschaftliche Studie über Reinkarnation durchgeführt haben, ist Dr. Ian Stevenson von der University of Virginia. Dr. Stevenson hat an verschiedenen Orten auf der Welt Beweise gesammelt. Über eine Zeitspanne von 20 Jahren befaßte er sich mit 2000 Fällen, die Hinweise darauf ergaben, daß Menschen vor ihrem jetzigen Leib schon einen anderen menschlichen Körper bewohnt hatten. Seit 1960 hat Dr. Stevenson seine Erkenntnisse in über 20 Büchern und Artikeln veröffentlicht. Stevenson gesteht zu, daß alle untersuchten Fälle zusammen keinen *Beweis* für Reinkarnation liefern. Sie zeigen allerdings »ein Indizienmaterial, das Reinkarnation nahelegt und das an Masse und Qualität zu wachsen scheint«.

Dr. Stevenson hat seine Untersuchungen auf das konzentriert, was die meisten als den unbestreitbarsten Beweis für Reinkarnation betrachten – die Zeugenaussagen kleiner Kinder. Das sind Fälle, in denen kleine Kinder spontane Erinnerungen an ein früheres Leben zu haben scheinen und häufig so sprechen und sich verhalten, als ob sie gerade einen anderen menschlichen Körper verlassen hätten; sie haben detaillierte Erinnerungen an eine andere Zeit, andere Menschen und Orte. Der folgende Fall ist typisch für die vielen Fälle, die von Dr. Stevenson untersucht und dokumentiert wurden.

Die Geschichte betrifft einen Jungen, der mit einer Anzahl kleiner Muttermale in Frankreich geboren wurde.

Sobald er sprechen konnte, wies er darauf hin, daß dies Narben von den Kugeln wären, die ihn getötet hätten. Als er besser sprechen konnte, nannte er die Namen der Männer, die ihn umgebracht hatten; einer davon hatte ihn beschuldigt, beim Kartenspiel zu betrügen. Er erkannte Mitglieder seiner früheren Familie, seine Freundin und den Ort, wo er gelebt hatte – ein kleines Dorf in Sri Lanka.

Seine französischen Eltern hatten große Schwierigkeiten mit ihm. Er aß mit den Fingern, lehnte die übliche Kost der Familie ab und verlangte nach Gerichten mit Reis und Curry und einem Getränk, das *Arak* genannt wird. Er wollte Karten spielen, und statt westlicher Kleidung zog er es vor, sich in ein Kleid zu hüllen wie in einen ceylonesischen Sarong. Häufig verfiel er in eine Sprache, die seine Familie nicht verstehen konnte und die sich als Singhalesisch entpuppte. Er kletterte auch mit erstaunlicher Geschicklichkeit auf Bäume und sagte, er würde nach Kokosnüssen suchen.

Nachforschungen ergaben, daß einige Jahre vor der Geburt des französischen Jungen in Sri Lanka ein Kokospflücker mit dem Namen, den das Kind angegeben hatte, während eines Kartenspiels ermordet worden war. Diese seltsamen Erinnerungen an ein Leben in Sri Lanka verblaßten, als das Kind fünf Jahre alt war, und das Kind wuchs ganz normal heran.

Es ist für kleine Kinder im Alter zwischen zwei und vier Jahren nicht ungewöhnlich, daß sie so reden, als hätten sie eine frühere Existenz entweder auf der Erde oder in irgendeiner anderen Dimension hinter sich. Für die meisten Eltern ist außerdem offensichtlich, daß Kinder vom Zeitpunkt der Geburt an ihre eigene Persönlichkeit haben. Unglücklicherweise wird im Westen die Persönlichkeit von Kindern und das, was sie zu sagen haben, nicht besonders ernst genommen. Wenn die Kinder so alt sind, daß sie über ein ausreichendes Vokabular verfügen, um sich vollständig auszudrücken, haben sich die Erinnerungen an eine frühere Existenz meistens verflüchtigt.

Einer von über 1000 Fällen, die von einem anderen Forscher, Hemendra Banerjee, in Amerika untersucht wurden, betraf ein drei Jahre altes Mädchen in Des Moines, Iowa. Das Mädchen, Romy

Crees, sprach wiederholt davon, ein Mann namens Joe Williams zu sein, mit einer Frau, die Sheila hieß und drei Kindern. Romy sagte, sie hätte als Joe Williams in Charles City gelebt, ungefähr 140 Meilen entfernt. Sie beschrieb sogar seine Mutter – Louise – und erwähnte Einzelheiten über sie wie ihre Schmerzen im rechten Bein und ihre Lieblingsblumen.

Schließlich wurde Romy nach Charles City gebracht, eine Mrs. Louise Williams wurde aus dem Telefonbuch herausgesucht, und die beiden trafen zusammen. Mrs. Williams kannte niemanden in Des Moines und war erstaunt über die Informationen, über die das kleine Mädchen offenbar verfügte. Sie bestätigte aber, daß Romy in jeder Einzelheit recht hatte. In ihrem Haus erkannte Romy sogar auf einer Fotografie Sheila und die Kinder zusammen mit Joe wieder. Joe war bei einem Verkehrsunfall gestorben, zwei Jahre bevor Romy geboren wurde.

Es scheint bei diesen außergewöhnlichen Fällen ein Muster zu geben. Ein gewaltsamer Tod, dem eine rasche Reinkarnation folgt, scheint bei dem Kind eine lebendige Erinnerung an ein vorheriges Leben zu hinterlassen. Ein längerer Aufenthalt in himmlischen Bereichen und die damit verbundenen Erfahrungen zwischen den Inkarnationen drängen die Erinnerung an vergangene Leben in tiefere Winkel der Psyche zurück.

Dr. Muller ist ein anderer Reinkarnationsforscher; er hat Fälle untersucht, in denen sich Kinder spontan an frühere Leben erinnerten. Zufälligerweise hängt einer seiner eindeutigsten Fälle ebenfalls mit Sri Lanka zusammen.

1956 wurde in einer tamilischen Familie in Hedunawa in Sri Lanka ein Mädchen mit dem Namen Gnanatilleka geboren. Als sie zwei Jahre alt war, behauptete sie, andere Eltern zu haben.

Sie entwickelte eine Phobie gegen Elefanten. Mit vier begann sie, singhalesisch zu sprechen und erinnerte sich an ein früheres Leben in einem Dorf namens Talawakelle, das 16 Meilen von ihrem damaligen Wohnort entfernt war. Sie sprach davon, ein Junge mit dem Namen Turin zu sein. Sie beschrieb ihre früheren Eltern, Brüder und Schwestern. Sie erinnerte sich auch an einen Juwelendiebstahl in der Familie, an die Art, wie ihr Vater sein Haar bürstete, an die Korpulenz ihrer Mutter und daß ihre Familie Feuerholz kaufen mußte, weil in Talawakelle keine Kokosbäume wuchsen. Sie hatte außerdem eine lebhafte Erinnerung an einen Unfall mit einem Elefanten, bei dem sie gestorben war.

Bei den Nachforschungen stellte sich heraus, daß 15 Monate vor der Geburt von Gnanatilleka ein zwölf Jahre alter Junge namens Turin von einem Elefanten getötet worden war.

Die Einzelheiten seiner Familie stimmten mit denen überein, die von Gnanatilleka beschrieben worden waren, und erfreut erkannte das Mädchen seine frühere Familie wieder. Das Mädchen hatte ein Muttermal am Knie und litt unter Bauchschmerzen an der Stelle, wo sich Turin bei seinem verhängnisvollen Unfall verletzt hatte.

Stevenson und Muller stellten des öfteren fest, daß Muttermale mit Verletzungen zusammenfielen, die beim Tod in einem früheren Leben erlitten worden waren.

Auch unerklärliche Ängste und Schmerzen wurden auf einen traumatischen Tod in einer früheren Inkarnation zurückgeführt. In einem Fall, der von Dr. Muller zitiert wurde, hatten akute Bauchschmerzen offenbar einen schrecklichen Ursprung in einem vorherigen Leben. 1952 besuchte ein Mann aus Zürich einen Zoo. Als er einen Affen in seinem Käfig betrachtete, überfielen ihn plötzlich schlimme Magenschmerzen. Er litt fünf Monate lang daran, ohne daß sie sich besserten. Sein Problem wurde schließlich als psychosomatisch diagnostiziert, und ihm wurde empfohlen, Meditation zu betreiben. Nachdem er eine Woche lang Übungen durchgeführt hatte, erlebte der Patient eine Vision von Bildern, Gerüchen und Geräuschen. Er nahm sich selbst wahr, wie er auf einer Plattform in einer mittelalterlichen Stadt an einem Pfahl festgebunden war. Ein Würdenträger eines Kirchentribunals verlas eine Anklage, aus der er sich später nur noch an seinen Namen erinnerte, Jan van Leyden. Dann kam ein Scharfrichter in rotem Umhang herauf und weidete ihn mit rotglühenden Zangen buchstäblich aus. Er verlor das Bewußtsein und erwachte später verstümmelt in einem hoch über der Stadt aufgehängten Käfig. In diesem Käfig starb er eines qualvollen Todes. Zwei andere Opfer, die dasselbe Schicksal erleiden mußten, starben in zwei Käfigen daneben.

Innerhalb von vier Wochen nach dieser schrecklichen Vision verschwanden die Bauchschmerzen.

Durch die Vision wurde er dazu veranlaßt, mehrere Wochen lang Nachforschungen in Bibliotheken zu betreiben. Schließlich entdeckte er die Geschichte des Jan van Leyden, der 1536 auf genau die barbarische Art hingerichtet worden war, die er in der Vision nacherlebt hatte. Die Geschichte war mit einem Bild von drei Käfigen illustriert, die von einem Kirchturm herabhingen.

Während manche Kinder und Erwachsene spontane Erinnerungen an ein früheres Leben haben, kommt der Großteil der Informationen, die Hypothesen über Reinkarnation stützen, durch die Anwendung einer Technik ans Licht, die hypnotische Regression genannt wird.

Dieses Thema erregte die öffentliche Aufmerksamkeit zum ersten Mal in den fünfziger Jahren, als Morey Bernstein sein berühmtes Buch *Die Suche nach Bridey Murphy* veröffentlichte. Seitdem haben viele Forscher auf dem Gebiet der hypnotischen Regression gearbeitet. Bernstein benutzte hypnotische Regression, um eine 29jährige Amerikanerin, Virginia Tighe, in etwas zu versetzen, das eine frühere Inkarnation zu sein schien. Unter Hypnose veränderte sich ihre Aussprache, und sie wurde ein irisches Mädchen aus Cork aus dem 18. Jahrhundert, das Bridey Murphy hieß.

Die Auskünfte, die von Mrs. Tighe unter Hypnose gegeben wurden, waren detailliert und anschaulich und erweckten den Eindruck großer Authentizität. Die Informationen waren auf normalem Weg sehr schwer zu erklären, wenn in Betracht gezogen wird, daß sie in diesem Leben keine detaillierten Kenntnisse über Irland besaß und es vor ihrer Regression auch nicht besucht hatte. Bernstein nahm an, daß es sich um ein früheres Leben handelte, obwohl es schwierig war, die Informationen vollständig auf ihren Wahrheitsgehalt zu überprüfen, weil die Aufzeichnungen in Irland nicht so weit zurückreichten.

Der Umfang des Materials, das bis jetzt über hypnotische Regression in vergangene Leben veröffentlicht wurde, ist enorm. Wie bei UFOs kann ein Kritiker bei einzelnen Vorfällen Fehler finden, wenn aber das Beweismaterial als Ganzes betrachtet wird, ist es unvernünftig, alles von der Hand zu weisen.

Manche Leute haben zusätzlich zu der Erinnerung an etwas, das ein vergangenes Leben auf der Erde zu sein scheint, die Erinnerung an eine Existenz in anderen Bereichen zwischen ihren Lebensspannen auf der Erde.

Ein weiterer Erforscher der Reinkarnation, Dr. Frederick Lenz, hat 15 Fälle untersucht, bei denen Menschen behaupteten, sich an eine Periode der Existenz in einer nichtphysikalischen Welt zu erinnern. Diese Personen erinnerten sich an ihren Tod in einem vergangenen Leben, nach dem Tod an einen Durchgang durch andere Welten und an ihre spätere Wiedergeburt in der nächsten Reinkarnation. Die frühen Stufen dieser wiedererinnerten Reisen enthielten viele Bestandteile ähnlich den Sterbeerlebnissen, wie sie von Dr. Moody dokumentiert worden sind. Über die späteren Stufen berichteten die Betreffenden, daß sie eine Anzahl von aufsteigenden Regionen oder »Welten« durchquert hätten, wobei jede einzelne ganz anders war als die vorherige.

Dr. Lenz fand heraus, daß die Beschreibungen dieser Personen eine auffallende Ähnlichkeit mit den Berichten hatten, die im Tibetanischen Totenbuch enthalten sind, das von allen religiösen Texten der Welt am deutlichsten die Erfahrungen nach dem Tod beschreibt. Sie enthielten auch viele Elemente, die an die Lehren anderer religiöser Traditionen anklingen, einschließlich der christlichen Vorstellung von Himmel und Hölle. Ein Mann erzählte über seine Erfahrung in der ersten dieser angenommenen nichtphysikalischen Welten:

> Ich befand mich an einem widerwärtigen Ort. Ich wurde von den Leuten dort gequält. Sie waren mißgestaltet und schrecklich. Sie jagten mich immer weiter und stellten mir Fragen über mein Leben... Es war ein Alptraum...
>
> Ich kann Ihnen nicht sagen, wie lange ich dort blieb... Ich hatte kein Gefühl dafür, wie die Zeit verging.

Ein anderer berichtete:

> Ich fühlte mich wie in einem fremden Land. Ich hatte einen Körper, aber er war nicht physisch. Obwohl er dieselbe Form besaß, die mein physischer Körper gehabt hatte. Ich befand mich in dieser öden Landschaft, und neben mir kämpften zwei Leute und stritten sich... Obwohl sie sich immer weiter gegenseitig verletzten, schien es, als ob sie sich keinen bleibenden Schaden zufügen könnten. Die Schreie, die sie ausstießen, waren so gottlos, so entsetzlich, daß mein einziger Gedanke war, von ihnen wegzukommen... Ich war in dieser Welt sehr unglücklich. Als für mich die Zeit

gekommen war zu gehen, fühlte ich mich wie aus dem Gefängnis entlassen. Es war eine große Erleichterung, diesen Ort hinter mir zu lassen.

Die Menschen berichteten, daß sie bei jeder dieser höheren Welten, durch die sie kamen, das Gefühl hatten, einen Teil von sich zurückzulassen, der nicht länger gebraucht wurde, als ob sie aufeinanderfolgende Schichten abwerfen würden. Nach diesen Berichten scheint es so, daß die Menschen nach dem Tod durch eine Reihe von Leben gehen. Der physische Körper wird beim Tod abgelegt, und bei jedem Übergang zu höheren Bereichen des Universums werden offenbar nacheinander Schichten des Energiekörpers abgeworfen.

Die Leute wiesen darauf hin, daß jede Welt irgendwie »strahlender« oder »höher« war als die vorhergehende. Die zweite dieser Welten wurde im allgemeinen als nachdenklicher Ort beschrieben, eine Welt reinen Denkens, in der Wissen, Ideen, Symbole und Bilder mit großer Klarheit und Leichtigkeit begriffen und angewendet werden konnten.

Wenn sie die dritte dieser Welten erreichten, fühlten einige von Dr. Lenz' KlientInnen, daß sie zum ersten Mal ein richtiges Verständnis von sich und der Realität gewannen. Eine Frau beschrieb diese Erfahrung in den folgenden Worten:

> Ich fühlte, daß ich mein ganzes Leben lang in ein Kostüm gekleidet gewesen war, ohne es zu wissen. Eines Tages fiel das Kostüm ab, und ich erkannte, was ich die ganze Zeit wirklich gewesen war. Ich war nicht das, was ich gedacht hatte. Mein ganzes Leben hatte ich gedacht, ich wäre eine Person, ein Körper. Ich dachte mir »ich bin so und so, eine Frau, eine Mutter, eine Sekretärin« und solche Dinge. Als ich in diese Welt eintrat, stellte ich fest, daß ich schon immer etwas ganz anderes gewesen war. Ich war eine Seele, nicht ein Körper. Ich konnte nicht sterben; ich konnte nicht geboren werden. Ich lebte ewig. Ich war nicht weiblich oder männlich. Es war wie das Aufwachen nach einem Gedächtnisverlust. Ich war froh, wieder »ich« zu sein. Ich war es schon immer gewesen, aber ich hatte den Blick dafür verloren und gedacht, ich wäre ein physischer Körper. Mein Körper war nur ein Ding, das ich für mein Leben auf der Erde benutzte. Wenn er abgetragen war, wurde ich ihn los.

Manche Leute berichteten, daß sie in dieser Welt von Freunden und Verwandten begrüßt wurden, die schon vorher gestorben waren; sie erkannten sie intuitiv wieder, obwohl sie keine physischen Körper hatten:

> Ich sah meine Frau, die Seele, die meine Frau gewesen war. Sie begrüßte mich. Ich empfand soviel Liebe für sie, ich fühlte, daß sie mich liebte. Sie war eine Kugel von Licht. Es gab auch andere Kugeln, aber ich konnte sie sofort von den anderen unterscheiden.
>
> Sie war keine »Sie«, wie sie es auf der Erde gewesen war, als ich sie kannte. Sie hatte kein Geschlecht; genausowenig wie ich eins hatte.

Einige Personen erinnerten sich auch, daß sie mit »Engeln« zusammengetroffen waren, als sie diese Welt durchquerten:

> Dort war nichts als Freude und Farben – wunderschöne Farben. Sie waren nicht wie die Farben auf der Erde, sie waren tiefer und reicher. Sie hatten auch Klang und Duft... Es waren da viele Arten von Wesen. Wunderschöne Wesen wie Engel. Sie kamen zu mir und halfen mir. Sie waren so unschuldig und rein. Sie teilten mir mit, daß ich bald in eine noch höhere Welt gehen würde, wo ich mich ausruhen könnte, und daß sie hier wären, um mir zu helfen, alles zu verstehen, was mit mir geschah.

Am Ende, so berichteten die Personen, erreichten sie einen letzten Ruheplatz, wo sie offenbar für einige Zeit blieben. Mehrere Leute berichteten, daß diese Welt aus unzähligen Ebenen und Unterwelten zusammengesetzt war, in der jede Person automatisch zu der behaglichsten und am besten geeigneten Ebene gezogen wurde. Eine Frau erinnerte sich:

> Ich befand mich an einem weit ausgedehnten Ort. Ich fühlte mich, als ob ich nach Hause gekommen wäre. Ich hatte keine Sorgen, Furcht oder Ärger. Ich erinnerte mich nicht mehr an mein vorheriges Leben auf der Erde. Für mich existierte nichts als ruhige Erfüllung. Ich hatte kein Zeitbewußtsein im üblichen Sinn. Alles erschien zeitlos. Ich fühlte mich, als sei ich schon immer dort gewesen. Es ähnelte dem Gefühl, das ich habe, wenn ich aus einem Traum aufwache, der mir sehr real erschien und dann entdecke, daß er nicht real, sondern nur ein Traum gewesen ist. So fühlte ich mich. Mein ehemaliges Leben auf der Erde war ein vorübergehender Traum gewesen, aus dem ich jetzt erwacht war. Ich hatte kein Gefühl davon, mich im Raum zu bewegen. Alles bestand aus Bewußtsein und reiner Wahrnehmung; es gab dort keine Dimensionen. Ich bewegte mich durch Tausende von Ebenen. Auf jeder Ebene ruhten sich Seelen aus, bevor sie wiedergeboren wurden. Die niedrigen Ebenen

waren viel dunkler. Irgendwie wußte ich, daß die Seelen auf diesen Ebenen nicht so reif waren wie die auf den höheren Ebenen. Am Ende erreichte ich eine Ebene, die mir behagte. Ich blieb dort. Ich fühlte, daß es über der Ebene, bei der ich anhielt, noch viele Ebenen gab und daß Seelen, die fortgeschrittener waren als ich, dahin gehen würden.

Genauso wie es bei den Erfahrungen von Todesnähe Variationen gibt, gibt es Variationen bei der Erfahrung von Personen, die weiter vom Punkt des Todes entfernt waren. Wie auf der Erde scheint nicht jede die gleichen Erlebnisse zu haben, und selbst gemeinsame Bestandteile können von unterschiedlichen Personen unterschiedlich beschrieben werden.

Außerdem neigen alle Menschen dazu, einen Bericht zu geben, der mit ihren religiösen und sonstigen Glaubensvorstellungen übereinstimmt. Dr. Lenz stellte aber fest, daß es einen bemerkenswerten Grad von Übereinstimmung gab; die Leute erlebten in den meisten Fällen sehr ähnliche Phänomene in genau derselben Reihenfolge.

Die Tatsache, daß Beschreibungen von Erfahrungen außerhalb des Körpers manchmal kulturspezifisch sind, macht sie nicht ungültig. Es scheint nur natürlich zu sein, daß Menschen neue Erfahrungen mit den Begriffen einer existierenden Geisteshaltung interpretieren, bedingt durch ihr Leben auf der Erde. Das geschieht immer. Ureinwohner zum Beispiel, die das erste Mal Fernsehen sahen oder Radio hörten, haben sie als »Geisterkästen« aufgefaßt, die sich mit toten Ahnen verständigen, und Flugzeuge waren für sie Silberdrachen am Himmel. Diese Menschen haben keine Halluzinationen, sondern sie kleiden eine reale Erfahrung in ein ihnen vertrautes Gewand.

Die Beschreibungen nichtphysischer Welten, die Dr. Lenz gesammelt hat, gleichen denen, die mit Hilfe von Sensitiven empfangen werden und von denen angenommen wird, daß sie von Toten kommen. Dr. Lenz' KlientInnen beschreiben das »Abwerfen« einer Schicht beim Übergang vom einen Bereich zum nächsten und ihr Zurücklassen. SpiritistInnen sprechen ebenfalls von einer Anzahl aufsteigender Ebenen und von Vehikeln – wie die »Astralkörper« – die auf niedrigeren Ebenen zurückgelassen werden. Die Vorstellung, daß das Universum aus einer Anzahl gesonderter Bereiche besteht, die in einer aufsteigenden Reihe angeordnet sind, wird somit nicht nur durch das Zeugnis der Lebenden unterstützt, sondern auch durch das der Toten.

Es ist auch möglich, enge Bezüge zwischen spiritualistischen Anschauungen und der Kosmologie zu sehen, die vorher in diesem Buch dargestellt wurde. Spiritualisten reden von einer Anzahl unterschiedlicher Ebenen oder Welten, von denen jede eine höhere »Schwingungsrate« oder Frequenz hat. Wir haben eine Reihe von Bereichen angenommen, jeder geformt aus einer unterschiedlichen Bewegung mit höherer Durchschnittsgeschwindigkeit. SpiritistInnen sagen, daß ein spirituelles Wesen seine »Schwingungsrate« erhöhen oder senken muß, um sich von einer Ebene zur nächsten zu bewegen. Wir haben angenommen, daß die Bewegung von einem Bereich zum anderen durch Erhöhung oder Senkung der Geschwindigkeit der Energie möglich wäre. Diese Beschreibungen sind miteinander vereinbar; der Umdrehungsimpuls der Energie im Wirbel würde wie der Brummton eines Kreisels ansteigen, wenn sich die Energie schneller bewegt.

Zum Abschluß des Kapitels zitieren wir einen der bemerkenswertesten Berichte, die Dr. Lenz gesammelt hat, vollständig. Er enthält eine lebendige Darstellung der Todeserfahrung und der Erfahrungen in höheren Bereichen nach dem Tod.

Die Geschichte betrifft einen Kaufhausmanager aus Chicago, der mit seiner Familie im Campingurlaub war. Eines Morgens, als er den Sonnenaufgang über den Bergen beobachtete, hatte er die folgende außergewöhnliche Erinnerung:

> Ich erinnerte mich an ein vergangenes Leben von mir; nach dem Stil der Kleidung und Autos zu urteilen, war es um 1930. In diesem Leben hatte ich ein kleines Geschäft in einer kleinen Stadt im Mittelwesten.
>
> Ich ging schnell auf dem Bürgersteig, als ich einen stechenden Schmerz in meinem Brustkorb fühlte. Mein ganzer Körper wankte, und mir war unglaublich schwindlig. Ich versuchte, mich abzustützen, aber ich wurde von einer Welle der Übelkeit erfaßt. Ich griff nach Halt, aber ich fiel hin.
>
> Der Schmerz wurde immer schlimmer. Ich schloß meine Augen und fühlte, wie ich nach Luft rang. Mein Herz hämmerte so laut, daß ich nicht denken konnte.
>
> Ich öffnete für einen Moment meine Augen und sah über mir die Gesichter der Menschenmenge, die sich angesammelt hatte. Ein

Mann, den ich als Angestellten meines Hauses erkannte, beugte sich zu mir herunter und lockerte meine Krawatte. Eine Frau forderte jemanden auf, einen Krankenwagen zu rufen. Zu diesem Zeitpunkt wurde mir bewußt, daß ich einen Herzanfall hatte. Eine neue Welle von Schmerz überflutete mich, noch viel schlimmer als die erste.

Alles um mich herum verschwamm, dann fühlte ich, wie sich mein Körper verkrampfte, und ein Schauer überlief mich. Eine Reihe von Bildern aus meiner Kindheit erschien vor mir. Ihnen folgten Szenen aus meiner Jugend und dann Szenen meines Erwachsenenlebens. Ich sah vor meinen Augen in Sekundenschnelle die wichtigsten Stationen meines Lebens vorüberziehen. Dann wurde ich von Dunkelheit verschluckt und verlor das Bewußtsein.

Ich habe keine Vorstellung, wie lange ich ohne Bewußtsein war. Ich war in einer ungewohnten Umgebung, irgendwo in einem Raum. Alles kam mir sehr neblig und verschwommen vor. Ich konnte in dem Raum einige Leute sehen, Möbel, Vorhänge, ich konnte sie sogar reden hören. Aber sie kamen mir wie Phantome vor; sie schienen nicht körperlich zu sein. Ich ging zu ihnen hinüber und fragte sie, wer sie wären und wo ich sei. Sie ignorierten mich. Ich wiederholte meine Frage. Sie schienen von irgend etwas sehr bewegt zu sein. Die Frau weinte, und die Menschen um sie herum versuchten, sie zu beruhigen. Ich wurde sehr ungehalten, weil sie mich nicht beachteten und ging näher an sie heran. Da fing ich an zu argwöhnen, daß mit mir etwas nicht in Ordnung sei.

Ich bemerkte, daß ich nicht eigentlich zu ihnen hinüberging, sondern irgendwie neben sie glitt, ohne daß ich mich physisch bewegen mußte. Ich blickte die Frau an. Sie und die Menschen um sie herum weinten. Sie kam mir sehr bekannt vor. Ich fühlte, daß ich sie irgendwann früher in meinem Leben gekannt hatte. Mit Erschütterung wurde mir klar, daß diese Frau meine Frau war. Sie war umringt von meinen beiden Söhnen und mehreren meiner Verwandten. Ich rief sie beim Namen und fragte sie, was nicht in Ordnung sei: sie schien mich noch immer nicht zu hören. Ich war unschlüssig, was ich tun sollte. Dann erinnerte ich mich, daß ich heute morgen zur Arbeit gegangen war und einen Herzanfall erlitten hatte. Ein seltsamer Gedanke kam mir. »Ich bin tot«, dachte ich. »Nun, und was mach ich jetzt?« Dann erfüllte mich ein Gefühl von Selbstmitleid. Ich dachte, »Oh Gott, ich will nicht tot sein. Alle, die ich liebe, sind hier, und sie können mich noch nicht mal sehen.« Ich fühlte mich elend und blickte sie hilflos an.

Eine Zeitlang beobachtete ich die Menschen in dem Raum. Sie zogen ihre Mäntel und Hüte an. Ihre Bewegungen kamen mir sehr mechanisch vor, als ob sie Roboter wären oder Humanoide. Sie waren mir fremd. Ich verspürte den Drang, mit ihnen zu gehen. Eine äußere Macht zwang mich, mitzugehen. Als nächstes war ich wieder außerhalb meines Hauses, neben meinem Auto. Ich sah, wie mein Schwager damit fuhr. Das machte mich ganz kirre. Ich wollte ihm sagen, daß er nicht mit meinem Auto fahren sollte, bis mir wieder einfiel, daß ich tot war. Es spielte wirklich keine Rolle, ob er nun damit fuhr oder nicht.

Dann fühlte ich, wie ich mich wieder weiterbewegte. Ich fühlte, daß ich mich per Willen bewegen konnte, überallhin, wo ich sein wollte. Ich wünschte mir nur, wo ich sein wollte und war fast sofort da. Ich wünschte mir, bei meiner Familie zu sein, und als nächstes merkte ich, daß ich mich in einem Raum befand, in dem sich viele Menschen drängten. Ich wünschte mir, daß ich nicht um die Menge herumgehen müßte, und schon konnte ich durch die Leute hindurchgehen.

Die Aufmerksamkeit aller war auf die Vorderseite des Raums gerichtet. Ich sah erstaunt, daß da mein Körper in einem Sarg lag. Ich bekam das dringende Bedürfnis, in meinen Körper zurückzukehren und wieder lebendig zu sein.

Aber im selben Augenblick wußte ich, daß das unmöglich war; mein Körper war tot, ich würde niemals wieder lebendig sein. Alles was ich tun konnte, war abwarten und zusehen. Ich sah, wie alle Leute kamen, die ich gekannt hatte und mich betrachteten. Ich sah meine Familie, Freunde, den Priester meiner Kirche. Ich fand es sehr interessant, zu sehen, wie aufgewühlt viele von ihnen waren. Ich sah, daß manche Leute sehr verstört waren und ziemlich viel weinten. Andere waren nur gekommen, weil es von ihnen erwartet wurde. Das ärgerte mich. Ich sah den Gesichtsausdruck von jedem einzelnen.

Dann fühlte ich, wie mich die Macht wieder in Bewegung brachte. Ich hatte genug gesehen, ich wollte gehen.

Ich kann nicht sagen, wie lange ich auf der Erde blieb, weil ich keinen richtigen Zeitbegriff hatte. Ich wanderte von Ort zu Ort und besuchte all die vertrauten Plätze, an denen ich während meines Lebens gewesen war. Ich ging zum alten Haus meiner Mutter, zu meiner alten High School und vielen anderen Plätzen. Am Ende spürte ich, daß ich die Erde verlassen mußte. Ich gehörte nicht mehr hierher...

Ich befand mich in einer anderen Welt. Um mich herum waren schreckliche Geräusche. Ich konnte ein ständiges Donnern und Pfeifen hören und ein lautes Dröhnen und unmenschliche Schreie. Die Stelle, wo ich war, war voll von kaputten Dingen, verdrehten Trümmern, wie ein Schrotthaufen. Die Luft war von diesigem Rauch erfüllt. Eine Menge Wesen waren überall um mich herum. Viele von ihnen bekämpften sich gegenseitig. Ihr Geheul und ihre Schreie waren so laut, daß ich wegrennen wollte. Ich trieb mich eine lange, lange Zeit in dieser Welt herum.

Manchmal wollte ich Leute wie mich selbst sehen. Ich fühlte mich wie ein Fremder in einem fremden Land. Mehrere Male versuchten die Wesen dort – schrecklich aussehende Geschöpfe, die total verunstaltet waren – mich zu quälen. Ich fand heraus, daß sie weggingen, wenn ich sie nicht beachtete.

Dann verließ ich diese Welt und befand mich in einem Reich der Ideen. Das war eine schönere Welt als die andere. Sie war voller Stimmen, Gesang, Musik und solchen Dingen. Auch ich war in dieser Welt anders. Das heißt, als ich in der verzerrten Welt war, glich mein Körper dem, den ich nach meinem Tod auf der Erde benutzt hatte. Aber dieser Körper hatte mich verlassen, als ich in diese Welt eintrat. Ich war jetzt nicht physisch, ich war nicht wie vorher gestaltet, mit Händen und Armen. Ich war leichter und klarer. Ich war mehr so wie ein Geist... Ich blieb in dieser Welt und kam dann weiter zu einer noch schöneren, die voller unterschiedlicher farbiger Lichter war. Sie waren wunderschön. Die ganze Zeit konnte ich eine Art Musik hören. Aber es war nicht das, was wir normalerweise für Musik halten. Alles was existierte, befand sich in einer bestimmten Harmonie. Das Leben selbst war Musik. Auch in dieser Welt war mein Wesen anders. Es war leichter und leuchtender. Es gefiel mir hier sehr gut.

In dieser Welt sah ich Leute, von denen ich wußte, daß sie vor mir gestorben waren. Mein Vater und mehrere andere kamen. Sie begrüßten mich. Sie sahen nicht so aus, wie sie auf der Erde ausgesehen hatten. Sie waren Wesen voll Licht, aber ich wußte, wer sie waren. Sie hießen mich mit großer Freude willkommen.

Dann kam ich in eine noch »höhere« Welt. Sie hatte Millionen von Ebenen. Die Ebenen unter mir konnte ich sehen, aber die Ebenen über mir nicht richtig, das Licht dort blendete mich. Ich konnte sehen, daß die Leute auf den Ebenen unter mir nicht so bewußt waren wie ich. Ich rastete hier; ich wußte, es war ein Ort des Ausruhens.

Ich wurde von goldenem Licht durchdrungen.

Die Ruhepause erscheint mir jetzt so weit entfernt. Als ich all dies sah, war es deutlicher, aber selbst dann hätte ich es nicht beschreiben können. Es gibt keine Worte dafür. Es ist bei Gott sein; das ist die beste Art, wie ich es beschreiben kann.

KAPITEL 13

Gott und die Götter

Schon immer hat der Mensch seine Existenz in Frage gestellt. Liegt dem menschlichen Leben eine Vorsehung, ein vorherbestimmtes Schicksal zugrunde? Wenn es wirklich vor der Geburt und nach dem Tod eine Kontinuität der Existenz gibt, was ist dann der Zweck unseres Lebens auf diesem Planeten? Wenn wir uns in höheren Bereichen des Universums heimischer fühlen, wie manche Leute berichten, warum sind wir dann überhaupt hier? Welche Aufgabe haben wir? Ist alles nur ein Spiel? Sollen wir uns einfach nur vergnügen oder leiden, je nach Glück? Oder gibt es irgendeine wichtige Bedeutung unseres Lebens auf der Erde? Wenn es einen tieferen Sinn gibt, worin besteht er, und wer oder was hat die ganze Angelegenheit in Gang gebracht?

Die ganze Geschichte hindurch hat der Mensch in der Vorstellung von Göttern Antworten auf diese grundlegenden Fragen gesucht. In neuerer Zeit lehrten die Religionen die Menschen, an einen einzigen Gott zu glauben. Aber wie relevant sind heutzutage die Vorstellungen von Gott und den Göttern? Gibt es wirklich einen Schöpfer des Universums? Oder ist die Idee von Gott gestorben, so wie es uns die moderne Wissenschaft vermittelt?

In der klassischen Wissenschaft war die Existenz Gottes ohne Frage akzeptiert. Die Forscher gingen davon aus, daß Gott die Materie erschaffen hat und daß alle Gesetze, die ihr Verhalten bestimmen, von ihm ausgingen. Klassische Wissenschaftler, wie Sir Isaac Newton, glaubten, daß sie nur die Gesetzmäßigkeiten aufdeckten, die Gott festgelegt hatte.

Mit dem Fortschritt der Wissenschaft wurde aber nicht nur die Rolle Gottes in Zweifel gezogen. Seine ganze Existenz stand zur Debatte. Im 19. Jahrhundert erschütterte Darwins Evolutionstheorie die Vorstellung von Gott als Schöpfer. Mit ihr wurden der Ursprung und die Vielfalt des Lebens als natürlicher Prozeß erklärt, nicht mehr als übernatürliche Schöpfung. Der Mensch wurde als ein Zufallstreffer, ein Unfall der Evolution angesehen. Im 20. Jahrhundert ist die Physik zu der Ansicht gelangt, daß sich das sich entfaltende Universum seit seinem Beginn im *Urknall* selbst erschafft. In diesem Entwurf der Dinge ist wirklich kein Platz mehr für Gott.

Die moderne Wissenschaft hat beschlossen, daß es keinen Bedarf für einen Schöpfer des Universums gibt. Mit dem Wirbel ändert sich aber wieder alles. Die Vorstellung einer Schöpfermacht wird absolut wesentlich.

Das Universum scheint nach seinen eigenen Gesetzen zu existieren. Es vermittelt den Eindruck, daß es vollständig unabhängig ist und sich selbst aufrechterhält. Der Wirbel stellt diese Feststellung des gesunden Menschenverstands grundsätzlich in Frage.

Der Wirbel untergräbt die Vorstellung von einer materiellen Substanz, die als eine unabhängige Realität existiert. Er zeigt, wie alles – einschließlich Materie, Raum und Zeit – aus Energie ersteht. Was aber ist Energie? Im Energiewirbel bewegt sich kein *Ding*. Diese ursprüngliche Energie ist nichts als *Bewegung*.

In diesem neuen Schema der Dinge ist nicht Materie, sondern Bewegung die Realität, die dem Universum zugrundeliegt. Es gibt im Universum nirgendwo etwas Konkretes. Es gibt keine zugrundeliegende Materie. Bewegung ist die einzige Realität.

Das ist ein verblüffender Gedanke. Die meisten Leute stellen sich vor, daß unsere Welt aus substantiellen Dingen besteht, die sich bewegen. In Wirklichkeit ist genau das Gegenteil der Fall. Bewegung existiert zuerst und an vorderster Stelle. Alles im physikalischen Universum bezieht sich auf die Lichtgeschwindigkeit, die selbst ein Maß für Bewegung ist. Pure Bewegung erschafft unsere Welt, Licht und Wärme, Wind und Regen, Bäume und Berge und das Lachen spielender Kinder.

Aber was kann diese Bewegung sein? Kann es Bewegung geben, wenn es nichts gibt, das sich bewegen kann? In dieser *ursprünglichen* Bewegung gibt es nichts Konkretes. Es ist Bewegung ohne irgendeine Substanz darin. Diese Bewegung scheint eine Abstraktion zu sein. Könnte es sein, daß die Bewegung, auf der das Universum aufgebaut ist, eine abstrakte Realität ist? Könnte es einfach nur die Idee von Bewegung sein? Ist das Universum nichts als die *Vision* von Bewegung, ein reiner Akt der Vorstellungskraft?

Wenn die Bewegung, die der Energie zugrundeliegt, ein Akt purer Vorstellungskraft ist, dann ist jedes Materieteilchen lediglich in die Existenz *gedacht*. Jedes Teilchen von Energie und Super-Energie ist nichts als eine Idee.

Nachdem wir das Konzept von Materie ausgeschlossen haben, führt uns das zu der Schlußfolgerung, daß das ganze Universum eine riesige sich entfaltende Vision ist. In den Worten von Michael Faraday: *»Es ist alles ein Traum.«* Das ganze Universum ist nichts als ein Traum.

Es kann aber keinen Traum ohne irgend jemanden geben, der träumt. Es kann keinen Akt der Vorstellungskraft geben ohne jemanden, der sich etwas vorstellt. Wenn das Universum vom winzigen Atom bis zur machtvollen Galaxie eine sich entfaltende Vision ist, dann muß es jemanden dahinter geben.

Es muß eine Wesenheit verantwortlich sein für diesen gewaltigen Akt kreativer Vorstellungskraft. Wir nennen sie Gott, Göttin oder das Göttliche. Wie der moderne Lehrer Maharaji gesagt hat: *»Die Welt, die wir sehen, ist eine Imagination Gottes.«*

Ein Traum ist unlöslich an seinen Träumer gebunden. Wenn der oder die Träumende zu träumen aufhört, verschwindet der Traum, als ob er niemals existiert hätte. Würde der universelle Akt von Vorstellungskraft aufhören, würde das ganze Universum spurlos verschwinden. Jedes Materieteilchen, sogar der Raum selbst, würde augenblicklich verschwinden. Sie sind vollständig abhängig vom fortdauernden Akt der Schöpfung. Dies würde die alte Lehre erklären, daß ein göttliches Wesen das Universum aus dem Nichts heraus schuf und daß es ohne dieses Wesen nicht sein könnte.

Materie und Licht besitzen keine unabhängige Realität. Sie sind als Akte der Vorstellungskraft abhängig von dem Wesen, das sie sich vorstellt, so wie Träume von den Träumenden abhängig sind. Schöpfung ist kein einmaliges Ereignis. Das Universum ist in einem kontinuierlichen Zustand der Schöpfung. Jedes Energieteilchen im Universum, jedes Teilchen von Materie in unserer Welt ist ein Akt *kontinuierlicher* schöpferischer Imagination. Jeder Wirbel wird ununterbrochen in die Existenz gedacht; er ist Teil eines fortlaufenden Traumes.

Wenn wir die unermeßliche Weite des Universums bedenken, ist das Ausmaß dieses Aktes der Vorstellungskraft bestürzend. Es gibt in jeder menschlichen Blutzelle Tausende von Teilchen. Trotzdem ist eine Blutzelle fast nichts; fünf Millionen davon würden in einen Stecknadelkopf passen. Wie viele Teilchen müssen dann in einem einzigen menschlichen Körper sein? Im menschlichen Körper gibt es Liter von Blut, ganz abgesehen von Knochen und Gewebe. Dann gibt es fünf Milliarden Körper. Aber was ist die ganze Menschheit, verglichen mit dem Planeten? Und auch die Erde ist nur ein Bröckchen Materie, das einen kleinen Stern umkreist; es gibt Milliarden anderer Sterne in unserer Galaxie, und die Zahl der Galaxien liegt jenseits der Zählmöglichkeiten unserer modernen Astronomie. Wie viele Teilchen muß es also im ganzen physikalischen Bereich des Universums geben? Aber der Bereich von Materie und Licht ist nur ein kleiner Teil des gesamten Universums. Die Wissenschaft hat kein Ende des physikalischen Universums gefunden und noch nicht einmal begonnen, die superphysikalischen Reiche zu erforschen. Die Kraft des schöpferischen Prinzips, auf dem das Universum beruht, übersteigt unser Verständnis. Es könnte als Ursprung aller Dinge, als allmächtig bezeichnet werden.

Unvorstellbar ist auch die unermeßliche Dauer dieses Aktes konzentrierter Aufmerksamkeit. Bedenken Sie die Lebensspanne jedes Teilchens in einem Atom. Das Proton hat eine Lebenserwartung von schätzungsweise einer Milliarde, Billion, Billion, Billion Jahren. Das ist eine lange Zeit für einen kontinuierlichen Akt ununterbrochener Konzentration.

Ist es sinnvoll, auf einen ursprünglichen Moment der Schöpfung in einer weit entfernten Zeit zu blicken? Das Universum existiert durch die Imaginierung von Energieformen. Sollte sich das Muster der Vorstellung ändern, so würden es auch diese Formen tun. Alle Formen im Universum könnten sofort abgeändert werden, mit einem Wechsel im Muster der universellen Vorstellung. Von jedem Wirbelteilchen, das jetzt existiert, ist denkbar, daß es im nächsten Augenblick verschwindet. Es könnte auch erst seit einem kurzen Moment existieren.

Das Schöpferwesen stellt sich Bewegung vor und bringt damit die mannigfaltigen Formen des Universums ins Dasein und die

Dimensionen, die sie voneinander trennen, wie Raum und Zeit. Raum und Zeit existieren nicht unabhängig vom Universum, weil sie aus Bewegung geschaffen sind. Es gibt keine Möglichkeit der Raum-Zeit-Trennung zwischen dem Schöpferwesen und dem Universum. Das Schöpferwesen ist weder innerhalb noch außerhalb der Zeit.

Das universell Träumende und der Traum sind unlöslich miteinander verbunden, im absoluten Hier und Jetzt, der immer vorhandenen Gegenwart. Das Göttliche könnte nur dann vor dem Universum da sein und nach seinem Ableben weiter existieren, wenn Zeit jenseits des Universums existieren würde. Vergangenheit und Zukunft, gemeinsam mit allen Formen der Trennung, sind nur Facetten des Traums. Im Angesicht der Gottheit kann es keine Getrenntheit auf irgendeiner Ebene geben; in ihr können keinerlei Unterschiede Bestand haben.

Menschliche TräumerInnen können ihr Leben neben ihren Träumen leben; nur die Träumenden sind real, und der Traum ist wie nichts. Diese Analogie legt nahe, daß nur das Schöpferwesen real ist und daß es für die Schöpfung lebenswichtig ist. Ohne ein träumendes Gotteswesen könnte der universelle Traum nicht existieren. Aber könnte das universelle Träumende ohne den Traum existieren? Könnte das Schöpferwesen ohne die Schöpfung existieren? Wäre Gott nur als die Schöpferkraft des Universums definiert, dann wäre die Antwort nein. Wenn das universelle Träumende aufhören würde zu träumen, würde es aufhören, ein Träumendes zu sein und so aufhören zu existieren.

Ein Traum unterscheidet sich vom Träumenden. Genauso wie sich die Schöpfung völlig vom Schöpferwesen unterscheidet. Diese Auffassung des Universums ist keine Form von Pantheismus. Der Pantheismus behauptet, daß das Göttliche die Substanz von allem ist, daß alle Dinge aus dem Göttlichen heraus gebildet sind. Das Universum ist aus Bewegung entstanden, die keine Substanz hat, ob nun Materie oder Gottheit. Bewegung ist die Tat des Göttlichen, nicht seine Substanz.

Was ist also das Schöpferwesen, was ist das Göttliche?

Stellen Sie sich zunächst das Universum vor. Wenn das Universum ein sich entfaltender Akt der Imagination ist, könnten wir es als riesigen Gedankenkörper ansehen. Jede Bewegung, jedes bißchen Energie wäre eine Gedankenform, jedes Teilchen Materie und Licht wäre als ein Werk der Vorstellungskraft ein Gedanke im Geist des Gottwesens. Könnte es sein, daß das Universum in seiner Gesamtheit nichts anderes ist als der Geist Gottes?

Im Geist sehen wir die Verbindung von Bewußtsein und Denken. Geist könnte auch als der Körper des Denkens angesehen werden. Bewußtsein ist vom Denken ganz getrennt, Bewußtsein ist nicht Denken. Das Bewußtsein liegt hinter dem Denken. Bewußtsein kann ohne Denken existieren, aber ohne Bewußtsein gibt es kein bewußtes Denken.

Vielleicht gibt es nur zwei grundlegende Realitäten, Bewußtsein und Denken. Wenn das Universum der Geist Gottes ist, dann ist Gott das Bewußtsein, das dem Universum zugrundeliegt.

Diese zwei Realitäten könnten auch als Bewußtsein und Energie bezeichnet werden. Bewußtsein ist das schöpferische Prinzip, Energie ist das Universum, das durch das Bewußtsein geschaffen wird.

Bewußtsein ist nicht Energie, es ist auch nicht die Folge irgendeiner Form von Energie. Bewußtsein ist die Quelle aller Energie und durchzieht die ganze Schöpfung, bis hin zur subatomaren Ebene. Bewußtsein ist in allem vorhanden. Wie das Auge des Hurrikans ist Bewußtsein sogar im Energiewirbel vorhanden, genau im Herzen des Atoms. Bewußtsein ist die erste Realität, die Grundlage aller Existenz.

Wir könnten davon ausgehen, daß Bewußtsein dem »Geist« entspricht. In der Vergangenheit wurde das Wort sehr ungenau benutzt, um irgend etwas nicht Faßbares zu bezeichnen. Wenn aber Geist als Bewußtsein definiert ist, könnten wir sagen, daß »Geist« in allem ist, vom größten Wesen zum kleinsten Materieteilchen. Aber nur das eine göttliche Wesen ist reiner Geist. Alles andere ist eine Form von Energie, durch die sich der Geist ausdrückt.

Das Schöpferwesen des Universums ist das unsichtbare Bewußtsein in allem. Es erlebt alles, aber es beurteilt nichts. Es ist die Quelle aller Macht, aber es bleibt unberührt von Macht. Es sieht alles und ist doch unsichtbar. Gleichermaßen völlig gegenwärtig und völlig jenseitig, ist es die allwissende Erfahrung von allem, das existiert. Es ist, als ob das Göttliche das Universum erschafft und durch jeden einzelnen Bestandteil davon Erfahrungen macht. Gott erlebt, ein Grashalm und ein Baum zu sein, ein Adler und ein Delphin, Sie und ich.

Bewußtsein ist das herausragende Merkmal der Schöpfung. Aber an der Erschaffung des Universums sind auch Willen, Liebe und Intelligenz beteiligt. Auch das müssen Merkmale der Schöpferkraft sein. Die Schöpfung ist ein Akt bewußter Vorstellungskraft, sie ist von Denken geformt, aktiviert von Liebe und angetrieben von Willen. Das bringt die Schöpferwesenheit ein; Erfahrung ist das, was sie zurückerhält.

Diese verschiedenen Merkmale müssen nicht eine Trennung im Schöpferwesen bedeuten. Sie könnten den unterschiedlichen Facetten der Schöpferkraft entsprechen. Genauso wie wir Materie, Raum und Zeit als unterschiedliche Aspekte des einen ungeteilten Energiewirbels erleben, würden wir das Schöpferwesen als Bewußtsein und Willen, Denken und Liebe erleben.

Dadurch, daß wir das Bewußtsein verstehen, können wir erst richtig einschätzen, wer wir wirklich sind. Wenn Bewußtsein der Ursprung aller Existenz ist, kann es im Bewußtsein keine Trennung geben; Bewußtsein muß einzig und ungeteilt sein. Diese Schlußfolgerung ergibt sich auch aus der Physik.

Nach unserer gewöhnlichen Erfahrung sind keine zwei Dinge identisch. Keine zwei Schneeflocken, Blumen oder Menschen sind genau gleich. Aber auf einer subatomaren Ebene ist das nicht der Fall. Die grundlegenden Formen von Materie sind die Elementarteilchen. Alle Teilchen eines Typs von Elementarteilchen scheinen exakt gleich zu sein. Zum Beispiel scheinen alle Protonen im Universum identische physikalische Charakteristika zu besitzen. Die Gleichförmigkeit von Elementarteilchen legt sehr nahe, daß ihnen allen ein einziges Bewußtsein zugrundeliegt; daß sie sozusagen alle von einer Hand geschaffen sind. Wenn Protonen von unterschiedlichen Bewußtseinsfunken erschaffen worden wären, würden sie sich wahrscheinlich in ihren Eigenschaften voneinander unterscheiden.

Wenn Bewußtsein unteilbar ist, dann kann Bewußtsein nicht in jedem Individuum getrennt sein. Unterschiedliche Lebensformen stellen verschiedene Bewußtseinsstufen dar, entsprechend ihrem

Entwicklungsgrad. Aber in unserem grundlegenden Wesen sind wir alle eins. Wir sind alle dasselbe Bewußtsein, das die Welt durch unterschiedliche Körper wahrnimmt, aus vielen Augen herausblickt; nur durch eine Illusion von Trennung sind wir voneinander getrennt.

Das Bewußtsein, das Ihre Gedanken und Gefühle wahrnimmt, das hinter dem Sehen Ihrer Augen und dem Hören Ihrer Ohren liegt, ist dasselbe Bewußtsein in mir.

Das ist es, was die Unteilbarkeit von Bewußtsein wirklich bedeutet. Hinter unseren vielen Gedanken und Gefühlen in unseren unterschiedlichen Körpern sind wir alle eins. Wir sehen unsere physikalischen Körper als getrennt von jedem anderen, und in unseren Gedanken und Gefühlen erleben wir weitere Abgrenzung. Im Bewußtsein aber gibt es keine Trennung. Unser grundlegendes Bewußtsein ist dasselbe universelle, ungeteilte Prinzip, das sich durch alles und jedes darstellt. Wenn das Gott ist, dann ist jeder einzelne von uns im Inneren seines oder ihres Wesens Gott.

Der Mensch ist in seinem Wesen eins mit dem Göttlichen, ob er daran glaubt oder nicht. Das Göttliche ist nicht getrennt vom Menschen, weil Gott im Bewußtseinskern jedes Menschen ist – nicht in den Gedanken und Gefühlen, sondern in dem reinen Bewußtsein dahinter. Gott ist das Zentrum des menschlichen Wesens, der Springquell seiner Liebe, seiner Intelligenz und seines Willens. Nach dem Göttlichen außerhalb seiner selbst zu suchen, ist für den Menschen ohne Sinn, weil das Göttliche in ihm ist. Wir sind bereits mit Gott vereint, ob wir es wissen oder nicht. Alles was wir tun müssen, ist aufzuwachen und es zu erkennen.

Ist aber dieses Erwachen das ganze Ziel, der ganze Zweck des menschlichen Lebens? Wenn wir in unserem Wesen bereits eins sind mit dem Göttlichen, was bleibt dann noch zu tun?

Ein Anhaltspunkt, um den Sinn des menschlichen Lebens zu verstehen, ist, zu erkennen, daß Gott als reines Bewußtsein keine Form besitzt und sich nur durch Form ausdrücken kann. In jedem Aspekt von Schöpfung ist in gewissem Maß Bewußtsein vorhanden. Es ist das Wesen des menschlichen Daseins, das Bewußtsein in uns selbst wiederzuerkennen. Vielleicht haben wir als menschliche Wesen die einzigartige Möglichkeit, zum vollen Bewußtsein unserer göttlichen Natur vorzudringen und eine Manifestation des Göttlichen auf Erden zu werden.

Indem wir das tun, werden wir zu Göttinnen und Göttern.

Zwischen dem Göttlichen einerseits und Göttern bzw. Göttinnen andererseits muß klar unterschieden werden. Das Göttliche ist das Bewußtsein, das das Universum erschafft als einen sich entfaltenden Akt der Vorstellungskraft. Gott ist keine Person, kein Wesen, Gott beseelt alle Personen und Wesen.

Götter und Göttinnen sind etwas ganz anderes als Gott. Sie sind hochentwickelte Wesen, die die Eigenschaften und Kräfte von Gott manifestieren. Die Götter sind trotzdem noch Teil der Schöpfung; sie sind Gestalten aus Energie und existieren im Universum nur als Teil des universellen Traums.

Planeten wie die Erde könnten Orte der Übung für die Göttinnen und Götter sein. Das Leben auf der Erde könnte unsere Chance sein, göttlich zu werden. Es könnte als Workshop für unsere persönliche Entwicklung als Götter und Göttinnen betrachtet werden. Diese Idee drückt sich in dem englischen Wort »human« aus, was »Gottes-Mensch« bedeutet. Wir alle haben die Anlage, göttliche Wesen zu werden. Jesus Christus zum Beispiel erfüllte diese Anlage und wurde eine vollständige Manifestation Gottes auf Erden. Wir anderen alle sind Götter und Göttinnen im Werden.

Göttlich zu werden und göttliche Kräfte auszudrücken, ist nicht damit gleichbedeutend, etwas zu erreichen. Es geht darum, unsere wahre Natur zu enthüllen. Die göttlichen Kräfte stecken in uns allen; sie sind Teil unseres Entwicklungsweges.

Zahlreiche Heilige und MystikerInnen besitzen diese Kräfte, die in Indien *Siddhis* genannt werden. Diese scheinbar rätselhaften Fähigkeiten sind einfach die Macht des Göttlichen, die sich so zeigt. Diese Fähigkeiten, wie Hellsichtigkeit, spiegeln nur das Bewußtsein wider, das die Grundlage unseres Daseins ist. Bei anderen, wie Bilokation und Materialisation, ist die Transsubstantiation von Materie beteiligt, das heißt die Beschleunigung durch die Lichtgrenze. Aber auch das ist eine Widerspiegelung des universellen Bewußtseins. Das universelle Bewußtsein stellt sich die zugrundeliegende Bewegung vor – also in erster Linie Energie. Nur das Bewußtsein kann diese Bewegung beschleunigen. Insofern kann die Beherrschung göttlicher Kräfte nur durch ein erweitertes Bewußtsein erreicht werden. Der Weg zu ihnen, ist offensichtlich nicht die Entwicklung einer neuen Technologie, sondern das Wachsen unseres Bewußtseins.

Um übernatürliche Kräfte ranken sich viele unbegründete Ängste. Göttliche Kräfte werden im allgemeinen in der Folge von persönlichem Wachstum und Entwicklung erreicht. Sie entfalten sich normalerweise spontan als geschenkte Gaben. Ein Mensch mag über viele Jahre arbeiten, vielleicht sogar lebenslänglich nach einem Wachstum seines Bewußtseins streben. Plötzlich entwickelt er rätselhafte Kräfte.

Die meisten Heiligen und MystikerInnen messen diesen Kräften wenig Gewicht bei und sehen sie nur als ein Zeichen für die Annäherung an das Göttliche. Am anderen Ende des Spektrums gibt es die Menschen, für die das Erlangen göttlicher Kräfte schon das Ziel darstellt. Worauf es aber wirklich ankommt, ist nicht, wie wir die Kräfte erlangen, sondern auf den Gebrauch, den wir von ihnen machen.

Manche Menschen beuten sie – vielleicht unwissentlich – für ihre eigenen Interessen aus. Sie wollen Aufsehen erregen und diejenigen kontrollieren, denen sie helfen; sie beherrschen ihre Schützlinge mit Angst und manipulieren sie durch Schmeichelei. Es steht uns nicht zu, das Leben anderer Leute zu beurteilen – wir haben jeder unseren eigenen Entwicklungsweg. Aber zu unserem eigenen Schutz ist es wichtig, festzustellen, woher jemand kommt. Das Übersinnliche ist von einem Glanz umgeben, der es erleichtert, sich und andere zu täuschen. Hochbegabte Individuen können ein großes Gefolge anziehen und sogar als göttlich angesehen werden. Nicht die Ziele einer Person sind wichtig oder die Kräfte, die sie zeigt; es sind nicht ihre Zeichen oder Wunder, die zählen, sondern ihre persönlichen Qualitäten. Die Frage ist, wem die Person dient, sich selbst oder anderen. Manchmal ist das schwer zu sagen. Die Möglichkeit, es zu erkennen, erfordert Erfahrung und Weitblick. In uns allen gibt es die Tendenz, zwanghaft von unseren persönlichen Wünschen und unerfüllten emotionalen Bedürfnissen mitgerissen zu werden. Wir alle müssen auch unsere emotionalen Bedürfnisse erfüllen und uns selbst genauso gut dienen wie anderen. Worauf es ankommt, ist die Balance, die wir zwischen diesen beiden Aspekten herstellen können.

Die Wurzel des Problems liegt allzuoft im Streben nach Macht. Manche Menschen versuchen, ihre Macht mit übernatürlichen Kräften zu vergrößern, weil sie unzufrieden sind mit dem, was sie mit ihren eigenen Kräften erreichen können. Sie suchen einen Verbündeten auf der »anderen Seite«. Solche Leute können Wesen anziehen, die umgekehrt durch die Vermittlung eines menschlichen Wesens Macht auf der physikalischen Ebene suchen. Erst glaubt das menschliche Wesen, daß es der bestimmende Teil ist, aber es kann sich sehr schnell herausstellen, daß es eigentlich den dienenden Part hat.

Das Problem ist, daß oft unklar ist, mit welcher Art Wesen wir es zu tun haben. Die meisten übernatürlichen Wesen sind gut, andere sind es aber überhaupt nicht. Für bösartige Wesen sind wir am wenigsten anziehend, wenn wir in Harmonie mit uns selbst leben, Integrität besitzen und mit Liebe und Sinn für Humor leben. Durch Angst, und wenn wir unser Ego zu ernst nehmen, öffnen wir uns dem Einfluß solcher Wesen.

Es ist völlig in Ordnung, in Übereinstimmung mit dem Übernatürlichen zu handeln; wir alle werden die meiste Zeit auf diese Weise unterstützt, normalerweise ohne es zu merken. Die Möglichkeit, Informationen und nützliche Kräfte von intelligenten Wesen in höheren Reichen zu erhalten, ist eine wichtige Gabe, ein Geschenk, das HeilerInnen die Möglichkeit gibt, anderen im körperlichen wie im seelischen Bereich zu helfen. Es lauern auf diesem Gebiet aber auch Gefahren. Zum Beispiel können wir ihre Mitteilungen falsch verstehen oder mißverstehen; das passiert immer wieder, selbst wenn wir alle Sinneseindrücke zu Hilfe nehmen.

Darüber hinaus können übernatürlichen Wesen leicht alle möglichen Arten von Qualitäten zugesprochen werden, die sie vielleicht gar nicht haben. Es wäre absurd, anzunehmen, daß alle nicht inkarnierten Wesen allwissend, weise und voller Liebe sind. Trotzdem glauben viele Leute, wenn sie eine Botschaft von »oben« erhalten, daß sie richtig sein muß. Auch diese Wesen ohne Körper sind – wie wir Menschen mit Körpern – nicht unfehlbar. Sie scheinen zum Beispiel nur einen sehr gering entwickelten Begriff von irdischer Zeit zu haben.

Ein Teil von uns sehnt sich danach, bemuttert zu werden und einfach gesagt zu bekommen, was zu tun ist. Aber wir sind keine blinden Instrumente höherer äußerer Mächte, wie Soldaten, die Befehlen folgen. Wir sind hier, um zu lernen, uns auf unsere eigene Göttlichkeit einzustimmen. Wir sollten in Zusammenarbeit mit andern handeln – Inkarnierten und Diskarnierten –, aber immer nur im Einklang mit all unserer eigenen Weisheit.

Um zu lernen, müssen wir frei sein, Fehler zu machen. Ein Kind, das stehen oder laufen lernt, wird immer wieder hinfallen, bevor es das kann. Die Eltern können nur zugucken und es vielleicht ermutigen. Übernatürliche Wesen gehen vielleicht in ganz ähnlicher Weise mit uns um. Es scheint so, daß sie aus gutem Grund hauptsächlich hinter den Kulissen bleiben. Alles deutet darauf hin, daß sie die Unverletzlichkeit unseres Lernterritoriums respektieren. Nur wenn wir so aus dem Ruder laufen, daß wir in Gefahr sind, unsere Schule in die Luft zu jagen, greifen sie wahrscheinlich ein.

Wenn das Leben auf der Erde als eine Möglichkeit begriffen wird, zu Göttlichkeit heranzuwachsen, könnte die Situation der Menschen mit der von Schulkindern verglichen werden und der Planet Erde mit einer Schule für heranwachsende Götter und Göttinnen. Durch unsere Erfahrungen könnten wir dauernd Lektionen für unsere göttliche Entwicklung lernen. Wie in jeder Schule wären die meisten von uns SchülerInnen und nur einige wenige LehrerInnen, die sich bereit erklärt haben, den Schülern beim Lernen zu helfen.

Wir alle brauchen Lehrende, die uns an unsere wirkliche Aufgabe erinnern. Wir werden in einem Zustand des Vergessens geboren, ohne Erinnerung, wer wir wirklich sind oder was wir werden können. Weil wir uns in unserer Bequemlichkeit zu sicher fühlen, besteht die Gefahr, daß wir die wirkliche Bedeutung unseres Lebens nicht erfassen. Es besteht die Gefahr, daß wir kleingeistig werden und uns nur mit Nebensächlichkeiten aufhalten. Um uns dem Zweck unseres Lebens zu nähern, müssen wir zur Erkenntnis unseres wirklichen Potentials aufwachen; manchmal können Mißgeschicke und Leiden, Krankheit und Schwierigkeiten eine Chance sein, uns aus dem Schlaf aufzurütteln. Jede Veränderung, wirklich alles, was in unserem Leben passiert, kann als eine Erfahrung genommen werden, um zu lernen. Die Rolle der Lehrenden ist es, uns zu helfen, wenn wir aus unseren Erfahrungen lernen und unsere Aufmerksamkeit auf unsere innere Wirklichkeit zu lenken, in uns unsere latente Göttlichkeit zu wecken.

Gute LehrerInnen werden uns ermutigen, die Gesamtheit der menschlichen Erfahrungen zu akzeptieren, sie helfen uns, unser volles Potential zu erschließen – physisch, geistig, emotional und spirituell. Auf diese Weise können sie uns helfen, die einzige Freiheit zu finden, auf die es wirklich ankommt, die Freiheit, zu sein, wer wir wirklich sind.

Es ist nicht so, daß wir ohne LehrerInnen nicht lernen könnten. Aber normalerweise können wir mit dieser Hilfe viel schnellere Fortschritte machen, als wenn wir allein herumwursteln. Wir brauchen vielleicht viele Jahre, um Lektionen ohne Hilfe, nur durch persönliche Erfahrung zu begreifen. LehrerInnen können uns eine Anleitung geben, damit wir schneller aus unseren Erfahrungen lernen können. Sie zeigen uns, wie es richtig geht – ob wir Tennis spielen lernen oder die Kunst des Lebens.

SchülerInnen profitieren erst dann von ihren LehrerInnen, wenn sie reif dafür sind. Oft werden wir erst durch Leiden oder eine Krise an diesen Punkt der Aufnahmefähigkeit gebracht. Vorher stoßen die meisten Lehren auf taube Ohren. Wir können etwas gesagt bekommen, aber es scheint überhaupt nicht zu uns vorzudringen. Wenn der Schüler bereit ist, taucht auf geheimnisvolle Weise der Lehrer auf. Die LehrerInnen sind immer da, aber wir können sie nicht erkennen, bis wir reif dafür sind.

Es nützt uns, wenn wir mehr als eine Belehrung annehmen können. Manche Leute werden abhängig von einer einzigen Lehrerin oder einer einzigen Lehre, und haben Schwierigkeiten, die Möglichkeit zuzulassen, daß sonst noch irgend jemand recht haben könnte. Wir brauchen manchmal Mut, um von einem Lehrer zum anderen zu wechseln. Aber in der Kombination unterschiedlicher Herangehensweisen könnten wir die spezielle Balance finden, die wir brauchen. Jeder und jede von uns ist letztlich einzigartig, und wir müssen unseren eigenen individuellen Entwicklungsweg finden.

Damit sollen nicht die Schmetterlinge unterstützt werden, die von Lehrerin zu Lehrer ziehen, ohne von dem, was sie lernen, irgend etwas richtig zu verstehen. Wenn wir uns nur auf einen einzigen Lehrer oder eine Lehre verlassen, schränken wir uns selbst ein. Wir sind Wesen mit vielen Facetten und vielen Ebenen, und nur wenige LehrerInnen beherrschen alles, was wir lernen müssen. Wir entwickeln uns im Lauf unseres Lebens weiter, und auf jeder Stufe sind wir mit neuen Herausforderungen konfrontiert. Wenn wir wachsen, ändern sich unsere Bedürfnisse laufend.

Um göttlich zu werden, müssen wir die enorme Macht von Gedanken und Gefühlen erkennen. Denken schafft Tatsachen. Wir müssen unsere Denkmuster ändern, bewußt und unbewußt, und die Blockierung unserer Gefühle loslassen, um unsere Wirklichkeit zu ändern. Gedanken und Gefühle ernähren sich gegenseitig. Wenn wir uns entscheiden, negative Gedanken durch positive zu ersetzen, wenn wir uns entscheiden, negativen Emotionen keine Nahrung zu geben und blockierte emotionale Energien zu befreien, verwandeln wir uns selbst und die Art und Qualität unserer Erfahrung.

Gedanken sind wirkliche Wesenheiten – sie sind so real wie Materie; Bewußtsein stärkt sie. Gedanken sind für ihre Existenz auf Bewußtsein angewiesen. Gedanken blühen unter Beachtung auf. Wenn wir sie unterhalten, wachsen sie und vervielfältigen sich. In kürzester Zeit sind wir völlig verloren in einem Strom von Gedanken.

Worauf wir unsere Aufmerksamkeit richten, ist definitiv die einzige Freiheit, die wir haben. Die meisten von uns sind die Sklaven der Gedanken, die unseren Geist in Besitz nehmen. Es ist nötig, daß wir erkennen, daß wir Macht über unsere Gedanken haben und wählen, welche wir beachten und welche wir ignorieren. Statt dessen verlieren wir uns in Vorstellungen, in denen sich unsere eigenen Ängste und Wünsche spiegeln. Die Fantasie richtig zu nutzen, ist eine der größten Herausforderungen, vor die wir gestellt sind, und ein wesentlicher Schritt zur Göttlichkeit.

Eins mit dem Göttlichen zu werden, ist etwas anderes. Um die zugrundeliegende Einheit des Bewußtseins zu erfahren, müssen wir das gedankliche Herumplappern stoppen. Normalerweise nehmen wir Gegenstände, Gedanken und Gefühle bewußt wahr. Auf diese Weise sind wir immer in der Schöpfung gefangen. Wir suchen dauernd nach irgend etwas, das unser Leben komplett macht, und erleben Dualität und Trennung. Nicht einer Sache bewußt zu sein, sondern einfach bewußt zu sein, ist ein Ziel in sich. Wir erfahren unsere Einheit mit allem, wenn wir alle Getrenntheit überwinden. Wir erfahren wahren Frieden, wenn wir aus der Dualität heraustreten.

Im Osten betonen viele Heilige und MystikerInnen das Erreichen der Einheit mit Gott; die Anteilnahme an der Welt lehnen sie oft ab. Im Gegensatz dazu übersehen die meisten Menschen im Westen, daß es für sie notwendig ist, eine Einheit mit dem Göttlichen zu erreichen, so beschäftigt sind sie mit der Welt und schöpferischer Aktivität. Die volle Entfaltung unserer Möglichkeiten könnte darin bestehen, den Osten und den Westen zusammenzubringen, die volle Selbstverwirklichung mit der Meisterung der gottgleichen Schöpfungskräfte zu verbinden.

Wir müssen uns auf jeder Ebene unseres Wesens weiterentwickeln. Erst wenn unsere Wahrnehmungsfähigkeit wächst, entdecken wir die Bruchstückhaftigkeit unseres Wesens; dann erkennen wir die Notwendigkeit, Körper, Geist und Gefühle zu einem balancierten, harmonischen Ganzen zu integrieren. Manche der alten spirituellen Traditionen verachteten den Körper und betrachteten seine Wünsche als lästige Hindernisse. In Wirklichkeit ist das Leben in einem menschlichen Körper eine unvergleichliche Gelegenheit, viele und ganz verschiedene Lernerfahrungen zu machen. Spiritualität besteht nicht darin, dem Körper und seinen Funktionen zu entkommen; es geht darum, unsere Gesamtheit anzunehmen. Wir müssen die natürlichen Aspekte unseres Wesens integrieren und nicht ablehnen, um ins Gleichgewicht zu kommen. Wir müssen uns selbst ganz kennen, in Körper, Geist und Gedanken, um göttlich zu werden, und uns im Geist wiederentdecken. Wir haben die Gelegenheit, unsere Einheit mit dem Göttlichen herzustellen und unser volles schöpferisches Potential als Menschen zu entwickeln.

Das Leben auf der Erde ist eine unvergleichliche Möglichkeit, die Fertigkeiten der Schöpfung in einem Gebiet zu lernen, in dem die Vorstellungskraft in relativer Sicherheit geübt werden kann, weil wir erst Götter und Göttinnen im Werden sind. Für Gott wird jeder Akt der Vorstellungskraft sofort zu einer Realität im Universum; selbst der Bereich von Super-Energie ist für den Gedanken viel formbarer als unsere Welt der Materie. In den höheren Bereichen funktioniert die Vorstellungskraft unmittelbar; die Art und Weise, wie Dinge vorgestellt werden, ist genauso, wie sie sich dann zeigen. In diesen Reichen haben Geist und Vorstellungskraft eine drastische Auswirkung.

Die Situation auf der Erde ist ganz anders. Hier manifestieren sich die Früchte von Gedanken und Vorstellungskraft sehr langsam. Wir haben deshalb die Möglichkeit, ihre Effekte zu sehen und zu verstehen. Materie stellt das Material zur Verfügung, das es uns ermöglicht, unsere göttlichen Kräfte in relativer Sicherheit zu erforschen. Das macht den physikalischen Bereich so geeignet als eine Schule für das Göttliche.

Die Freiheit, zu experimentieren und Fehler zu machen, ist für diesen Lernprozeß wesentlich. Die Erde ist ein Abenteuerspielplatz, auf dem wir uns nicht wirklich wehtun können, weil uns selbst der physische Tod nichts anhaben kann. Wenn wir auf Sicherheit spielen, bedeutet das, nicht den vollen Nutzen aus unseren Lernmöglichkeiten zu ziehen, es bedeutet, die eigentliche Pointe des menschlichen Lebens zu verfehlen. Das größte Risiko im menschlichen Leben besteht darin, nichts zu riskieren.

Mit der Freiheit kommt die Wahl. Wir haben die Freiheit, unsere eigenen Vorstellungen zu verfolgen oder uns dem sich entfaltenden Akt universeller Imagination anzuschließen. Wir haben die Wahl; es kommt ganz darauf an, worauf wir unsere Aufmerksamkeit richten. Wir können begrenzt bleiben, gebunden an unser eigenes partielles Verständnis, oder uns auf eine universellere Realität einstellen.

Das Bewußtsein richtet nicht. Es wartet keine Bestrafung auf diejenigen, die ihre eigenen Vorstellungen verfolgen, um ihren eigenen Weg zu gehen. Sie erleben eben ihre Abgetrenntheit und die Fülle ihrer eigenen Fantasien, Ängste und Einbildungen.

Genauso gibt es keine besondere Belohnung für diejenigen, die sich entscheiden, sich auf das universelle Bewußtsein einzustellen. Für sie gibt es die Erfahrung von Einheit und die Freude eines voll ausgeschöpften Bewußtseins.

In dem Maß, wie wir wachsen, entfernen wir uns von dem Wunsch, Dinge nur allein für uns selbst zu erreichen. Wir empfinden uns als Teil eines sich entfaltenden Musters, das viel größer ist als unsere persönlichen Wünsche und Ambitionen. Es ist nicht so, daß wir keine persönliche Erfüllung finden; aber was wir wollen, ist die Verbindung mit anderen. Ein einzelner Zellorganismus ist in seinen Möglichkeiten sehr begrenzt. Eine einzelne Zelle hat als Teil eines vielzelligen Organismus alles, was sie braucht und mehr; wir können weit mehr erreichen, wenn wir mit anderen zusammenarbeiten, statt daß wir uns auf uns selbst gestellt durchs Leben kämpfen.

In der Vergangenheit lehrte die westliche Religion, daß das Leben auf der Erde eine Prüfung sei, bei der Wohlverhalten in einer göttlichen Ewigkeit belohnt werden würde. Sie lehrte, daß Glück nichts für das Leben im Körper sei, sondern für das Leben danach.

Wenn wir aber im Grunde unseres Wesens göttlich sind, dann sind wir frei, wirklich frei, und das ganze Universum ist unser Tummelplatz. Die Erde ist nicht nur ein Übungsfeld für irgendein Leben danach; sie ist ein wesentlicher Teil unseres ewigen Lebens. Im Universum können wir das tun, was wir wollen. Das Universum ist nicht unveränderlich. Es besteht nicht aus einer Reihe von Hindernisläufen, die bewältigt werden müssen, mit der Belohnung ewiger Ruhe in einem himmlischen Reich. Das Universum ist unser Spiel. Es ist unsere Schöpfung, weil wir letztlich selbst Gott sind. Wir suchen uns im Universum immer neue Herausforderungen, erfinden neue Spiele und bestehen immer unerhörtere Abenteuer.

Manchmal wollen wir möglichst schnell aus dem Körper herauskommen und in die höheren Bereiche gelangen. Wir haben das Gefühl, daß das Leben wie ein Irrgarten ist. Wir sind darin verfangen und wollen heraus. Erstmal sind wir verwirrt. Wir versuchen einen Weg und noch einen. Aber wie wir uns auch drehen und wenden, wir kommen nicht weiter. Wir sind wütend und frustriert, aber Stück für Stück fangen wir an, ein Muster zu erkennen. Vielleicht hilft uns jemand, so daß wir Fortschritte machen. Wir sind weiter davon überzeugt, daß es unser Hauptziel ist, aus dem Irrgarten herauszukommen und nach Hause zu gehen. Aber wir haben uns schließlich selbst dazu entschlossen, den Irrgarten zu betreten. Die Erfahrung der Durchquerung macht das Spiel aus. Die Erfahrungen, die wir machen, gute und schlechte, sind Teil des Spiels.

Das menschliche Leben ist so gesehen nur ein weiteres Spiel, zu dem wir uns entschlossen haben. Werden wir uns erinnern, wer wir sind, oder werden wir uns vor lauter Materie in unserer Schöpfung verlieren? Werden wir die unglaubliche Komplexität und Vollendung der physischen Welt als unser eigenes Werk erkennen? Oder werden wir ein Leben lang damit beschäftigt sein, herumzurätseln, wie es zusammengesetzt ist und warum? Wie lange werden wir brauchen, unseren Weg aus dem Irrgarten herauszufinden, den wir selbst angelegt haben? Und wenn es uns gelungen ist, werden wir uns entscheiden, zu bleiben und seine Möglichkeiten auszukosten, oder werden wir Appetit haben auf neue Abenteuer woanders? Vielleicht werden wir uns entschließen, neue Welten zu errichten, mit noch komplizierteren und schwierigeren Irrgärten, in denen es eine noch größere Herausforderung ist, uns wiederzufinden.

Denn das Vergnügen liegt in der Reise, nicht im Ziel. Der Prozeß des Wachsens ist ein Vergnügen. Die Freude besteht in der Wiederentdeckung. Es macht so viel Spaß, wieder herauszufinden, wer wir wirklich sind.

Wir sind nicht hier, um DienerInnen Gottes zu sein, wir haben die Gelegenheit, selbst zum Göttlichen auf Erden zu werden. Wenn das Göttliche unser eigenes Wesen ist, dienen wir ihm am besten, wenn wir ganz wir selbst sind. Unser Zweck besteht einfach darin, unsere wirkliche Natur zu leben und zu erproben.

In bezug auf das Bewußtsein ist es nicht wirklich wichtig, was wir tun. Nur die Erfahrung zählt. Wie spielende Kinder können wir uns schmücken und tanzen, zu verschiedenen Zeiten, auf ganz unterschiedliche Art. Moral und Urteil bleiben außen vor. Gut und Böse sind nur Masken. Es ist alles ein Spiel im ewigen Spiel der Schöpfung. Es ist unwichtig, was wir tun und ob wir eine schöne oder eine schlechte Zeit haben.

Aber der Schöpfer ist nicht nur Bewußtsein, sondern auch Liebe. Völlige und bedingungslose Liebe gibt der Schöpfung eine bedeutsame Richtung. Mit Liebe ist Mitleid und Respekt gegenüber der Heiligkeit aller anderen Wesen verbunden.

Wesen ohne Liebe können an Bewußtheit, Willen und Intelligenz wachsen, aber letztlich werden sie zu Parasiten. Weil sie ohne Liebe sind, suchen sie die Bestätigung durch andere. Im biologischen Leben sind Parasiten meistens frühe Experimente im Prozeß der Evolution. Diese Modelle haben ein Defizit, das es ihnen schwer macht, auf sich selbst gestellt zu überleben. Statt dessen nisten sie sich bei einem Wirt ein, um ihre Ernährung sicherzustellen.

Übernatürlichen Wesen wird nachgesagt, daß sie auf den frühen Stufen des Universums die Einheit von Willen, Intelligenz und Bewußtsein entwickelten, aber gerade die Liebe nicht. Wir sind offenbar Teil eines späteren Experimentes. Wir haben das Potential, ein vollständigeres Bild des Göttlichen zu entwickeln, eine Verkörperung von Liebe genauso wie von Intelligenz, Willen und Bewußtsein. Aber wir können unter den Einfluß von parasitären übernatürlichen Wesenheiten geraten, die uns ausnutzen wollen. Sie klinken sich über unsere Ängste bei uns ein und ernähren sich von unserer Aufmerksamkeit.

Das wichtigste für uns ist, daß wir lernen, zu lieben. Es ist besser für uns, wenn wir Liebe wählen statt Furcht. Wir können das Vergnügen von Wachstum und Erfüllung erleben oder die Misere von Stagnation. Wir können unsere Grenzen überschreiten und unser volles Potential ausleben. Oder wir können steckenbleiben und weniger leben, als wir wirklich sind.

Die Wahl liegt ganz bei uns: unsere angeborene Größe zu verwirklichen oder klein zu bleiben; die enorme Kraft in uns anzuerkennen oder weiter vorzugeben, daß wir hilflos sind; nur Sterbliche zu sein oder als Götter und Göttinnen zu leben.

Unsere Aufgabe auf der Erde ist es, zu werden, wer wir wirklich sind. Um göttlich zu werden, müssen wir nicht die Welt aufgeben oder uns das Vergnügen an ihr versagen. Wir müssen an Bewußtheit und Kreativität wachsen. Wir müssen unser Wesen genauso entwickeln wie unser Handeln. Wir brauchen innere Weisheit genauso wie weltliche Kenntnisse. Es ist nötig, daß wir einen Zustand des Gleichgewichts erreichen, in dem wir irdische Freuden und den physischen Körper genießen können – aber gleichzeitig nach den einzigartigen Möglichkeiten streben, die das menschliche Leben bietet: Uns zu verwirklichen und zu zeigen, wer wir wirklich sind. Nur in diesem Gleichgewicht können wir das Leben in seiner ganzen Fülle genießen und seinen göttlichen Zweck erfüllen.

Bibliographie

Banerjee, H. H. *Americans Who Have been Reincarnated.* Macmillan, New York, 1980

Beard, Paul *Living On.* George Allen & Unwin, 1980

Bernstein, Morey *Protokoll einer Wiedergeburt. Der Bericht über die wissenschaftliche Rückführung in ein früheres Leben.* Scherz, 1990

Burr, Harold Saxton *Blueprint for Immortality – The Electric Patterns of Life.* Neville Spearman, 1972

Buttlar, Johannes von *Das UFO-Phänomen. Beweise für unheimliche Begegnungen der ersten, zweiten und dritten Art.* Bertelsmann, 1978

Cantor, G. N. und Hodge, M. J. S. *Conceptions of Ether: Studies in the History of Ether Theories.* Cambridge Univ. Press, 1981

Christie-Murray, David *Reincarnation: Ancient Beliefs and Modern Evidence.* David & Charles, Newton Abbott, 1981

Clerk-Maxwell, James *Scientific Papers.* vol. ii. 445–84, 1890

Dale, John *The Prince and the Paranormal: The Psychic Bloodline of the Royal Family.* W. H. Allen, London, 1986, (Bericht der British Medical Association Press Release, 12. September 1984)

Däniken, Erich von *Strategie der Götter.* Bastei-Lübbe, 1990

Darwin, Charles *Die Entstehung der Arten.* Reclam, 1963

Findhorn Community *Der Findhorn-Garten. Ein neues Zukunftsbild. Mensch und Natur im Einklang.* Schickler, 1987

Fisher, Joe *Die lange Wiederkehr. Vom Sinn der Reinkarnation.* Goldmann, 1990

Good, Timothy *Jenseits von Top Secret. Das geheime Wissen der Regierungen.* Zweitausendeins, 1991

Green, Julian *Padre Pio's Multiple Miracles.* In *Miracles,* Hrsg. Martin Ebon, Signet, 1981

Haraldsson, Erlendur *Sai Baba – ein modernes Wunder.* Ein Forschungsbericht über paranormale Phänomene im Zusammenhang mit dem spirituellen Meister Sathya Sai Baba. Bauer, 1988

Haraldsson, Erlendur & Osis, Karlis *Appearance and Disappearance of Objects in the Presence of Sri Sathya Sai Baba.* Journal of the American Society for Psychical Research, Jan. 1977

Helmholtz, Hermann *Über Integrale der hydrodynamischen Gleichungen, welche den Wirbelbewegungen entsprechen.* Celle, 1858

Hoyle, Sir Fred *The Intelligent Universe.* Michael Joseph, 1983
Huxley, Aldous *Die Pforten der Wahrnehmung.* Piper, 1981
Lenz, Frederick *Lifetimes.* The Bobbs-Merrill Company, New York, 1979
Lorimer, David *Survival? Body, Mind and Death in the Light of Psychic Experience.* Routledge & Kegan Paul, 1984
McCormmach, Russell (Hrsg.) *Historical Studies in the Physical Sciences.* Univ. of Pennsylvania Press, Philadelphia, 1970
Monod, Jacques *Zufall und Notwendigkeit.* dtv, 1975
Moody, Raymond *Leben nach dem Tod.* Rowohlt, 1977
Moreau, Francis *Visions and Prophecies of the Lady of Peace.* Wessex Research Group Newsletter No. 14, Sherborne, 1988
Ramacharaka, Yogi *Advanced Course in Yogi Philosophy.* Fowler, 1904
Ravenscroft, Trevor *Der Speer des Schicksals.* Universitas, 1988
Ring, Kenneth *Den Tod erfahren – Das Leben gewinnen.* Bastei-Lübbe, 1988
Sagan, Carl *Unser Kosmos.* München, 1982
Sheldrake, Rupert *Das schöpferische Universum.* Meyster, 1983
Silliman, Robert H. *William Thomson: Smoke Rings and Nineteenth Century Atomism.* ISIS, Vol. 54 (1963), pp 461–474
Stanford, Ray *Fatima Prophecy: Days of Darkness, Promise of Light.* Association for the Understanding of Man, Austin, Texas
Stevenson, Dr. Ian *Reinkarnation – Der Mensch im Wandel von Tod und Wiedergeburt.* Aurum, 1976
Stevenson, Dr. Ian *Cases of the Reincarnation Type*, vols 1–3, University of Virginia Press, Charlottesville
Thompson, S. P. *Life of William Thomson, Baron Kelvin of Largs.* London 1910
Thomson, J. J. *Treatise on the Motion of Vortex Rings.* 1884
Thomson, William *Mathematical and Physical Papers 1841–1882*, 6 vols.
Thomson, William *Popular Lectures and Addresses*, vol. i
Thomson, William *Proceedings of the Royal Society of Edinburgh*, vol. vi., pp. 94–105 (nachgedruckt in Phil Mag., vol. xxxiv, 1867, pp. 15–24)
Vallée, Jacques *The Invisible College.* Dutton, New York, 1975
Wilhelm, Richard (Hrsg.) *I Ging.* Diederichs, 1988
Yogananda, Paramahansa, *Autobiographie eines Yogi.* Scherz, 1979

Für die Erlaubnis, Auszüge zu zitieren, danken wir:

Bauer Verlag, Freiburg, für Erlendur Haraldsson *Sai Baba, ein modernes Wunder*. Ein Forschungsbericht über paranormale Phänomene im Zusammenhang mit dem spirituellen Meister Sathya Sai Baba.

Piper Verlag, München, für Aldous Huxley *Die Pforten der Wahrnehmung*.

Collins Publishers, London, für *Chance and Necessity*.

C.W. Daniel Company Ltd., Church Path 1, Saffron Walden, Essex CB101JP, England, für *Blueprint for Immortality* und *Design for Destiny*.

Doubleday, London, für *The Cosmic Connection*.

Frank Schickler Verlag, Berlin, für Findhorn Community *Der Findhorn Garten. Ein neues Zukunftsbild. Mensch und Natur im Einklang*.

Grafton Books, London, für *UFOs: The Psychic Solution*.

Michael Joseph Ltd., London, für *The Intelligent Universe*.

Frederick Lenz und Macmillan Publishing Co., New York, für *Lifetimes*. Auszüge nachgedruckt mit Erlaubnis von Bobbs-Merrill, Druck von Macmillan Publishing Co., Copyright © 1979, Frederick Lenz.

Mockingbird Books Inc. und Rowohlt Verlag, Reinbek, für Raymond Moody *Leben nach dem Tod*.

The Random Century Group Ltd., für *A New Science of Life* und *Miracles are My Visiting Cards*.

Penguin Books und Princeton University Press für *The I Ching or Book of Changes*, (Arkana, 1989), Copyright © Bollingen Foundation Inc., 1950, 1967.

Self-Realization Fellowship für *Autobiography of a Yogi*, von Paramahansa Yogananda, Copyright © 1946 bei Paramahansa Yogananda, erneuert 1974 durch Self-Realization. Copyright © Self-Realization Fellowship. Alle Rechte vorbehalten. Nachdruck mit Erlaubnis.

C. Bertelsmann Verlag GmbH, München, für Johannes von Buttlar *Das UFO-Phänomen. Beweise für unheimliche Begegnungen der ersten, zweiten und dritten Art*. Copyright © 1978.

Für die Erlaubnis zum Abdruck von Fotos danken wir folgenden Personen und Einrichtungen:

Cold Spring Harbor Laboratory, für Fotos des DNA-Modells, aus *Cold Spring Harbor Symposia in Quantitative Biology*, Band XLII, 1977

Mary Evans Picture Library, für Albert Einstein und Sir J. J. Thomson

The Findhorn Foundation, für Peter und Eileen Caddy, Dorothy Maclean und Roc

Fortean Picture Library, für Fatima, Garabandal und Zeitoun

Ann Ronan Picture Library, für den Wirbel-Rauchkasten, aus *Science for All*, 1880

Präsident und Rat der Royal Society, für die Fotografie von William Thomson

Master and Fellows des Trinity College, Cambridge, für die Fotografie von James Clerk Maxwell

Yale University Archive, Manuscripts & Archives, Yale University Library, für die Fotografie von Professor Harold Saxton Burr

Self-Realization Fellowship, für die Fotografie von Paramahansa Yogananda, Copyright © 1952, 1972. Copyright © erneuert 1980 Self-Realization Fellowship. Alle Rechte vorbehalten.

Stichwortverzeichnis